GYSI
GEGEN
GUTTEN BERG

KT Guttenberg · Gregor Gysi

GYSI GEGEN *GUTTEN BERG*

Gespräche
über die Zeit,
in der wir leben

FREIBURG · BASEL · WIEN

© Verlag Herder GmbH, Freiburg im Breisgau 2024
Alle Rechte vorbehalten
www.herder.de

Satz: wunderlichundweigand, Schwäbisch Hall
Herstellung: GGP Media GmbH, Pößneck
Printed in Germany

ISBN (Print): 978-3-451-39795-0
ISBN (EPUB): 978-3-451-83485-1

INHALT

»So kann man's ooch sehen.«
   Warum wir miteinander reden 7

»Das waren auch so Momente, wo ich
fast Verlassenheit gespürt habe.«
   Über Einsamkeit 19

»Die Amerikaner gehen schneller ins Risiko,
weil sie auch das Scheitern gesellschaftlich akzeptieren.«
   Sind die USA noch unser Freund? 33

»Humorlosigkeit haben wir leider mittlerweile
an allen Ecken und Enden.«
   Wie witzig sind wir Deutschen? 48

»Dann können Sie uns als Industrienation vergessen.«
   Wie muss unser Verhältnis zu China sein? 62

»Und schon ist man wieder in der Schleife,
gegenwartsgetrieben, legislaturperiodengetrieben.«
   Kann Deutschland noch Zukunft? 79

»Warum tretet ihr nicht mit etwas mehr Selbstbewusstsein auf?«
   Ostdeutschland und Westdeutschland 90

»Am Ende bin ich gern wieder hierher zurückgekehrt.«
   Über Heimat 110

»Wir müssen den Dritten Weltkrieg verhindern.«
   Der Krieg in der Ukraine 122

»Ich dachte ja immer, ich bin dein Vorbild.
Aber das scheint gar nicht zu stimmen.«
   Idole und Vorbilder 147

»Im Zweifel muss ich nie wieder mit ihm sprechen –
aber an den Galgen habe ich ihn gehängt.«
    Die Medien 158

»Wenn dich jemand hasst, darfst du nicht zurückhassen.«
    Über Meinungsvielfalt 170

»Bei der fünften Kundgebung war ich plötzlich nicht mehr sicher:
Hattest du schon über Arbeitslosigkeit gesprochen, oder war das
bei der vorhergehenden Kundgebung?«
    Wahlkampf 184

»Ich weiß gar nicht, wo das alles endet.«
    Israel und Gaza 197

»Angela Merkel war sicherlich zuweilen eine
brillante Politikerin des Tagesgeschehens.«
    Die Kraft des Neuanfangs 210

»Wir befinden uns in einem Teufelskreislauf.«
    Der Kampf gegen die AfD 221

»Das ist eine Volkskrankheit!«
    Über Depressionen 235

»Am Ende aber entscheiden ein paar Zehntausend Menschen.«
    Trump reloaded 244

»Nur auf einer Wolke sitzen und jubilieren,
das will von uns beiden sicher keiner.«
    Über den Tod und das Sterben 255

»Ich halte es überhaupt für ein Problem,
dass die Rüstungsindustrie privat ist.«
    Über »Kriegstüchtigkeit« 266

»Nichts ist ein Dauerzustand – auch diese Erkenntnis
kann etwas sehr Tröstliches sein.«
    Über die Hoffnung 279

»So kann man's ooch sehen.«

Warum wir miteinander reden

Guttenberg
Soll ich erzählen, wie alles begann, lieber Gregor? Ich habe ja damals die Angel ausgeworfen ... Ich dachte mir, es müsste unter den deutschsprachigen Podcasts ein Angebot geben, das sich von den üblichen Schilderungen der Dinge unterscheidet. Nachdenklich und trotzdem streitig. Die Frage war: Wer wäre dafür der unterhaltsamste und streitbarste Gesprächspartner? Mit wem würde der fortwährende Dialog nicht nach drei Monaten langweilig werden? Dein Name stand ganz oben auf der Liste. Obwohl wir wirklich von sehr unterschiedlichen Planeten kommen, habe ich dich in meinen Jahren als Politiker immer sehr geschätzt, weil ich eine Neigung zu Menschen habe, die einfach richtig gut argumentieren können – mit Überzeugungen, die vielleicht nicht meinen entsprechen, die aber glaubwürdig sind. Also schrieb ich eine E-Mail, ob wir uns nicht treffen könnten. Du sagtest sofort zu.

Gysi
Ich möchte erst mal auf Folgendes hinweisen: Als du damals Verteidigungsminister warst, der selbstverständlich die Politik der Bundesregierung zu vertreten hatte, hatten wir eigentlich gar keinen Kontakt. Du warst ja auch ganz oben. Aber dann wurdest du nach unten gezogen. Und ich bin nun einmal Anwalt. Ich fühle mich immer zu Personen hingezogen, wenn es ihnen nicht gut geht – nicht umgekehrt. Und deshalb habe ich dich damals in dieser für dich schwierigen Zeit angesprochen.

Guttenberg
Das war, zur Einordnung, im Jahr 2011, als die Wellen der öffentlichen Empörung gerade mit Wucht über mir zusammenschlugen und ich mich kurz darauf aus der Politik zurückzog. Damals habe ich mich wirklich gefreut, dass jemand einfach auf mich zukam und sich freundlich mit mir ausgetauscht hat. Das war seinerzeit nicht die Regel.

Gysi
Jetzt, bei unserem Gespräch im Frühjahr 2023, war es so, dass du mir deine Vorstellungen zu dem Podcast erläutert hast – und ich war von einem Gedanken fasziniert, nämlich von der Gegenüberstellung. Auf der einen Seite ein Mensch, der vollständig im Westen und dann noch in einer gehobenen Schicht sozialisiert wurde und daraus bestimmte Einstellungen und Gefühle gewonnen hat. Das Zweite, was mir wichtig war, ist: Du weißt, wie es ist, wenn man aufsteigt. Und du weißt aber auch, wie es ist, wenn man abstürzt. Nur wenn einer beides erlebt hat, weiß er um die Unzuverlässigkeit des Erfolgs. Auf der anderen Seite jemand wie ich, der vollständig im Osten sozialisiert wurde, wenn auch unter bestimmten, besonderen Bedingungen. Das eigentliche Privileg meines Lebens in der DDR bestand darin, dass meine Familie Besuch aus den USA bekam, aus Südafrika, aus Großbritannien, aus Belgien, aus den Niederlanden und vor allem aus Frankreich. Das gab es sonst nicht in der DDR. Und das hat natürlich meinen Blick etwas erweitert. Außerdem bin ich, was wichtig ist, mit Ironie und Selbstironie aufgewachsen. Mein Vater konnte nicht nur ironisch sein, sondern auch selbstironisch.

Guttenberg
Das haben wir gemeinsam.

Gysi
Zum Beispiel kam zu uns immer ein reicher Franzose. Ich weiß nicht, warum, jedenfalls hatte er die Kommunistische Partei in Frankreich unterstützt. Und ich war noch ein Kind, da fragte ich ihn: Was machst du eigentlich, wenn die sozialistische Revolution in Frankreich gesiegt hat? »Oh«, sagte er, »das weiß ich. Dann gehe ich sofort in die Schweiz und kämpfe weiter.«

Insofern reizte mich jetzt diese Gegenüberstellung. Und, letzter Gedanke: Ich war davon überzeugt, dass du im Kern ehrlich argumentieren wirst, genau wie ich. Und zwar, weil du nicht mehr in der Politik bist. Du musst nicht auf irgendwelche Beschlüsse Rücksicht nehmen und hierauf und darauf. Und ich habe das noch nie gemacht. Das war für mich auch ein Reizpunkt, dass ich mir sagte: Der sagt, was er denkt. Wir beide kennen uns also von früher aus dem Bundestag und dem politischen Betrieb, aber wir hatten uns seit Jahren nicht gesehen.

Guttenberg
Einmal hatten wir uns in der Zwischenzeit getroffen, fällt mir ein. Das muss am Tegernsee gewesen sein.

Gysi
Ja, da war ich eingeladen und sollte dort sprechen, wo die reichsten Leute Deutschlands wohnen. Es gab ein Abendessen, und das Beste an dem Abendessen war, dass alle über den Verrückten sprachen, der gerade im März im See geschwommen war. Dieser Verrückte, das war ich gewesen – aber ich habe natürlich nichts gesagt.

Guttenberg
An diesem Ort waren sicher mehr Menschen über deinen Sprung in den kalten See beeindruckt als über deine politischen Ansichten.

Gysi
Die wussten ja gar nicht, dass ich das war. Sie zogen nur anonym über den Verrückten her. Und da ich mich nicht zu erkennen gab, zog ich mit den anderen über den Verrückten her.

Guttenberg
Nun reden wir ja seit vielen Monaten, aber diese Geschichte habe ich noch nicht gehört ... Wenn wir uns treffen, machen wir ja möglichst zwei Episoden hintereinander, das dauert mit allen Vorbereitungen zwei bis drei Stunden. Die gemeinsamen Abendessen kommen noch obendrauf. Bei diesen Gelegenheiten haben wir uns jetzt erst richtig kennengelernt.

Gysi
Fang du mal an, bitte.

Guttenberg
Also, wir neigen beide nicht dazu, Klischees zu bedienen, und überraschen uns immer mal wieder auch gern selbst. Und wenn man sich selbst überrascht, überrascht man auch das Gegenüber – oder jemanden, der einem zuhört. Mir war wichtig, dass mir keine Sprechblasen begegnen oder vorgestanzte ideologische Grundsätze um die Ohren gehauen werden, sondern dass man sich auch gegenseitig eine gewisse Nachdenklichkeit erlaubt. Bei Gregor ist es so wie bei mir: Wir reden, wie uns der Schnabel gewachsen ist, und nehmen keine Rücksicht auf Befindlichkeiten. Erst mal haben wir einen Testlauf gemacht. Denn zu klären war ja: Wenn man sich gegenübersitzt, schmeißt man sich gleich die Kaffeetasse an den Kopf oder das Weinglas? Und verlässt laut zeternd und unter Absingen schrecklicher Beschimpfungen den Raum? Oder hat man tatsächlich nach einer Stunde das Gefühl, dass man ein bereicherndes Gespräch geführt hat? Und das war beim ersten Mal schon der Fall. Aus dem Testlauf wurde die erste Episode. Das Thema hieß Einsamkeit.
Ein Thema, auf das wir uns nicht vorbereiten konnten. Und das trägt seitdem unsere Gespräche: dass wir uns nie vorbereiten, sondern versuchen, so spontan wie möglich zu sein und damit einen echten Dialog zustande zu bekommen, als würden wir uns abends unvermittelt begegnen. Dieses Prinzip hat sofort funktioniert. Und ich habe auch gleich Lust auf das nächste Gespräch empfunden. Ich weiß nicht, wie es dir gegangen ist, wahrscheinlich hast du danach erst mal einen Schnaps gebraucht.

Gysi
Das erste Gespräch war insofern eine Besonderheit, als wir unterschiedliche Situationen der Einsamkeit erlebt haben. Ich war mal als Student ein ganzes Jahr isoliert und weiß, wie das ist – die Tatsache, dass mein Vater ein hoher Funktionär war, hatte mich plötzlich verdächtig gemacht. Und zwar, weil Kinder von hohen Funktionären nach dem Einmarsch der Sowjetunion in die ČSSR zu Freiheitsstrafen ver-

urteilt wurden. Das drehte sich dann ganz merkwürdig. Es war wirklich spannend zu erleben, wer mit wem befreundet blieb. KT, du hast in einer ganz anderen Situation Ähnliches erlebt. Aber wir haben dann auch weiter darüber nachgedacht: Was ist eigentlich politische Einsamkeit? Woher kommen zum Beispiel in der Parteipolitik die plötzlichen Wendungen? Wir sprachen auch darüber, dass ich glücklicherweise immer – aufgrund der Umstände in meiner Partei – in meiner unmittelbaren politischen Umgebung Freunde hatte. Das gibt es sonst eigentlich nicht. Diese Perspektive hat wiederum bei dir Gedanken ausgelöst. Und das Schöne war, dass die Leute, die sich die erste Folge angehört haben, erstaunt waren über die Art und Weise, wie wir miteinander redeten – und wiederum wir erstaunt waren, in wie viel Punkten wir übereinstimmen. Natürlich gibt es Differenzen. Aber das ist ja das eigentlich Aufregende an einem solchen Podcast. Plötzlich merkst du, der ist ja auch ein Mensch, der hat auch seine Gefühle. Er ist auch verletzlich. Er ist eitel wie du auch. Aber die Frage ist immer: Beherrschst du die Eitelkeit? Oder beherrscht sie dich? Ersteres ist überhaupt kein Problem, Letzteres ist eine absolute Katastrophe. Dann gehen wir ab und zu miteinander essen, dabei tauschen wir uns auch wirklich privat aus. Und so entsteht eine gewisse persönliche Bindung. Die spürt man in den Gesprächen – die führt aber nicht dazu, dass du nicht deine Meinung sagst oder ich nicht meine Meinung sage.

Guttenberg

Das Wort Vertrauen ist ja ein inflationär gebrauchter Begriff, zumal im Politischen, und dort wird er meistens mit Füßen getreten. Aber wir haben, das darf ich sagen, sehr schnell Vertrauen gefasst. Nur so kann man sich Offenheit leisten. Wir legen immer Wert darauf, nicht über Tagespolitik zu reden, um nicht in die übliche Gehetztheit abzudriften. Und wir versuchen bei allen Themen, seien sie politisch oder persönlich, sie mit sehr persönlichen Erfahrungen, auch tiefen persönlichen, manchmal schmerzhaften, manchmal lustigen, manchmal grotesken, zu verbinden. All das kann man nur, wenn man eine gemeinsame Vertrauensbasis hat. Ob eine politische Überzeugung in die eine oder andere Richtung geht, ist dann egal. Das verbindende Element ist das Vertrauen. Und daran fehlt es an so vielen Ecken und Enden in unserer

Gesellschaft heute. Wir wollen Versöhnlichkeit vorleben angesichts der ganzen Streitsucht, die herrscht, angesichts des Vernichtungswillens, der manchmal zum Ausdruck kommt. Dass das verstanden wird, bekommen wir auch als Feedback von den Hörerinnen und Hörern. Noch ein letzter Punkt: Was uns beide überrascht hat, ist, wie egal es ist, ob wir, was wir natürlich beide vorziehen, gemeinsam an einem Tisch sitzen und dieses Gespräch Auge in Auge führen oder ob wir das Gespräch, weil es manchmal der Terminkalender nicht anders zulässt, viele Tausend Kilometer voneinander entfernt über einen Videocall führen. Trotzdem entsteht die gleiche Dynamik.

Gysi
Das ist zum Verständnis für unser Publikum wichtig: Wir haben tatsächlich erst durch die Arbeit für den Podcast dieses Vertrauen gefasst. Wir kannten uns vorher viel zu wenig, um Vertrauen haben oder nicht haben zu können, es war also nicht so, dass sich da wieder zwei alte Freunde oder Weggefährten fanden. Sondern das ist erst jetzt entstanden. Und so kamen wir auch vom »Sie« zum »Du«. Ich bin ja der Ältere, und zwar der deutlich ältere.

Guttenberg
Der bei Weitem ältere!

Gysi
Was du immer vergisst, ist, dass ich dadurch natürlich auch der Erfahrenere bin, das muss ich dir immer wieder erklären. Beim zweiten Essen habe ich dir das »Du« angeboten, oder? Ich hatte mir gedacht, wenn wir jetzt so intensiv zusammenarbeiten, ist es albern, sich immer weiter zu siezen. Dann haben wir uns überlegt, ob wir uns auch vor dem Publikum duzen – und haben uns schließlich dafür entschieden. Wir wollen auch da authentisch sein.

Guttenberg
Das hat sich wirklich sehr natürlich ergeben. Zumindest ich freue mich immer wieder, aus den Gesprächen etwas mitzunehmen, das ich so als Gedanken noch nicht gehört habe, und sich – im Gespräch – die Zeit

zusammen mit den Zuhörern zu nehmen, darüber nachzudenken. Für mich ist das eine große Bereicherung.

Gysi
Ab und zu kommen von dir für bestimmte Ansichten Begründungen, die ich so noch nicht gehört habe. Und dann muss wiederum ich darüber nachdenken. Das geht mir auch im Bundestag so, ich bin nicht so ignorant. Es kann vorkommen, dass mal ein Argument gegen eine meiner Positionen geäußert wird und ich sagen muss: Da ist was dran. Natürlich nicht häufig, aber es kommt vor. Und bei dir, lieber KT, kommt das häufiger vor.
Dann gibt es Themen, in denen wir einfach unterschiedliche Auffassungen haben und wissen, dabei bleibt es, und das ist auch nicht tragisch. Man kann Hörerinnen und Hörer damit anziehen, indem man im Gespräch den anderen foltert oder herumschreit. Dann besteht für das Publikum nur Vergnügen an dem Boxkampf, der da stattfindet. Aber das ist nicht unser Ding. Wir haben uns beide für die Methode des Zuhörens entschieden, und ich werde häufig auf Straßen angesprochen, dass die Leute das mögen.
Aber ich muss noch etwas erzählen. Ich habe meine Freundinnen und Freunde gefragt, da ich mir selbst nie einen Podcast anhöre, wann hört man denn so etwas? Die haben mir erklärt: beim Autofahren, in der Küche beim Kochen, beim Nähen. Ich frage mich, warum ich das nicht mache. Also selbst das macht mich nachdenklich.

Guttenberg
Manche, die mich auf den Podcast ansprechen, fragen: Warum nennt ihr das Ding denn Gysi gegen Guttenberg? Das weckt doch vollkommen falsche Erwartungen. Was ihr da macht, ist: Gysi knutscht Guttenberg. Und dann antworte ich, hört euch das mal etwas genauer an. Oft sind es die Nebensätze und die Zwischentöne, die die andere Ansicht ausmachen, und doch ist der Austausch gleichzeitig immer von Respekt getragen. Audiatur et altera pars, höre auch die andere Seite – das ist ja mittlerweile ein vollkommen vergessenes Element anständigen menschlichen Umgangs. Wo wir uns nicht vom Haken lassen: wenn der andere keine Begründung liefern kann. Das ist aber bislang noch

nicht wirklich passiert, dass einer von uns gedacht hat: Er kann doch nicht allen Ernstes an dieser These festhalten. Wahrscheinlich wird es irgendwann so weit sein. Ich bin gespannt, wie wir dann darauf reagieren.

Gysi

Im Herbst durfte ich ja auch zu Besuch im Haus deiner Vorfahren sein. Ich will gar nicht viel darüber sagen, nur dass mir klar geworden ist, wie völlig anders deine Kindheit verlaufen sein muss im Vergleich zu meiner. Wahrscheinlich auf deiner Seite mit viel mehr Geschichtsbewusstsein, als es bei mir der Fall war, auf der anderen Seite aber auch viel geschlossener als bei mir, obwohl die Gesellschaft offener war. Auch eine Familienstruktur zwingt zu einer bestimmten Geschlossenheit. Du hast diese Geschlossenheit nach meinem Verständnis immer akzeptiert, du hast deine Familie nie verleugnet, du hast aber trotzdem eine Befreiung daraus gesucht und dafür einen Weg gefunden – auch das verlangt mir Respekt ab: wenn wir beide irgendetwas psychologisch zu erklären versuchen. Wir sind ja beide Amateurpsychologen ...

Guttenberg

Da gibt es schon mal die Rückmeldung, wie man eigentlich eine so steile These, ohne Experte zu sein, einfach so aufstellen könne. Zu deiner Schilderung meiner Kindheit: Wir sind beide in Zwängen aufgewachsen. Bei dir war es ein gesellschaftlicher Zwang, der dich umgab. Bei mir waren es sicherlich viele familiäre Zwänge. Und ja, da treffen wir uns, im Bemühen um Befreiung aus den Zwängen. Das macht ja was mit einem Menschen. Natürlich gibt es viele da draußen, die einen am liebsten bis in alle Ewigkeit mit ihrem Klischeebild belegen würden. Und denen kann man nur lächelnd entgegentreten und sagen: Hört euch unseren Podcast an, und bekommt ein Stück unserer Befreiung mit.

Gysi

Die Zuschriften, die mich direkt erreichen, beantworte ich alle – aber ein richtiger Politiker war noch nicht dabei.

Guttenberg
Bei mir schon. Gott sei Dank habe ich mittlerweile einigen Abstand, aber ich werde schon von ehemaligen Kollegen angesprochen. Der eine oder andere nörgelt mit offenbar reflexhaftem Entsetzen, wie man das mit einem wie dem Gysi machen könne. Wenn ich frage: Hast du dir denn den Podcast schon angehört, wird schnell klar – natürlich nicht. Andere kommen an und sagen: Mensch, was für ein unglaublich gutes Format. Können wir nicht was Ähnliches machen? Wir durften feststellen – Gregor, das haben wir ja selbst kaum für möglich gehalten –, dass wir nach ein paar Monaten viele Millionen TikTok-Views hatten, dass wir nach einem Jahr an der Schwelle von 100 000 Abonnenten stehen. Eine solche Aufmerksamkeit ist natürlich eine Währung im politischen Geschäft – und deswegen wächst das Interesse deiner Nochkollegen und meiner ehemaligen Kollegen.

Gysi
Man darf aber den Aufwand nicht unterschätzen. Es erreichen mich Anfragen von Veranstaltern, ob ich das nicht auch mit anderen Gegenüber machen könnte. Aber der eine Podcast reicht mir. Ich bin ja auch noch ein disziplinierter Bundestagsabgeordneter, da gibt es namentliche Abstimmungen und den leider oft langweiligen Auswärtigen Ausschuss. Neuerdings werden wir beide auch gemeinsam in Talkshows eingeladen – darauf wäre früher kein Mensch gekommen. Aber das hat immer auch Konsequenzen, die man sich vorher überlegen sollte. Weil ich fast alle Mails selbst beantworte, habe ich nach einer solchen Sendung so viel zu tun, dass mich das tagelang beschäftigt. Deshalb sagt mein Büro immer: Nicht schon wieder! Denn ich kriege es nicht fertig, die Mails nicht zu beantworten. Die kritischen genauso wie die freundlichen.

Guttenberg
Das ist jetzt die ganz hohe Schule der Koketterie, denn gelegentlich gehst du ja gern zu den Talkshows. Das Schöne ist bei unserem Format, dass wir uns nicht den Fragen eines anderen unterwerfen müssen oder der Agenda einer Redaktion, sondern dass wir selbst das Narrativ bestimmen. Wir nehmen uns genau so viel Zeit, wie wir wollen. Wir

besprechen die Themen, die wir wollen, und wir bedienen uns dessen, was aus unserem Kopf kommt. Und das ist wahrscheinlich für viele auch der Anreiz zuzuhören, weil sie sagen: Das ist wirklich authentisch.

Gysi

Vor allem: Wir führen ein Gespräch. Das gibt es ja sonst nicht. Sonst stellt nur einer Fragen, und der andere antwortet, das normale Verhältnis bei einem Interview oder auch bei einer Moderation. Was mich angenehm überrascht, ist, wie wir unsere Gedanken ausführen können, ohne dass einer versucht, den anderen zu dominieren. Nach dem Motto: Mir gehören immer zwei Drittel der Zeit und dem anderen nur ein Drittel. Das stört uns gar nicht. Der eine darf argumentieren, dann der andere. Und wenn einer von uns beiden mal zu lange spricht, weiß der es selbst. Dann sagt er: Ich weiß, ich muss jetzt gleich aufhören. Das registrieren die Leute auch.

Guttenberg

Die Briefe, die unsere Redaktion bekommt, sind sehr konstruktiv, oftmals lang, nachdenklich, wohlwollend, froh gestimmt, insgesamt absolut gutwillig. Der Grundansatz wird verstanden, ein Angebot unterhaltsamen und respektvollen Gesprächs zu machen. Und das Resultat ist, das höre ich sehr oft, dass wir gerade auch bei komplexen Themen eine Brücke schlagen in einer Gesellschaft, die viele der Themen, die wir behandeln, im hohen Maße mit unversöhnlichen Gräben durchzogen hat. Und wenn wir zu einer besseren Verständigung einen kleinen, bescheidenen Beitrag – in unserer uns beiden gegebenen Unbescheidenheit – leisten können, ist damit schon viel gewonnen. Das ist die Rückkoppelung, die ich immer wieder höre und sehe. Du hast viel Unversöhnlichkeit erfahren im Leben und ich auch. Es gibt Momente im Leben, in denen man zu Recht viel Kritik erfährt. Aber Unversöhnlichkeit, finde ich, sollte es nie geben.

Gysi

Wir sprechen über politische, aber vor allem auch über gesellschaftliche Fragen. Das ist auch neu. In politischen Talkshows herrscht der Wettbewerb, jeder möchte erfolgreicher argumentieren als die anderen. Aber wir beide gehen ruhig an unsere Gespräche heran und stehen weder unter Zeitdruck noch unter Konkurrenzdruck. Wir stehen eigentlich gar nicht unter Druck, sondern wir können völlig offen über ein bestimmtes gesellschaftliches Thema sprechen. Ich glaube, dass diejenigen, die das hören, genau das genießen. Es ist etwas anderes als das, was wir täglich im Fernsehen erleben.

Guttenberg
Nach knapp einem Jahr und rund 50 Folgen – welche Episoden sind bei dir hängen geblieben?

Gysi
Was es hinsichtlich des Krieges der Nato gegen Serbien zwischen uns einerseits für eine Übereinstimmung und andererseits für einen Widerspruch gegeben hat – das fand ich spannend, darüber habe ich nachgedacht. Was mich fasziniert und beeindruckt hat, war immer, wenn du von deiner Kindheit gesprochen hast, die so völlig anders verlaufen ist als meine. Da habe ich in mir ein gewisses Mitgefühl erlebt. Denn viele Außenstehende sind wahrscheinlich neidisch und denken: Mensch, wenn man wie der Guttenberg in einer solchen Familie aufwächst, das muss fantastisch sein. Aber mir ist klar geworden, dass es auf der einen Seite fantastisch und auf der anderen Seite eher furchtbar war. Dies ins richtige Verhältnis zu bringen, ist nicht leicht und für ein Kind nun schon gar nicht. Auch ich hatte einen Vater, der gelegentlich mal ausrasten konnte, aber der hat sich bei mir am nächsten Tag entschuldigt.

Guttenberg
Da geht es mir sehr ähnlich. Als Jugendlicher hatte ich zwar die DDR in unmittelbarer Nachbarschaft erlebt, aber ich hatte überhaupt keine Vorstellung, wie sich das Leben dort abgespielt hat. Das nun nicht nur aus historischen, sondern aus Interesse am Menschen noch mal erfahren zu dürfen, empfand ich als spannend. So hat sich auch Schritt für Schritt ein vielfältiges Bild von dir eröffnet, von einem Menschen, der sonst oftmals nur auf seine politischen Aussagen verkürzt wird. Was uns auch ganz gut gelungen ist: wenn wir uns zwischendurch ein

großes geopolitisches Thema vornehmen. Der Wechsel der Themen wird auch bleiben. Wir werden weiterhin über größere politische und gesellschaftliche Komplexe sprechen, aber dann eben auch mal über Humor oder über Heimat.

Gysi
Unbedingt! Dass zwei solche Figuren wie wir überhaupt zusammenkommen, ist das Ergebnis unserer spannenden Geschichte. Früher habe ich gern zu den Alten im Osten gesagt: Ich weiß gar nicht, warum ihr nur herummault und kaum Selbstbewusstsein habt. Ihr habt als Kinder die Weimarer Republik erlebt, dann die Nazidiktatur einschließlich des Zweiten Weltkriegs, dann die sowjetische Besatzung, dann die Gründung der DDR und das Ende der DDR und erlebt jetzt die Bundesrepublik Deutschland. Andere brauchen sieben verschiedene Leben für das, was ihr in einem Leben erlebt habt. Und einmal antwortete ein alter Genosse: »So kann man's ooch sehen.«
Man darf nie unterschätzen, welche Schwierigkeiten Menschen haben, die eine völlig andere Sozialisation haben als wir, sich an Veränderungen anzupassen – mir fällt Erich Honecker ein, der stocksteif neben dem Kaiser von Japan saß und nichts zu sagen wusste. Wenn man sich für diese menschliche Begrenztheit noch Mitgefühl erhält, das ist wichtig. Also, lieber KT, ich habe begriffen, dass dein Leben anders war als meines, manchmal war meines sehr viel schwieriger, aber schwierig war deines auch.

Guttenberg
So kann man's ooch sehen. Ich glaube, dieser Satz fasst wahrscheinlich unsere Dynamik am besten zusammen. Hast du abschließend noch einen Wunsch für die Zukunft unserer Gespräche?

Gysi
Dass es zwischen uns nie ein Missverständnis gibt, das das Ganze unmöglich machte.

»Das waren auch so Momente, wo ich fast Verlassenheit gespürt habe.«

Über Einsamkeit

Guttenberg
Herr Gysi, denken wir uns mal in jemanden hinein, der 20 Jahre alt ist. Wer oder was sind wir? Was sollte dieser junge Mensch über Sie wissen?

Gysi
Da muss ich erst mal eine Gegenfrage stellen. Ist es ein 20-Jähriger deutscher, chinesischer oder türkischer Nationalität? Da sieht meine Erklärung unterschiedlich aus.

Guttenberg
Angesichts Ihres internationalen Ruhms ist das eigentlich vollkommen egal.

Gysi
Gut, dann würde ich darauf hinweisen, dass ich zwei Berufe habe: dass ich Facharbeiter für Rinderzucht bin, was ich irgendwann mal erklären werde. Zweitens bin ich Diplom-Jurist und habe in der DDR den Beruf eines Rechtsanwalts ausgeübt. Das klingt nach überhaupt nichts Besonderem, aber in der DDR war das eine Rarität. Wir hatten insgesamt in der DDR 600 Rechtsanwälte. Diese Zahl haben wir heute allein am Kurfürstendamm. Und erst 1989, mit 41 Jahren, bald 42 Jahren, bin ich in die Politik gegangen, im Zusammenhang mit den Unruhen und

Veränderungen, die damals in der DDR stattfanden, die ja kurze Zeit später untergegangen ist. Das war natürlich ein spannender Lebensabschnitt. In der ersten Zeit, als ich Bürger der Bundesrepublik Deutschland wurde, hat mich die Mehrheit abgelehnt, zutiefst abgelehnt und überhaupt nicht akzeptiert. In dieser Zeit habe ich eine neue Eigenschaft an mir festgestellt: dass ich doch preußisch stur bin. Das wusste ich gar nicht. Und deshalb habe ich darum gerungen, Akzeptanz zu erreichen. Was nicht leicht war. Mein zweites Politikerleben heute, in dem eine Mehrheit mich akzeptiert, ist wesentlich angenehmer als das erste Politikerleben. So, dann müsste der junge Mensch vielleicht noch wissen, dass ich zurzeit 75 Jahre alt bin und deshalb nur noch vier Berufe ausübe. Ich bin tätig als Politiker, als Rechtsanwalt, als Moderator – das kann man auf Youtube sehen. Und dann bin ich noch Autor, ich schreibe gelegentlich auch Bücher. Ich finde, das reicht, mehr muss man nicht wissen.

Guttenberg
Sie sind für die Linke noch im Bundestag. Im politischen Zirkus war ich auch mal unterwegs, bin dann aber ziemlich auf die Nase geflogen. Ich war einige Jahre im Deutschen Bundestag, in der Bundesregierung als Minister und bin dann, nachdem ich zurücktreten musste, für etwa zehn Jahre in die USA gegangen, wurde dort zunehmend zum Weltenbummler. Bin aber jetzt wieder zurück in Europa und in unterschiedlichster Funktion tätig, aber einfach im Wesentlichen neugierig.
Und wir müssen natürlich die Frage klären: Warum sprechen wir miteinander? Zunächst ganz banal, weil es uns Spaß macht, miteinander zu reden, weil wir interessiert aneinander sind, weil wir aus ganz unterschiedlichen Feldern kommen. Ich bin im konservativen Bereich groß geworden, Sie im linken Spektrum. Aber wir haben uns immer gemocht. Und was heute in Deutschland fehlt, ist ein breiter, offener Dialog über die großen Themen, auch jene, die nicht nur politisch sind, sondern die das Leben spielt.

Gysi
Da ich ja den Beruf des Rechtsanwalts über viele Jahrzehnte ausgeübt habe, interessieren mich immer Menschen mit Problemen – andere

kommen nicht zum Anwalt. Sie, lieber Herr Guttenberg, hatten früher einmal Probleme, ich hatte auch mal Probleme, und komischerweise spreche ich immer Menschen an, wenn sie Probleme haben, nicht wenn es ihnen gut geht. Das ist der eine Punkt, der uns verbindet. Der zweite: Mich reizt natürlich, dass Sie viel vornehmer sind als ich. Ich meine, Sie stellen sich einfach als KT Guttenberg vor. Man muss ja wissen: Freiherr Karl Theodor zu Guttenberg. Sehr schöner Titel. Mit anderen Worten: Ihre adelige Herkunft, Ihre absolut westdeutsche Sozialisation in jeder Hinsicht, das Konservative. Das alles reizt mich auch zum Gespräch, weil es natürlich Differenzen gibt. Aber immer wieder auch erstaunliche Übereinstimmungen.

Guttenberg

So erging es mir mit Ihnen auch. Trotzdem haben wir bereits gemerkt: Man kommt sich in vielen Themen erstaunlich nahe. Aber wir werden uns natürlich auch streiten, wenn es sich ergibt.
Das Thema, das wir uns heute zum Start ansehen wollen, ist eines, das einen im Alter gern heimsucht. Aber nicht nur da. Es geht um Einsamkeit.

Gysi

Wissen Sie, es gibt eine berufliche Einsamkeit. Und es gibt eine private Einsamkeit. Das ist nicht identisch. Erzählen Sie doch mal bitte, wann Sie sich besonders einsam gefühlt haben. Und zweitens, ob Sie glauben, dass eher der Erfolg einsam macht oder eher der Misserfolg.

Guttenberg

Die Gefahr, dass Erfolg einsam macht, halte ich für groß. Wir haben eine Neigung, uns das erfolgreiche Leben schönzureden. Und Misserfolg macht auf jeden Fall einsam.
Aus persönlicher Sicht ist Einsamkeit etwas, das mich mein Leben lang begleitet hat und das ich als Kind erfahren habe. Dabei bin ich vergleichsweise behütet aufgewachsen. Aber ich erlebte früh die Scheidung meiner Eltern, und das führte schon zu Momenten der Einsamkeit, gerade wenn man bei einem Vater aufwächst, der die ganze Zeit in der Weltgeschichte unterwegs ist. Das Verarbeiten dieser Momente

hat mich lange beschäftigt. Bei Ihnen, wenn ich mich richtig erinnere, gab es auch eine frühe Scheidung der Eltern und wahrscheinlich auch Momente, in denen Sie gelegentlich einsam waren.

Gysi
Ja. Ich habe aber folgende Erfahrung gemacht: Alle negativen Erscheinungen im Leben haben auch eine kleine positive Seite, und alle positiven Erscheinungen haben auch eine kleine negative Seite. Man muss nur genau hinschauen. Die Scheidung meiner Eltern hat meine Schwester und mich ziemlich getroffen, das stimmt. Aber wenn der Vater uns abholte, gingen wir in den Zirkus oder ins Varieté, auf jeden Fall immer ins Restaurant, oder wir fuhren zum Flughafen. Wenn er noch bei uns gewohnt hätte, hätte er das natürlich nie gemacht. Durch meine Schwester, auch durch andere Umstände fühlte ich mich nicht einsam. Einsam war ich als Kind, als ich sechs Monate und eine Woche im Krankenhaus lag. Aber mir fällt noch etwas anderes ein. Ich wohnte in einer Straße, in der auf der einen Seite Zweifamilienhäuser waren, und meine Familie wohnte hier, mit kleinem Vorgarten und Garten nach hinten raus – und gegenüber waren nur Mietwohnungen. Das heißt, die unterschiedlichen sozialen Schichten, die es in der DDR gab – die waren natürlich nicht so breit gefächert wie in der Bundesrepublik –, aber die, die es gab, lebten alle in der Straße. Und ich musste als Kind lernen, mit Kindern aus völlig anderen sozialen Verhältnissen umzugehen und spielen zu können, was nicht so leicht war. Der größte Unterschied fiel mir auf zu meinem Freund, der auch noch katholisch war. Seine Mutter lebte allein mit drei Kindern. Der Vater war im Krieg gefallen oder in Kriegsgefangenschaft umgekommen. Jedenfalls besaß sie zwei Bücher, die Bibel und ein Kochbuch. Und meine Eltern waren beide Verleger. Wir hatten Tausende von Büchern, meine Startbedingungen waren viel besser. Und trotz des Trennenden wurde er mein Freund, dadurch habe ich einiges gelernt. Wie war das bei Ihnen?

Guttenberg
Einige Jahre sind wir Buben fast klischeehaft in einem oberfränkischen Schloss groß geworden, in einer kleinen Ortschaft, und da ist die Bruchkante hin zu den Gleichaltrigen im Dorf natürlich hart. Das

Erste, was Sie ins Gesicht bekommen, ist keine Frage, sondern eine Faust, wenn Sie sich blöd benehmen. Und ich habe mich gelegentlich sicher blöd benommen. Da entsteht eine Form von Einsamkeit, insbesondere wenn die Eltern nicht da sind. Auf der anderen Seite bin ich so gezwungen worden, mich zu bemühen und mich zu öffnen, um diese Einsamkeit zu überwinden. Wie Sie gesagt haben: Das Negative hatte eine Kehrseite, die mir enorm viel fürs künftige Leben gebracht hat.

Gysi
Sie haben gesagt, der Erfolg macht einsam, der Misserfolg erst recht. Ja, der Misserfolg macht tatsächlich einsam. An einem schlechten Wahlergebnis bist immer nur du schuld. Für ein gutes sind alle verantwortlich. Aber Erfolg ist der interessantere Fall. Sie haben wahrscheinlich recht, lieber Herr zu Guttenberg: Wenn man erfolgreich ist in der Politik, wird man allein dadurch einsam, dass es so viele gibt, die neidisch sind. Und irgendwann kriegt man das alles zu spüren. Aber ich war insofern eine Besonderheit in der Politik, das muss ich erklären: Am Anfang trafen manche Maßstäbe auf mich nicht zu. Als ich Vorsitzender meiner Partei wurde, also der früheren Staatspartei der DDR, der SED, im Dezember 1989, als schon alles in Aufbruch und Auflösung war, da gab es keinen zweiten Idioten auf der Welt, der diesen Job machen wollte – und das ist selten. Sonst wollen immer drei gleichzeitig Vorsitzende werden. Und dadurch gab es nie Rangeleien um meinen Posten. Insofern war ich in dieser Zeit politisch nicht einsam, auch nicht bei Erfolgen, weil sich ja alle sehr freuten, als wir das erste Mal die Fünfprozenthürde überschritten. Ein Grüner hat mal zu mir gesagt: Als Minister hatte er in seinem Umkreis nur Leute, die glaubten, die besseren Minister sein zu können als er. Das schließt Freundschaften aus. Das erlebte ich nicht.

Guttenberg
Da sind Sie wirklich, lieber Herr Gysi, auch nach meiner Erfahrung, eine große Ausnahme. Ich war ja auch fast zehn Jahre auf diesen Bühnen unterwegs, und das Element der Einsamkeit war mit Händen zu greifen. Schon in dem Moment, da man von zujubelnden Menschen umgeben ist, die mit einem den Erfolg feiern – schon dieser Moment

des Erfolges ist einer, in dem Sie spüren: Das kann kippen. Bei vielen spielt der Neid eine Rolle. Bei anderen verschiebt sich die Tektonik, weil Sie gerade eine Position erreicht haben und sich möglicherweise ein Weg versperrt. Und plötzlich wird es um Sie einsamer. Die wahren Freundschaften haben sich rückblickend nur über die Parteigrenzen hinweg entwickelt. Dazu ein Satz, der vom alten Bismarck stammt: »Man ist immer am einsamsten in großen Städten, am Hofe, im Parlamente, unter seinen Kollegen. Dort fühlt man sich mitunter wie unter Larven die einzig fühlende Brust« – das Letzte hat er von Schiller geklaut –, und er sagt weiter: »Aber im Walde fühle ich mich niemals einsam.« Das ist ein schöner Satz, und ein bisschen trivialer hat es Wilhelm Busch gesagt: »Wer einsam ist, der hat es gut, weil keiner da, der ihm was tut.« Und dem müsste man hinzufügen: »Das gilt im Parlamente nicht, wo jedermann ein Bösewicht.« Insbesondere wenn es immer weiter nach oben geht, wird die Zahl derer, die es wirklich gut mit einem meinen, sehr klein.

Gysi

Ja, aber diejenigen, die so tun, als ob Sie dich mögen, werden immer mehr. Das ist ja noch schlimmer, weil du die Falschheit ahnst, je höher du steigst. Mit Menschen aus anderen Fraktionen hingegen kann man sich gut verstehen. Wissen Sie auch, warum? Weil die keine Konkurrenten sind.

Guttenberg

Das ist das, was ich mit Tektonik meinte. Bei denen verschieben Sie nichts. Ich habe immer Freude daran gehabt, dass man zwar diametral entgegengesetzt sein kann, was die Grundüberzeugungen anbelangt, aber sich trotzdem sehr schätzen kann.

Gysi

Aber das hängt vom Charakter ab. Einen miesen Charakter mag ich nicht, egal, ob in meiner Partei oder einer anderen Partei. Wenn du allerdings auf einen Charakter stößt, der dir genehm ist, bei dem auch Ironie vorhanden ist, bei dem Humor vorhanden ist, der neugierig ist auf dich, und du bist auch neugierig auf ihn, weil er völlig anders gestrickt ist und anders denkt, dann kann das wirklich ein produktives Verhältnis werden. Ob es eine Freundschaft wird? Das wird sich erst herausstellen.

Einsamkeit im Beruf, überhaupt in der Politik, kann, wie ich finde, durch familiäre Solidarität, durch familiäre Gemeinsamkeit aufgefangen werden. Nicht vollständig, aber einigermaßen. Aber private Einsamkeit kann durch Solidarität und Gemeinsamkeit in der Politik niemals aufgefangen werden.

Guttenberg
Lassen Sie uns diesen Gedanken mal weiterspinnen. Sie haben die Familie als Auffangelement genannt. Lässt das politische Leben das überhaupt zu? Meine Empfindung war die: Das politische Leben produziert eine doppelte Einsamkeit. Das eine ist die Form von Einsamkeit, über die wir gerade gesprochen haben, als Mensch in der politischen Landschaft. Und gleichzeitig schaffen Sie Einsame, die zu Hause sitzen, die eigentlich diejenigen sein sollten, die Sie umarmen, auffangen und Ihnen dieses Gefühl nehmen. Und warum ist das der Fall? Weil Sie meistens vor null Uhr nachts nicht nach Hause kommen. Weil Sie um sechs Uhr morgens oftmals das Haus schon wieder verlassen. Weil Sie einen geradezu wahnsinnigen Rhythmus haben und ein Wochenende als solches gar nicht mehr stattfindet. Ich bin an den Sonntagen von einer Kläranlageneinweihung zu Würstelständen zu Feuerwehrfesten gefahren, aber nie mit meiner Familie unterwegs gewesen. Meine Kinder haben irgendwann die Rechnung aufgemacht: Du warst im Schnitt eigentlich nur noch drei Stunden für uns pro Woche verfügbar. Die Einsamkeit hat sich auf mehrere Schultern verteilt.

Gysi
Sie haben völlig recht. Wenn du beruflich voll im Stress stehst und dann noch in der Politik, hast du viel zu wenig Zeit für deine Frau und deine Kinder. Aber das muss sie nicht unbedingt einsam machen, wenn sie gut zusammenhalten. Es macht allerdings dich selbst einsam, weil sie ja anfangen, dich nicht mehr zu benötigen, je weniger du da bist. Was ich meine, ist: Wenn du funktionierende Familienstrukturen hattest, fangen sie dich trotzdem auf. Solange sie dich mögen oder lieben.

Guttenberg
Solange sie dich noch mögen und lieben und solange sie dich noch kennen. Und wir wissen natürlich, wie viele Familien zerbrochen sind am politischen Geschäft. Das ist leider eher die Regel als die Ausnahme.

Gysi
Das ist wahr, das gibt es ja häufig. Davon kann ich auch ein Lied singen. Aber der Punkt ist der: Die private Einsamkeit kann nirgendwo wirklich kompensiert werden. Die berufliche kann aufgefangen werden. Das ist schon ein beachtlicher Unterschied.
Lassen Sie uns nun vom Alter sprechen. Wenn zwei sich gut verstehen, zusammenleben, Kinder und Enkelkinder haben, und dann stirbt einer von beiden – dann entsteht eine Form von Einsamkeit. Sie dürfen mir widersprechen, aber festgestellt habe ich: Mit dieser Einsamkeit können Frauen besser umgehen als Männer. Der Fall, dass sie zurückbleiben, kommt seltener bei Männern vor, aber mit dem Alleinsein können sie gar nicht umgehen. Während die Frauen oft in der Lage sind, ihre Zeit, die Zeit mit Kindern, mit Enkelkindern, neu einzuteilen.

Guttenberg
Woran liegt das?

Gysi
Das, glaube ich, liegt bei unserer Generation noch daran, dass wir Männer etwas falsch aufgewachsen sind.

Guttenberg
Dass wir in archaischen Rollenstrukturen gefangen sind.

Gysi
Dass wir früher die Gleichstellung der Geschlechter noch gar nicht wirklich wahrgenommen haben. Ich inzwischen schon, aber das war eine Entwicklung. Und Frauen sind deshalb anders in der Lage, im Alter das Leben zu meistern.

Guttenberg
An manchen Tagen fühle ich mich einsam, obwohl ich von Menschen umgeben bin. Und es gibt gewisse Tage, die eine Grundeinsamkeit noch verstärken können. Ich bin über einen schönen Satz gestolpert, der müsste Ihnen eigentlich gleich die Tränen der Rührung in die Augen treiben, er ist von Rosa Luxemburg. Die hat einmal gesagt: »Sonntag, der tödlichste Tag für Gefangene und Einsame.«

Gysi
Noch schlimmer sind Weihnachten und Silvester. Das ist für Gefangene furchtbar. Einfach furchtbar. Da passiert bei Gefangenen Folgendes: Wenn sie zu mehreren in einer Zelle sind, werden sie aus Einsamkeit geständig. Das heißt, zu Weihnachten erzählen sie sich Sachen, was sie hinterher bitter bereuen, weil die anderen Gefangenen es ihnen immer wieder vorhalten und sie damit zur Weißglut bringen.

Guttenberg
Es gibt noch eine Einsamkeit, die ich bei meinem Vater, der Künstler und Dirigent war, kennengelernt habe. Eine ganz brutale Form der Einsamkeit. Zunächst klingt sie abwegig. Er hatte den Moment des unmittelbar ganz großen Erfolgs. Er hatte eine Bühne bespielt, Sie hatten 3000 jubelnde Zuhörer. Er hatte tagelang mit einem Orchester verbracht. Sie waren umgeben von Menschen, und zwar von Menschen, die zu Ihnen aufblicken, Menschen, die Sie als Autorität wahrnehmen. Und Sie haben den Erfolg im Konzertsaal. Der Moment, in dem mein Vater dann in sein Dirigierzimmer kam, war wahrscheinlich der erschütterndste und einsamste Moment, in dem ich ihn erlebt habe. Da brach er oft zusammen, war in Tränen aufgelöst. Und er hat das mit Einsamkeit erklärt. Ähnliches kann einem auf der politischen Bühne, etwa nach einem Bierzeltauftritt, passieren. Wenn ich einen besonders gelungenen Auftritt hatte, bei dem ich hoffentlich authentisch war und viel von meinem Herzen gegeben habe, kam der Moment, wo man plötzlich sehr allein in einem Auto sitzt, nach Hause fährt und weiß: Im Zweifel schlafen die Lieben schon. Das waren auch so Momente, wo ich fast Verlassenheit gespürt habe. Es ist absurd, weil man davor sprichwörtlich von Menschen getragen wurde. Und auf einmal kommt

diese Bruchkante. Kennen Sie das Gefühl?

Gysi
Ja, wobei ich dadurch Abhilfe schaffe, dass ich meistens mit einem Fahrer unterwegs bin. Und nach einer erfolgreichen Veranstaltung trinken wir immer einen Absacker. Genau um das zu vermeiden.

Guttenberg
Also Sie saufen, um die Einsamkeit zu überwinden? Nein, Sie sprechen natürlich mit jemandem und haben sofort den Dialog.

Gysi
Das ist der Punkt. Wenn ich sonst ins Hotelzimmer ginge ...

Guttenberg
Dann würden Sie saufen.

Gysi
Quatsch! Aber so ist es erträglicher. Ich verstehe Ihren Vater in der Situation. Es hängt auch damit zusammen, wenn man die alleinige Verantwortung für eine Veranstaltung hat. Und auch wenn die erfolgreich gelaufen ist, bist du allein. Und zwar vor allen Dingen im Nachleben. Auf der anderen Seite ist es so, dass für Musikerinnen und Musiker, die an dem Konzert teilgenommen haben, ihr Gefühl davon abhängt, ob sie mit sich zufrieden sind oder nicht. Ich habe auch Reden gehalten, nach denen ich mich hingesetzt habe und dachte: Das war ja heute völlig daneben. Und die anderen reagieren in der Form, dass sie gar nicht reagieren.

Guttenberg
Eine weitere Form von Einsamkeit, über die wir noch nicht gesprochen haben, ist produktive oder kreative Einsamkeit. Ich habe mal für meinen Vater, als er wieder in seinen Stimmungsschwüngen war, einen Gedanken des Komponisten Robert Schumann gefunden, der sagte: »Einsamkeit ist der vertraute Umgang mit sich selbst.« Und darüber haben wir lange diskutiert. Das hat ihm, glaube ich, in dem Moment geholfen.

Wenn man Einsamkeit als etwas begreift, das das Kreativste in einem hervorrufen kann, sodass man aus der Gegenwart heraus gestaltungskräftig wird, weil man sich nicht um seine Umgebung kümmern muss. Das hat eine Qualität, oder?

Gysi
Du musst, wenn du einsam bist, dir viele Gedanken machen. Da kommst du nicht drum herum. Und zwar über dich selbst. Und dazu kommt man ja sonst nicht. Wenn man mit Freunden zusammensitzt, analysiert man sich nicht selbst.

Guttenberg
Also am schlechtesten ist Einsamkeit in Gesellschaft zu ertragen.

Gysi
Ja, das ist ganz furchtbar, weil da kommt man ja zu nüscht. Produktiv ist Einsamkeit für die, die das Nachdenken über sich selbst verbinden mit einer künstlerischen Begabung. Es gibt Malerinnen und Maler, die können gar nicht in Gesellschaft zeichnen, sie müssen allein sein. Ich kenne Schriftstellerinnen und Schriftsteller, die sagen mir: Gregor, es gibt Tage, da sitze ich da und schreibe und schreibe. Das quillt richtig aus mir heraus, und dann wieder sitze ich da und merke, ich komme über den zweiten Satz nicht hinweg, und es ist wichtig, dass ich einen Partner oder Kinder habe. Als Anwalt erlebte ich manchmal, wie der Kick bei mir kam: Ich habe alle Akten studiert und diktiert, alles, was zu diktieren war. Und da durfte man mich auch nicht für eine Tasse Tee unterbrechen. Wenn ich endlich durch war, war ich wirklich gut gelaunt.

Guttenberg
Das ist diese produktive Einsamkeit. Und die hat sehr viel damit zu tun, ob man gegenwärtig ist. Man beginnt Vergangenes aufzuarbeiten, seine Zukunftsängste einzubringen. Und diejenigen, die sich künstlerisch oder literarisch betätigen, können das nutzen.

Gysi
Lieber KT zu Guttenberg, wenn man über sich selbst nachgrübelt, kann das eine angenehme oder eine höchst unangenehme Erfahrung sein, je nachdem, wie man seine Vergangenheit einschätzt. Es gibt so Tage, da bist du mit dir einigermaßen zufrieden. Dann gibt es Tage, da findest du dich im Rückblick grauslich ...

Guttenberg
Abgründig ...

Gysi
... und das kann dann schon eine furchtbare Einsamkeit sein. Was ich persönlich merke: Musik beeinflusst meine Emotionen. Wenn ich die falsche Musik auflege, kann ich tieftraurig werden. Und da frage ich mich immer: Woher kommt diese Sehnsucht? Und ich nehme sie mir selbst übel, aber bekomme das nicht abgestellt.

Guttenberg
Weil der Mensch sich manchmal gern im Selbstmitleid suhlt.

Gysi
Oh ja.

Guttenberg
Nun lassen Sie uns noch ein paar Charaktere herausgreifen. Ist Wladimir Putin einsam?

Gysi
Ja, ganz bestimmt. Das liegt an der ganzen Struktur, die er um sich herum aufgebaut hat. Da kann es gar keine Freundinnen und Freunde geben. Und die, die vorgeben, mit ihm befreundet zu sein, sind meistens nicht ehrlich. Ich glaube, dass er das schon weiß, aber ich bin mir nicht sicher. Ich bin ihm ja nie begegnet. Sind Sie ihm mal begegnet?

Guttenberg
Ich bin ihm begegnet. Das war zu einer Zeit, als er gar nicht Präsident war, sondern sich für Medwedjew taktisch zurückgezogen hatte und Putin den Kontakt durchaus suchte. Zu den berührendsten Erlebnissen meines Lebens zählt das nicht. Donald Trump: einsam?

Gysi
Der muss einsam sein. Und zwar, weil er Freundschaften nicht halten kann. Sobald der andere etwas macht, was ihn stört, ist jede Beziehung für ihn zu Ende. Es ist ja erstaunlich, wie viel Leute ganz nah bei ihm waren, die jetzt alle aus seiner Sicht Verräter sind. Und er fragt sich nie, was er eigentlich falsch macht, dass Leute, die so eng mit ihm zusammenarbeiten, sich dann gegen ihn stellen. Ich glaube übrigens, dass er in Wirklichkeit an Minderwertigkeitskomplexen leidet.

Guttenberg
Einer interessiert mich noch, den Sie auch kennengelernt haben. Nelson Mandela, eine Legende. Er war lange im Gefängnis und hatte damit Einsamkeit wirklich erlebt.

Gysi
Ja, das hatte er. Und er hatte gelernt, damit umzugehen. Er war für mich deshalb der fantastischste Mensch, den ich je kennengelernt habe: durch seinen Großmut. Er wollte nicht, dass irgendwer eingesperrt wird. Er wollte nur eine Wahrheitskommission. Er wollte nur, dass man anders miteinander redet. Und er war der Letzte, der sich den weltweiten Respekt wirklich hart erarbeitet hat – und auch dadurch natürlich einsam war. Aber er konnte damit umgehen. Wissen Sie, wer uns heute fehlt? Ein Mandela.

Guttenberg
Da bin ich bei Ihnen.

Gysi
Ein Mensch, der weltweite Autorität hat.

Guttenberg
Eine Autorität, die wir als Bindeglied bräuchten und die etwas auszeichnete, was die Überwindung der Einsamkeit erst möglich macht: die Kunst zu vergeben.

Gysi
Ja.
Ich glaube sehr an Humor, um Einsamkeit zu überwinden, auch in schwierigen Situationen wie Krankheiten. Dann geht es dir auf jeden Fall besser. Ich sage den Alten immer: Hört auf, den ganzen Tag über Krankheiten zu quatschen. Davon wird man nicht gesund. Zehn Minuten am Tag über Krankheit zu reden, reicht. Ich bin Zweckoptimist. Optimismus hilft. Und wir wissen, was auch hilft gegen Einsamkeit: Kinder und Enkelkinder. Das ist ein Stück Verantwortung, die man nie loswird. Das ist gut so.

»Die Amerikaner gehen schneller ins Risiko, weil sie auch das Scheitern gesellschaftlich akzeptieren.«

Sind die USA noch unser Freund?

Guttenberg
Mir gegenüber sitzt Gregor Gysi, ein Tausendsassa. Und wenn ich uns beide so ansehe, außerdem ein Berliner Model, weil er der Elegante unter uns beiden ist, aufreizend im Anzug. Ich hingegen verlottere über die Jahre zusehends.

Gysi
Also, wenn ich ein Tausendsassa bin, sind Sie natürlich ein Millionsassa, bei dem, was Sie schon alles so durchgemacht haben. Und Sie sind nur deshalb nicht so gepflegt gekleidet wie ich, weil Sie Freiherr zu Guttenberg heißen. Wenn ich so einen Titel hätte, würde ich mich auch anders kleiden.

Guttenberg
Heute widmen wir uns den Vereinigten Staaten. Wir fragen uns: Sind die USA eigentlich noch unser Freund?

Gysi
Sie ist wichtig, die Beziehung zu den USA. Das würde ich nie bestreiten. Aber ich glaube nicht, dass die Beziehung zu uns, von dort aus gesehen, so wahnsinnig freundschaftlich ist. Sie sind ein Freund, aber auf vormundschaftliche Art. Sie möchten bestimmen, ob wir zum Beispiel Erdgas aus Russland beziehen dürfen oder nicht. Stattdessen wollten sie uns Deutschen schon vor dem Krieg gegen die Ukraine ihr nicht besonders ökologisches Frackinggas verkaufen. Und in solchen Fragen sind sie immer sehr durchsetzungsfähig. Ich werde Ihnen eine Geschichte erzählen, die vieles aussagt. Viele haben ja nicht verstanden, warum sich Erich Honecker als Partei- und Staatschef der DDR und der Parteichef der CSU und Ministerpräsident des Freistaates Bayern, Franz Josef Strauß, verstanden haben. Wissen Sie, woran das lag? Beide wussten Folgendes: dass die Sowjetunion und die USA verabredet hatten, möglichst einen Dritten Weltkrieg zu verhindern. Wenn der aber doch beginnen sollte – das haben sie ebenfalls verabredet –, dann sollte er in Deutschland beginnen. Denn dann haben sie 48 Stunden Zeit zu verhindern, dass er auf Polen und auf Frankreich übergreift. Das wussten Honecker und Strauß beide, und das wollten beide natürlich nicht. Das habe ich einem internen Protokoll – natürlich erst nach 1989 – des Zentralkomitees der SED entnommen. So weit reichte es in den Beziehungen zwischen der Sowjetunion und den USA also schon, dass sie sagten: Notfalls muss eben Deutschland vernichtet werden, aber wir versuchen, alles andere zu retten. Ist das Freundschaft?

Guttenberg
Ich sehe das anders. Das Verhältnis ist schon etwas, das man mit dem Begriff »Freundschaft« umschreiben kann. Aber man muss differenzieren innerhalb der politischen Landschaft in den USA. Und auch innerhalb der Bevölkerung, wo es einen nicht unerheblichen Teil gibt, der eine positive Bindung zu unserem Land hat. Darunter eine große Gruppe mit deutschem Hintergrund. Zugleich hat in den USA, demografisch bedingt, ein Wandel stattgefunden. Mancher, der bei uns noch romantisch auf das transatlantische Verhältnis blickt, muss feststellen, dass sowohl in der Politik als auch bei den großen Unternehmen jene, die Verantwortung tragen, oftmals gar keinen europäischen oder

deutschen Hintergrund mehr haben. Es gibt mehr und mehr, die aus Lateinamerika stammen, oder mit asiatischem Hintergrund. Und das verändert auch die Tiefe der Beziehung, die unsere beiden Länder zueinander haben. Trotzdem glaube ich, dass es auch im Politischen weiter so etwas wie eine positive Bindung gibt. Sagen wir: eine Unterkategorie von Freundschaft. Zudem sind wir natürlich durch eine starke Allianz verbunden, die Nato. Diese wird aus amerikanischer Sicht in meinen Augen politisch weiterhin – die Ausnahme war Donald Trump – sehr ernst genommen. Die Amerikaner sagen: Wir stehen im Zweifel ein für die Deutschen. Ich bin mir nicht sicher, ob jeder Deutsche diese Haltung aufbringen würde, wenn die Amerikaner attackiert würden.

Gysi
Wahrscheinlich wären die USA darauf gar nicht angewiesen. Sie sind das am stärksten hochgerüstete Land der Erde, und ich glaube auch gar nicht, dass es ein Land gibt, das ernsthaft wagt, die USA anzugreifen. Aber man soll ja nie nie sagen. Dennoch haben Sie natürlich recht: Die USA garantieren sicherheitspolitisch für uns.
Wissen Sie, mich hat stutzig gemacht, dass der frühere Präsident Trump zu Nato-Generalsekretär Jens Stoltenberg gesagt hat, es gebe drei Staaten, um die er sich Sorgen mache: Nordkorea, Iran und Deutschland. Und Stoltenberg haute das vom Stuhl, weil er auf Deutschland niemals gekommen wäre. Egal, was wir beide von Trump halten – wie kommt er zu einer solchen Einstellung?

Guttenberg
Meine Zuneigung, was Donald Trump anbelangt, hält sich auch in sehr messbaren Grenzen, obwohl es nicht ausgeschlossen ist, dass er Ende 2024 wiedergewählt wird. Und das würde unser Verhältnis zu den USA erneut unglaublichen Fliehkräften aussetzen. Trump ist sicher kein intellektueller Kopf. Aber eines hat er verstanden: wie er Stimmungslagen nutzen und aus einem Funken einen Flächenbrand erzeugen kann. Und der Funke ist, dass viele Amerikaner sagen: »Wir sorgen seit Jahrzehnten für die Sicherheit Deutschlands. Wir bringen Milliarden und Abermilliarden für Streitkräfte auf, die nicht nur uns schützen sollen, sondern auch die Europäer. Und wann immer es irgendwo in Europa

am Rande, an der Peripherie, in der Nachbarschaft Europas brennt, sind wir die Ersten, nach denen die Deutschen und andere rufen. Wir haben immer wieder unsere europäischen Partner darum gebeten, dass sie auch entsprechende Beiträge leisten, um uns als Nato zu stärken. Das haben viele eingelöst. Die Deutschen nicht.« In der Tat: Wir Deutschen hatten uns extrem zurückgehalten und überhaupt keine Lust, unser selbst gestecktes Ziel von zwei Prozent des Bruttoinlandsproduktes für Rüstung auszugeben. Das ist etwas, was in den USA über die Parteigrenzen hinweg tief sitzt. Und wenn dann noch militärisch etwas schiefging bei den Vereinigten Staaten, waren die Deutschen oft die Ersten, die den Amerikanern mit dem nackten Hintern ins Gesicht sprangen oder zumindest im Zeigefingerwedeln besonders gut waren. Mit dieser Stimmungslage hat Trump gespielt. Er drohte mit der Zukunft der Nato und plötzlich spurten die Deutschen.

Gysi
Lieber Herr Guttenberg, jetzt übernehmen Sie eine Verteidigung der Haltung der USA und Trumps, der ich natürlich widersprechen muss.
Bei der Sicherheitskonferenz neulich haben alle Nato-Staaten erklärt, dass wir in der Ukraine nur um Werte kämpfen, für Freiheit und Demokratie. Dann kamen die Staaten des Südens und sagten: Na ja, also wir verurteilen den Krieg auch, er ist völkerrechtswidrig, das ist klar. Aber das mit den Werten glauben wir euch nicht. Das hat euch nicht interessiert bei Serbien und dem Kosovo. Es hat euch auch nicht interessiert, als Israel sich die Golanhöhen holte. Es hat euch auch nicht beim Krieg der USA gegen den Irak interessiert. Ihr könnt nicht immer Werte betonen, wenn es euch passt, und sie vergessen, wenn sie euch nicht passen. Genau deshalb passiert, was wir beim BRICS-Bündnis gerade erleben. BRICS, das ist ein loses wirtschaftliches Bündnis, bestehend aus Brasilien, Russland, Indien, China und Südafrika. Am Anfang ohne Südafrika, nach der Befreiung wurde Südafrika Mitglied. Und danach gab es nie wieder einen Antrag auf Mitgliedschaft. Jetzt aber gibt es 40 Anträge von Ländern. Diesen Ländern ist gemein, dass sie keine Vasallen der USA werden wollen – allerdings auch nicht Chinas. Für uns stellt sich nun eine Frage, die bislang meines Erachtens geostrategisch viel zu wenig durchdacht worden ist. Machen wir es wie Frankreichs Präsident Ma-

cron, der sagt, wir als EU müssen zu China unsere eigenständige Politik entwickeln, oder sagen wir, wir machen, was die USA wollen? Also, ich möchte nicht, dass wir Vasallen Russlands sind, auf keinen Fall. Ich will auch nicht, dass wir Vasallen Chinas sind. Ich will aber auch nicht, dass wir Vasallen der USA sind. Obwohl, das muss ich unbedingt hinzufügen, ich das Land mag. Ich fahre da auch gern hin. Es gibt ja Linke, die Anti-USA sind. Das bin ich überhaupt nicht. Ich rede dort auch gern mit Politikerinnen und Politikern. Aber ich finde, dass wir unsere eigenen Rechte mehr entdecken, also suchen, finden und auch vertreten müssen.

Guttenberg
Kurze Gegenrede! Zum einen habe ich nicht Trump das Wort geredet …

Gysi
Indirekt, lieber Herr Guttenberg …

Guttenberg
Nein, noch nicht mal indirekt, Herr Gysi. Das ist ein Vorwurf an Deutschland, der über die Parteigrenzen hinweg, auch von Demokraten, erhoben wird. Das hat auch schon der bei uns so beliebte Obama kritisiert. Bei dem anderen Thema haben Sie einen Punkt: dass wir im sogenannten Westen enorm aufpassen müssen, den globalen Süden nicht noch mehr zusammenzuschweißen. Dass wir nicht mit doppelten Standards arbeiten. Gleichzeitig waren oder sind aber die Grundvoraussetzungen der Konflikte im Kosovo, im Irak, in der Ukraine schon sehr, sehr unterschiedlich. Man muss hier vorsichtig und differenziert herangehen. Tun Sie auch, tun aber andere nicht.

Gysi
Es gibt etwas, das mich an allen deutschen Regierungen gestört hat: Wenn ich abhängig bin von den USA, dann muss ich es der Bevölkerung auch mal sagen.

Guttenberg
157 Milliarden Euro: So hoch ist das Außenhandelsvolumen der beiden Länder …

Gysi
Der berühmte SPD-Politiker Egon Bahr hat mal vor Schülerinnen und Schülern gesagt: In der Außenpolitik geht es immer nur um Interessen. Ihnen werden immer wieder Leute erzählen, es gehe ihnen um Werte. Aber glauben Sie mir, es geht nicht um Werte, es geht um Interessen.

Guttenberg
Halten Sie es dann für falsch, in der Außenpolitik wertegebunden zu agieren, und müsste man klar und offen interessengeleitet handeln, auch als Bundesrepublik Deutschland?

Gysi
Ja, ich finde, dass man das zumindest sagen soll. Wissen Sie, ich merke ja, dass das Vertrauen der Bevölkerung in die etablierte Politik von der CSU bis einschließlich der Linken permanent abnimmt. Bei der letzten Bundestagswahl waren es schon 38,5 Prozent der erwachsenen deutschen Bevölkerung, die gesagt haben: Wir können mit all diesen Parteien nichts mehr anfangen.

Guttenberg
Diese Entwicklung ist bedrückend.

Gysi
Mir geht es genauso. Das liegt auch daran, dass falsche Beweggründe genannt werden. Es liegt an einer falschen Sprache der Politiker.

Guttenberg
Aber Sie erinnern sich an Horst Köhler? Wissen Sie noch, warum er damals als Bundespräsident zurückgetreten ist? Weil er die wirtschaftlichen Interessen der Bundesrepublik Deutschland betont hatte, als es darum ging, ob wir vor dem Horn von Afrika einen Militäreinsatz haben oder nicht. Da wurde ihm kübelweise Dreck über dem Kopf ausgeschüttet, und das hat mit dazu geführt, dass er zurücktrat.

Gysi

Das habe ich auch sehr bedauert. Und an seiner Stelle hätte ich gekämpft, hätte gesagt: Sagt ihr doch mal, worum es euch wirklich geht. Erzählt mir nicht, dass unsere Sicherheit am Hindukusch verteidigt wird. Es geht um unsere Interessen. Aber wenn so offen nicht gesprochen wird, wird der Anteil der Bevölkerung zunehmen, der uns ablehnt. Und das gefährdet unsere Demokratie. Die USA sind diesbezüglich völlig anders gestrickt.
Jenseits dessen: Ich weiß, dass wir im Augenblick über die Nato nicht zu diskutieren brauchen. Wobei es am Ende des Kalten Krieges eine Chance gegeben hätte. Das klingt heute abenteuerlich, aber die Chance war da, unter Einbeziehung von Russland eine neue Sicherheitsstruktur aufzubauen.

Guttenberg
Es gab sogar Versuche.

Gysi
Ja, und zwar auch von Russland. Das muss man dazusagen.

Guttenberg
Das wird heute gern verschwiegen, richtig. Es wird auch von den Russen gern verschwiegen.

Gysi
Und das ist sehr, sehr schade, dass das nicht konsequent betrieben worden ist, weil die westlichen Regierungen dachten: Wir haben ja gesiegt, der Staatssozialismus ist gescheitert, wir müssen uns nicht verändern. Das war der große Irrtum. Und Gorbatschow, den ich sehr schätzte, war natürlich zu vertrauensselig. Wenn dem etwas mündlich zugesagt wurde, reichte ihm das. Aber gut, die Entwicklung ist nun mal so gelaufen, wie sie gelaufen ist. Ich lege nur auf eines Wert: Die erste Völkerrechtsverletzung nach dem Kalten Krieg ging vom Westen aus: der Einmarsch in Serbien. Das war ein Fehler. Und ich habe damals zu Bundeskanzler Gerhard Schröder gesagt: Das macht Schule. Aber das haben er und andere nicht hören wollen. Er sagte: »Wir haben gute

Gründe.« Und beim Kosovo gab es einen Sicherheitsratsbeschluss, der heute noch gilt, in dem drinsteht: Das Kosovo braucht einen hohen Grad an Autonomie, muss aber Bestandteil der Republik Jugoslawien, so nannte sich Serbien, bleiben. Und dann hat die Nato gesagt: Interessiert uns nicht mehr. Der Beschluss wurde zwar nicht aufgehoben, man hat das Kosovo aber trotzdem abgetrennt. Nun, da wir Russland zu Recht den Völkerrechtsbruch in der Ukraine vorwerfen, meine ich: Eine Lösung kann nur darin bestehen, dass wir alle zum Völkerrecht zurückkehren. Das hat ja im Kalten Krieg einigermaßen funktioniert. Warum funktioniert das jetzt nicht?

Guttenberg

Es gab übrigens keinen Einmarsch in Serbien. Allerdings ein Bombardement. Als Reaktion auf schlimmste Verletzungen des humanitären Völkerrechts durch die Serben. Das wunderbar gedachte Bauwerk Vereinte Nationen ist ein dramatisch morsches Gebilde geworden, weil seine Rechtsgrundlagen immer noch den Geist von 1949 atmen. Ich bin ebenso wie Sie ein entschiedener Verfechter eines funktionierenden Völkerrechtes. Und wenn der Bruch des Völkerrechtes auf beiden Seiten zu häufig wird, haben wir ein strukturelles Problem. Wenn der Zynismus eines einzigen Landes – dieser Tage Russlands – genügt, um den Sicherheitsrat zu blockieren und alles, was völkerrechtsbewahrend sein könnte ...

Gysi

So agierten über Jahrzehnte die USA, die haben sich mit ihrem Vetorecht für Israel eingesetzt.

Guttenberg

Diese wichtige Debatte führen wir auch noch einmal: ob es gute Gründe geben kann, dass im Sicherheitsrat mal ein Veto eingelegt wird, etwa beim Thema Israel und Palästina.

Gysi

Aber wenn man das ständig macht, wie die USA bei Israel ...

Guttenberg
Nicht ständig. Das ist mir zu einseitig. Jedenfalls führt auch die russische Dauerblockade dazu, dass die Gauner dieser Erde sich frei fühlen und in den USA auch Köpfe wie ein Trump sagen können: Wir finanzieren die Vereinten Nationen nicht mehr. Da wird nur noch zynisch gedacht, egal, ob Washington, Moskau oder auch Peking.
Aber zurück zu unserem Verhältnis zu den USA: Was können wir von den Vereinigten Staaten denn lernen? Was schlecht läuft, da sind wir schnell dabei. Was läuft denn dort so gut, dass wir sagen: Da sollten wir genauer hingucken?

Gysi
Zum Beispiel haben sie eine Topwissenschaft und -forschung, die beste auf der Welt.

Guttenberg
Das muss man neidlos anerkennen.

Gysi
Absolut. Es ist kein Zufall, dass so viele Nobelpreise in die USA gehen.

Guttenberg
Dann müssten Sie doch einige Sympathie dafür haben, dass man Wissenschaft sehr viel mehr aus privater Hand fördert, als das bei uns der Fall ist.

Gysi
Da ist meine Begeisterung deshalb begrenzt, weil ich weiß, was sich rechnet, was sich nicht rechnet. Ich muss mich auch um die Wissenschaft kümmern, die sich nicht rechnet. Es muss auch noch Philosophie geben, es muss auch noch Kulturwissenschaft geben.

Guttenberg
Auch das muss jemand finanzieren wollen.

Gysi
Richtig. Aber wird ein Privater diese Fächer finanzieren, wenn er nichts konkret davon hat?

Guttenberg
Interessant ist: In den USA sind viele Privatleute bereit, Gelder in die Hand zu nehmen, um auch Geisteswissenschaften zu fördern – weil sie eine Verbindung zu ihrer Universität haben, weil sie ein Alumni-Netzwerk aufgebaut haben, weil eine ganz andere Bereitschaft da ist, Spitzenforschung in jeder Hinsicht zu fördern. Woran liegt das Ihrer Meinung nach?

Gysi
Das kann ich Ihnen sagen. Der Unterschied besteht darin: Die Reichen in Deutschland schämen sich dafür, dass sie reich sind. Deshalb siehst du keine Bilder von ihnen, du hörst nur mal den Namen.

Guttenberg
Das aus Ihrem Munde, Herr Gysi!

Gysi
Das ist doch so! Und die Reichen in den USA sind stolz auf ihren Reichtum, weil selbst der Bettler denkt: Der hat ja was geleistet, sonst wäre er nicht reich. Und die Reichen sind dort verpflichtet – bei uns nicht, das ist ein schwerer Nachteil – nachzuweisen, was sie alles spenden und finanzieren. Unsere Reichen sind anonym, du erfährst über sie fast nichts.
Das Zweite, das mir einfällt, ist: Spitzenkünstlerinnen und -künstler kommen nicht selten aus den USA, übrigens kamen sie früher auch aus der Sowjetunion. Ich möchte Ihnen eine Geschichte erzählen, was John F. Kennedy von der Sowjetunion übernommen hat. Der war pappsatt, weil die Sowjets als Erste einen Hund ins Weltall geschickt hatten und dann als Erste einen Menschen. Erst der Sputnik-Schock, das muss 1957 gewesen sein. Und dann regte sich Präsident Kennedy nach dem Start von Juri Gagarin auf, er sagte: »Wir sind demokratischer, wir sind freiheitlicher, wir haben eine bessere Wirtschaft, wir haben eine bessere

Wissenschaft und Forschung. Warum sind die immer schneller als wir?« Er telefonierte mit Nikita Chruschtschow und bekam die Erlaubnis, dass eine Delegation durch die Sowjetunion reisen durfte. Deren Mitglieder kamen zurück und sagten: »Ja, Mr Kennedy, Sie haben in allem recht. Wir sind in all diesen Punkten überlegen. Es gibt aber eine Sache, wo die uns überlegen sind.« »Welche?«, fragte Kennedy. »Die fördern jede Begabung, denen ist völlig wurscht, ob die Eltern viel oder wenig verdienen, egal, ob es Klavier ist, ob es Geige ist, ob es Sport ist, ob es Mathematik ist. Und das geht bei uns nicht, weil bei uns nur die Kinder der Eliten gefördert werden.« Daraufhin hat Kennedy an den Universitäten die Mischung von Stipendiaten und zahlenden Studierenden eingeführt, damit auch die Begabungen aus anderen Schichten der Bevölkerung gefördert werden. Nur für die Schulen blieben die Bundesstaaten zuständig.

Guttenberg
Mehr und mehr versuchen das dort auch Schulen zu ermöglichen, aber Sie haben recht, die soziale Schere klafft gewaltig auf. Meine Kinder durften ja in den USA zur Schule gehen. »Dürfen« sage ich, denn gewisse Schulen sind exzellent ausgestattet und um einiges dem voraus, was bei uns die Spitze darstellt. Aber darunter ist es teilweise wirklich abgründig. Ich möchte nochmals auf den Punkt von eben zu sprechen kommen, die Reichen.

Gysi
Ja!

Guttenberg
Das stimmt, man gönnt in den USA den Reichen ihren Reichtum. Aber natürlich ist das Steuersystem auch so ausgelegt, dass sich das Spenden lohnt. Punkt eins. Punkt zwei: Was mich immer beeindruckt hat und was uns hier ein Stück weit fehlt, ist dieses Neidfreie. Man geht in den USA anders mit Erfolg um, man geht auch anders mit Scheitern um. Wenn in den USA jemand auf die Nase fliegt, sei es politisch, wirtschaftlich oder gesellschaftlich, befriedigt das natürlich auch einige. Aber man hat ein großes Bedürfnis, das Aufstehen wieder zu ermöglichen und sich auch daran zu freuen, wenn jemand wieder aufsteht. Wenn

Sie bei uns mit einem dicken Wagen gegen die Wand fahren, werden viele dafür sorgen, dass Ihnen für den Rest des Lebens nur noch ein Elektroroller hingestellt wird. In den USA wird Ihnen sehr schnell wieder ein großer Wagen hingestellt. Das ist eine etwas holprige Analogie, die aber das Denken gut beschreibt. Und auch das Risikobewusstsein. Die Amerikaner gehen schneller ins Risiko, weil sie auch das Scheitern gesellschaftlich akzeptieren.

Gysi
Wir können beide weder die Mentalität des US-Volkes noch die Mentalität des deutschen Volkes verändern. Man muss sie nur jeweils kennen. Ich war mal bei den reichsten Leuten Deutschlands im tiefsten Bayern eingeladen. Das war witzig: Die Assistentinnen und Assistenten, alle jung und hübsch, standen, und die Reichen saßen.

Guttenberg
Darf ich raten, unter wen Sie sich gemischt haben?

Gysi
Nein! »Also«, sagte ich am Anfang meiner Rede, »ich habe gestern sofort gesehen, ich bin hier in einer reichen Stadt, die Kleidung der Leute ... Aber können Sie mir mal eine Frage beantworten? Warum hat kein Einziger von den reichen Damen und Herren gelächelt? Was bedrückt Sie so sehr?« Die Jungen klatschten wie verrückt, weil sie das Verhalten ihrer Chefs ja kannten. Und dann sagte ich: »Wissen Sie, es hat ja keinen Sinn, dass ich bei Ihnen über soziale Gerechtigkeit spreche, ich will Ihnen nur eines sagen: Man kann immer übertreiben. Also: Passen Sie auf, dass Sie nicht übertreiben. Denn das werden nicht Sie bezahlen. Sondern Ihre Enkelkinder. Und deshalb muss man eine Grenze des Reichtums einführen, um eine bestimmte Armut zu verhindern. Das ist alles, worüber ich Sie bitte nachzudenken.« Warum sind die Reichen bei uns so ... na ja, ich würde nicht sagen, unglücklich, aber so ernst, so gestresst? Reichtum scheint ja zu nerven.

Guttenberg

Herr Gysi, ich will noch etwas anderes ansprechen. Sie haben gesagt, Sie sind immer auch noch ein Freund der USA, Sie reisen dort gern hin. Es ist ja auch für mich weiterhin ein faszinierendes Land. Ich verbringe weiterhin viel Zeit dort, bin aber gegenüber den politischen Strukturen sehr kritisch und skeptisch. Obwohl ich mit Bewunderung auf dieses Land sehe, das 1776 die Unabhängigkeitserklärung und 1789 eine Verfassung geschrieben hat, die in ihren Grundfesten bis heute hält. Und dennoch spüre auch ich diese zunehmende Entfremdung von den Vereinigten Staaten. Was können wir dagegen tun?

Gysi

Ich würde versuchen, erst mal klar zu formulieren: Was sind unsere Interessen, im Zusammenhang mit der Europäischen Union, im Zusammenhang mit der UNO, im Zusammenhang mit der Nato, im Zusammenhang mit Frieden und Sicherheit in Europa? Wir erleben ja jetzt: ohne oder gegen Russland geht es nicht. Wie könnte eine Zusammenarbeit zukünftig aussehen? Und wenn wir darüber ernsthaft miteinander sprechen, dann stellen wir Differenzen zu anderen Staaten fest, aber auch Übereinstimmungen. Und ich würde immer erst mal die Übereinstimmungen betonen, dann aber auch die Differenzen nennen und würde so versuchen, ein möglichst offenes Gespräch zu führen. Das gilt eben auch für die USA. Wenn man sich als Pudel behandeln lässt, dann wird man auch so behandelt. Und ich möchte, dass wir uns engagiert auf allen Seiten für die strikte Wahrung des Völkerrechts einsetzen. Sie haben recht, das müsste weiterentwickelt werden.

Guttenberg

Das Letzte, das wir brauchen, ist ein zweiter Kalter Krieg. Ein solcher würde die Blöcke um China und die USA verfestigen und sich zu einem Kampf um die technologische Vorherrschaft ausweiten. Was heute eine große geopolitische Frage ist.

Gysi

Sie wissen, die USA kriegen alle Halbleiter von Taiwan. Sie bauen jetzt wie verrückt Halbleiterwerke, um diese Abhängigkeit zu reduzieren. Was ja für sie spricht und nicht gegen sie.

Guttenberg

Das zeigt aber natürlich auch, wie toxisch die Lage ist. Ich bin bei Ihnen, was die Notwendigkeit der Reform der völkerrechtlichen Grundlagen anbelangt. Ich bin auch bei Ihnen, und das ist meine Erfahrung nach vielen Jahren USA, dass man dort viel mehr das klare Wort als unsere Verdrucckstheit schätzt. Was aber nicht gelingen wird, ist, dass wir sagen, es soll keine Abhängigkeit mehr geben.

Gysi

Nein! Aber wir müssen sie benennen ...
Ich will Ihnen noch eine Geschichte erzählen, als mal Gorbatschow im Bundestag sprach. Der Einzige, der wirklich richtig lachen musste, war Helmut Kohl. Da war er aber schon nicht mehr Kanzler. Gorbatschow sagte: »Ich war bei dem alten Bush, also nicht bei George W. Bush, sondern bei seinem Vater. Bush senior fragte mich: ›Warum fürchten Sie Deutschland so sehr, dass Sie Deutschland raushaben wollen aus der Nato?‹ Und da sagte ich: ›Nein. Sie fürchten Deutschland so sehr, dass Sie Deutschland drin haben wollen in der Nato.‹« Kohl wusste, dass beides stimmt. Da hat er mir gefallen.

Guttenberg

Kohl hatte ja mehr Humor, als viele annahmen.

Gysi

Wissen Sie, was der große Irrtum war? Es gibt ja Menschen wie uns beide, die besser sprechen als denken können. Aber es gibt auch wenige Menschen, die besser denken als sprechen können. Und so einer war Kohl. Man hat sich wegen seiner Sprache geirrt über seine Denkkraft. Herr zu Guttenberg, da wir von Neid sprachen: Worauf sind Sie eigentlich neidisch?

Guttenberg
Ich bin ein fast neidfreier Mensch. Ich habe sonst wirklich viele schlechte Charakterzüge, aber Neid ist mir irgendwie nicht gegeben. Vielleicht ist das ein bisschen die amerikanische Domestizierung, die ich mitbekommen habe, dass ich mich gern an anderen freue.

Gysi
Ich sage Ihnen, worauf ich neidisch bin: Ich bin neidisch auf Leute, die essen können, so viel sie wollen, ohne je zuzunehmen. Da bin ich wirklich neidisch – die können so unbeschwert vor sich hin essen.

Guttenberg
So, und jetzt wollen Sie natürlich, dass ich sage, wie wunderbar schlank Sie geworden sind.

Gysi
Nö, das ist nicht nötig. Wissen Sie, im Fernsehen wirkt man immer etwas länger, als man ist, und man wirkt auch immer etwas dicker, als man ist. Auf letztere Besonderheit lege ich wert.

»Humorlosigkeit haben wir leider mittlerweile an allen Ecken und Enden.«

Wie witzig sind wir Deutschen?

Gysi
Heute haben wir uns ein schönes Thema vorgenommen: Humor.

Guttenberg
Zum Einstieg will ich Ihnen eine Geschichte erzählen, die viele von uns wahrscheinlich schon mal ähnlich erlebt haben. Ich war vor kurzer Zeit auf der Beerdigung eines Bekannten, der viel zu früh verstorben ist. Und es war entsetzlich traurig. Aber zu einem bestimmten Zeitpunkt hat jemand eine lustige und vollkommen unpassende Bemerkung gemacht – und die gesamte Trauergesellschaft ist in schallendes Gelächter ausgebrochen. Daraufhin wurde diese Beerdigung zu einer Veranstaltung, bei der gelacht wurde, geweint wurde und wieder gelacht wurde. Die Grundstimmung war fröhlich, sie war tröstend.

Gysi
Erlebt habe ich das auch, natürlich. Dass man anfängt, über Begebenheiten mit der Verstorbenen oder dem Verstorbenen zu lachen, führt dazu, dass die Erinnerung an sie oder ihn angenehmer wird. Und wenn einem das bei einer Beerdigung gelingt, ist das viel.

Guttenberg
Der Punkt, den ich mit meiner Erzählung ansprechen wollte, ist, dass es, gerade wenn man mit existenziellen Fragen konfrontiert wird und

so gar keine Lösung findet, ein Element gibt, das als Brücke dienen kann, eben Humor. Humor ist zum einen etwas ganz Individuelles und zum anderen aber auch etwas, das eine hohe verbindende Kraft haben kann. Wir wollen uns heute diesem Thema von persönlichen Erfahrungen her annähern, aber auch indem wir fragen: Wie übersetzt sich das in die Politik? Wie übersetzt sich das in breite gesellschaftliche Fragen?

Nun sind Sie jemand, Herr Gysi, dem der Ruf vorauseilt, zu der ganz seltenen politischen Spezies zu zählen, die originären Humor hat und nicht antrainierten und geübten. Ist das eine familiäre Veranlagung?

Gysi
Durch meinen Vater, weniger durch meine Mutter. Die waren überhaupt sehr unterschiedlich. Mein Vater war gern ironisch, ein brillanter Rhetoriker, aber auch sehr gern selbstironisch und auch sehr humorvoll. Und meine Mutter hatte wieder ganz andere Begabungen und Fähigkeiten, sie sprach perfekt Deutsch, perfekt Russisch, perfekt Englisch und perfekt Französisch. Der Humor hat mich eigentlich mein Leben lang begleitet. Ich kenne viele Menschen, die lachen gern über andere, aber nicht über sich selbst. Ich kann eben auch über mich selbst lachen. Ich kenne viele Menschen, die ironisch sein können, aber nie selbstironisch. Ich bin auch gern selbstironisch. Das wirkt bescheiden, ist in Wirklichkeit natürlich die höchste Form der Arroganz.

Guttenberg
Es ist die höchste Form der Koketterie. Das vereint uns im Übrigen, zum einen, dass wir zum Koketten neigen, zum anderen aber auch zum Selbstironischen. Ich erinnere mich an eine Anekdote, die ich mal gelesen habe – Sie haben ja ganz uneitel irgendwann schon Ihre Autobiografie geschrieben. Das blüht mir noch ...

Gysi
... die Autobiografie selbst zu schreiben?

Guttenberg

Mit dem Abschreiben habe ich ja so meine Erfahrungen gemacht. Von daher sollte man schon originär bleiben. Jedenfalls haben Sie in Ihrer Autobiografie beschrieben, wie Ihr Vater mit Humor den SS-Häschern entgehen konnte. Als Ihre Eltern aus dem französischen Exil mit dem Zug nach Deutschland zurückgereist sind, um dort im kommunistischen Widerstand zu arbeiten, da hat er vor SS-Leuten mit jüdischen Witzen ...

Gysi

... im gleichen Bahnabteil geglänzt. Und meine Mutter hat mir erzählt, sie saß daneben und war völlig verkrampft. Aber die SS-Leute haben sich nur auf die Schenkel geklopft vor Vergnügen. Durch solche Erzählungen habe ich seine Methode kennengelernt. Ein anderes Mal standen meine Eltern vor dem Haus der Eltern meiner Mutter. Und da sagte meine Mutter zu meinem Vater: Also, hier können wir auf gar keinen Fall herziehen, rundherum wohnen nur hohe Nazis. Da sagte er: »Genau deshalb ziehen wir hierher. Dann finden hier nämlich keine Razzien statt.« So hat er gedacht.

Guttenberg

Das sollte man dem Publikum kurz erklären: Sie haben zum einen eine jüdische Familienbiografie. Und zum anderen gab es natürlich auch die KPD-Mitgliedschaft Ihrer Eltern. Für die Nazis eine Mischung, die im Grunde das Todesurteil hätte bedeuten können.

Gysi

Mein Vater hatte eine jüdische Mutter und einen sogenannten arischen Vater. Nach den Nürnberger Gesetzen war er Halbjude. Übrigens: In unseren Köpfen stecken immer noch die Nürnberger Gesetze. Die Juden selbst kennen ja keine Halbjuden, bei den Orthodoxen ist die Mutter das Entscheidende. Eine Frage hat mich bei meinem Vater beschäftigt: Er war doch so mutig gegenüber den Nazis und später viel vorsichtiger gegenüber der SED-Führung. Ich habe mich immer gefragt: wieso eigentlich? Und bekam keine befriedigende Antwort. Das habe ich Altbundeskanzler Helmut Kohl erzählt. Und der hat mir diesbezüglich meinen Vater erklärt.

Guttenberg
Kohl war ein sehr unterschätzter Menschenleser.

Gysi
»Das kann ich Ihnen erklären, woran das liegt«, sagte Kohl. »Wenn die Nazis ihn umgebracht hätten, hätte er sich in einer Solidargemeinschaft von Millionen Menschen empfunden. Mit einem Teil der Deutschen, aber vor allen Dingen mit Franzosen, Amerikanern, Chinesen, Sowjetbürgern etc. Wenn er sich mit der SED-Führung angelegt hätte, wäre er keiner von den anderen geworden, er wäre einsam geworden, und es gibt nichts Schlimmeres als Einsamkeit.« Ich habe darüber nachgedacht. Ich denke, er hat recht. Was mich ärgert, ist, dass Kohl mir meinen Vater erklärt hat und ich nicht darauf gekommen bin.

Guttenberg
Unsere Eltern werden uns oft von anderen Menschen erklärt.
Mein Vater war ein wunderbarer Geschichten- und Witzeerzähler. Er war jemand, der sogar Witze erfinden und sie sich ganz im Gegensatz zu mir merken konnte. Mir fällt gelegentlich ein dummer Spruch ein, aber er verschwindet in dem Moment, da er mir in den Kopf kommt. Was bei meinem Vater allerdings sehr eigen war – und um das zu verstehen, bedurfte ich die Erklärung anderer –: Er hat den Humor gebraucht, um eine ganz tief sitzende Melancholie zu überwinden. Er konnte Menschen zum Schreien vor Lachen bringen. Aber manchmal führte es dazu, dass er sein eigenes inneres Schreien nicht überwinden konnte.
Ist für Sie Ihr Humor, Herr Gysi, der ja wirklich ein vielschichtiger ist und der mir immer wieder Freude bereitet, auch manchmal eine Flucht vor den Realitäten?

Gysi
Darüber muss ich nachdenken. Nein, ich glaube, nicht eine Flucht, sondern Humor erleichtert mir den Umgang mit den Realitäten. So würde ich es bezeichnen. Und dann ist es eine Methode, um bestimmte Dinge verständlicher zu machen. Ich will mal ein Beispiel erzählen aus dem Bundestag. Da gab es im Bundesfinanzministerium, das geleitet wur-

de von Wolfgang Schäuble, Pläne, die Bundesstraßen zu privatisieren. Wissen Sie, jetzt hätte ich ja einfach sagen können: »Dann werden die Länder die Landesstraßen privatisieren, die Kommunen die Kommunalstraßen, dann geht alles durcheinander« und so weiter. Aber das merkt sich keiner. Daher habe ich gesagt: »Lieber Herr Schäuble, ich muss Ihnen leider drohen.« Das ist hochinteressant, dieses Wort »drohen«. Du hast sofort die Aufmerksamkeit des ganzen Bundestages. Jeder Mensch hört auf das Wort, am liebsten, wenn es sich nicht gegen ihn richtet. Auch Schäuble musste natürlich sofort zuhören ...

Guttenberg
... und plötzlich dreht sich da auf der Regierungsbank ein Kopf. Auch ich durfte da ja mal als Regierungsmitglied sitzen. Wenn Sie Redner sind, tut die Regierung im Grunde nichts anderes, als Akten zu fixieren oder heutzutage am Handy herumzudaddeln. Wenn Sie mal den Blick eines Ministers bekommen, haben Sie ihn wirklich aus dem Halbschlaf gerissen.

Gysi
Frau Merkel drehte sich um, und Schäuble drehte sich um. Also, wegen der Drohung. Und dann habe ich nur gesagt: »Na ja, wissen Sie, wenn Sie die Bundesstraßen privatisieren wollen, werden die Länder die Landesstraßen privatisieren und die Kommunen die Kommunalstraßen. Und ich wollte Ihnen nur sagen: Dann werde ich mir die größte Mühe geben, die Straße zu kaufen, in der Sie wohnen. Und wenn Sie dann nach Hause wollen, wird das für Sie sehr, sehr teuer. Und grottenpeinlich wird Ihnen sein, dass Sie überall angeben müssen, dass Sie ›Zum Gysi‹ Nummer eins wohnen.« Und da musste auch Schäuble lachen bei dieser Vorstellung. Die Pläne wurden übrigens wieder aufgegeben. Interessanterweise wurden gleich Schilder geprägt von ›Zum Gysi‹ Nummer eins ...

Guttenberg
Das hat natürlich Ihre Eitelkeit bedient.

Gysi
Ja, klar! Eine Frau schrieb mir, und das fand ich gut: »Wenn Sie wirklich die Straße kauften, zöge ich hin, weil ich weiß, dass Sie es in Wirklichkeit billig machten.« Das hat mir gefallen. Ich finde an dieser Art von Humor gut, dass man plötzlich eine inhaltliche Aussage einprägsamer macht.

Guttenberg
Ist das eine deutsche Eigenschaft des Humors?

Gysi
Na ja, der Humor ist in Ländern sehr unterschiedlich. Aber überall gibt es Leute, die können überhaupt keine Witze erzählen. Und es gibt Leute, die das wirklich sehr gut können, dafür können sie dann wieder andere Sachen nicht. Es gleicht sich alles aus im Leben.

Guttenberg
Die wenigsten, die wirklich Witze erzählen können, werden vermutlich den Weg in die Politik finden. Mir fallen ein paar ein. In meinem Laden, bei den Konservativen, war das damals Wolfgang Bosbach, der war geradezu karnevalistisch, der konnte das wirklich. Ein anderer, der sehr kokett mit seinem Humor war, weil er gern seine intellektuelle Wucht zur Schau stellen wollte, war Norbert Lammert als Bundestagspräsident.

Gysi
Er ist gern ironisch, aber nicht gern selbstironisch.

Guttenberg
Dem kann ich nur zustimmen.

Gysi
Das wäre für mich der Höhepunkt gewesen, wenn er auch noch selbstironisch gewesen wäre. Eine Geschichte werde ich nie vergessen. Der damalige Bundesminister für Umwelt, Herr Röttgen von der CDU, erzählte uns im Dezember 2010 von einem neuen Energiegesetz mit Verlängerung der Laufzeiten der AKW und so weiter – »und das ist eine Revo-

lution! Wir erneuern ja alles.« Dann kam das schreckliche Ereignis in Japan, und die Kanzlerin entschied übers Wochenende: Jetzt werden die alle dichtgemacht. Und dann sprach Röttgen im Juni 2011 wieder und sagte: »Wir werden alle AKWs schließen – und das ist eine Revolution.« Ich antwortete: »Sagen Sie mal, Herr Röttgen, Sie haben uns doch erst erklärt, dass die Verlängerung der Laufzeiten der AKW eine Revolution sei. Heute erklären Sie uns, dass die Schließung der AKW eine Revolution sei. Könnte es sein, dass in der Union der Unterschied zwischen einer Revolution und einer Konterrevolution noch gar nicht verstanden worden ist?« Das war das einzige Mal, dass ich erlebt habe, dass die Grünen mir applaudierten. Professor Lammert hielt es natürlich nicht aus, und er machte das, was er ja eigentlich gar nicht durfte, in eine Rede hineingehen. Er sagte sofort: »Ja, aber, Herr Gysi, ohne Ihr Fachwissen wird die Union das nie lernen.« Was auch wieder die Union amüsierte.

Guttenberg
Ich glaube, am meisten zu lachen hatte in der Folge dieser Entscheidung Winfried Kretschmann, der Ministerpräsident in Baden-Württemberg wurde. Es war nämlich mitnichten so, dass die Bundeskanzlerin einen Tsunami wie in Japan in der Ostsee erwartet hat und darum um die Kernkraftwerke fürchtete, sondern die Furcht war, nach Fukushima könnte man die Landtagswahlen in Baden-Württemberg verlieren. Nach meiner Erinnerung war das eine rein polittaktische Entscheidung. Ich war damals schon ein paar Wochen aus der Politik raus, aber so viel Zugang hatte ich noch zu denen, die ebenso überrollt waren von der Entscheidung. Herr Kretschmann erzielte dann als Grüner ein Erdrutschergebnis, und er regiert bis heute. Ob er viel Humor hat, weiß ich natürlich nicht.

Gysi
Weiß ich auch nicht. Aber ich kenne seine Art aufzutreten, die ist hochinteressant. Ich habe festgestellt: Alle Ministerpräsidenten, die wie der König ihres Landes agieren ...

Guttenberg
... als die letzten Feudalherren, die wir noch haben ...

Gysi
... die also selbst möglichst wenig Politik machen, sondern das den Ministerinnen und Ministern überlassen, die werden wiedergewählt. Manfred Stolpe war auch so einer, der König von Brandenburg. Die aktiven Ministerpräsidenten, die ständig was unternehmen, die laufen Gefahr, auch abgewählt zu werden.

Guttenberg
Wie erklären Sie denn dann Ihre Wiederwahl in Ihrem Wahlkreis, Herr Gysi? Durch Nichtstun?

Gysi
Nein, bei mir ist es anders, weil ich ja nicht Ministerpräsident bin. Wenn ich je in meinem Leben Regierender Bürgermeister von Berlin geworden wäre, wäre ich wahrscheinlich nicht so eine Vaterpersönlichkeit gewesen. Oder eine Mischung? Ein bisschen vielleicht doch. Aber andererseits hätte ich mich auch immer wieder politisch eingebracht. Und dann, das wissen Sie ja, wenn man sich politisch einbringt, hat man Freunde, aber Gegner auch, und zwar zuhauf.

Guttenberg
Wir müssen uns auch Gedanken machen, wie sich Humor über die Zeit verändert. Viele Elemente des Humors von früher haben sich heute fast unmöglich gemacht und würden, wie es heute heißt, wahrscheinlich gecancelt werden.

Gysi
Bevor wir darüber sprechen, wollte ich Sie mal fragen, wie das eigentlich mit dem Humor in Ihrer Familie war. Adel kann sehr humorvoll oder restlos humorlos sein.

Guttenberg
In meiner Familie ist der Humor auch sehr unterschiedlich ausgeprägt. Ich habe ja kurz von meinem Vater berichtet, der ein extrem humorvoller Mensch war, aber für den der Humor ein großes Schutzschild für seine Künstlerseele war, die ihn in vielerlei Hinsicht in Extreme des

Lebens geworfen hat. Bei anderen aus der Familie war der Humor oftmals selbstbezogen und damit auf Wirkung bedacht. Aber ich bin in einer doch sehr selbstironischen Umgebung aufgewachsen. Das ist ja das, was uns beide verbindet.
Wenn man die Aristokratie generell in den Blick nimmt, ist es wie fast überall in der Gesellschaft: dass es davon abhängt, ob man in einer schweren Situation in der Lage ist, entweder Humor zu zeigen, oder in die Verzweiflung stürzt. In unserer Zeit stehen viele der alten aristokratischen Familien vor dem Nichts, weil sie falsch gewirtschaftet haben oder plötzlich alle erben wollen, und dann ist auf einmal nichts mehr da. Natürlich erfüllt man damit auch eine lange Forderung der Linken, lieber Herr Gysi.

Gysi
Das stimmt ein bisschen. Ich bin für soziale Gerechtigkeit, das heißt, ich möchte keine Armut. Das geht nur, wenn man überzogenen Reichtum verhindert. Aber ich bin auch immer dafür, dass man gönnt.
Unsere Welt ist im Augenblick für Humor wenig geeignet. Das hat mit den Kriegen zu tun. Das hat aber auch damit zu tun, dass vieles sich ökologisch zuspitzt. Dass die Armut sich verbreitet und sich die Strukturen selbst in demokratischen Ländern verändern. Ich habe mal mit drei Türken gesprochen, die mir erklärt haben, sie finden Erdoğan deshalb gut, weil, was er sagt, er innerhalb von sechs Wochen umsetzt. Bei uns werde zwei Jahre lang gequatscht, und es passiere immer noch nichts. Da habe ich zu ihnen gesagt: »Aha, und das, was er sagt, wollt ihr auch?« Ja, sagten sie, und dann sage ich: »Was nun, wenn er plötzlich lauter Dinge sagt, die ihr nicht wollt, aber die sechs Wochen später umgesetzt sind?«

Guttenberg
Ich habe ja einige Jahre in den USA gelebt und zählte zu denen, die mit Spott überschüttet wurden, als ich vor der ersten Trump-Wahl gesagt habe, dass ich die Chancen für relativ hoch erachte, dass dieser ... Kasper gewählt wird. Er wurde gewählt. Weil er Dinge versprochen hat, die vielen aus der Seele sprachen. Aber warum bleibt bis heute nahezu die Hälfte der amerikanischen Wähler in irgendeiner Form ihm ver-

bunden bzw. sind sie sogar bereit, ihn vielleicht noch mal zu wählen? Weil er geliefert hat – wie man auf Englisch sagt: he delivered. Er hat einen Großteil seiner Versprechen umgesetzt, ob die uns nun passen oder nicht – und die meisten passen uns nicht. Das war der Beginn des Mauerbaus an der Grenze zu Mexiko, das war die harte Position gegen China, die konservative Besetzung der Richterstellen. Alles Dinge, die viele davor nicht geschafft haben. Das hat er mit ganz humorloser Gewalt durchgesetzt.

Gysi
Wissen Sie, worauf ich hinauswill? Wir haben einen wachsenden Nationalismus. Beispiel Polen, Beispiel Ungarn, auch Erdoğan. Trump macht mir erstens politisch große Sorgen, zweitens ist er völlig frei von Humor. Die Nazis hatten keinen Humor. Was es gab, das war kein echter Humor, sondern das war ein Herziehen über Leute, die sowieso schon machtlos, die entrechtet waren. Und das ist eine Art von Humor, die ich völlig ablehne. Über die Herrschenden darf man Witze machen, nicht aber über die ganz unten. Was mir Sorgen macht: Es spitzt sich alles zu.

Guttenberg
Die Humorlosigkeit haben wir leider mittlerweile an allen politischen Ecken und Enden. Was für den populistisch rechts angesiedelten Trump gilt, ist in den USA ganz genauso richtig für eine sich progressiv nennende linke Gruppe um Alexandria Ocasio-Cortez. Die sind auch nicht gerade von tief sitzendem Humor beseelt. Die Frage, die ich mir stelle, ist insbesondere die: Wenn jemand etwas Humorvolles sagt, das vor fünf Jahren noch mit einem Lächeln, mit Lachen bedacht worden wäre, so läuft er heute Gefahr, gecancelt oder zum Schweigen gebracht zu werden. Ich sage das zunächst mal wertfrei, weil das von allen Seiten kommt. Das ist gar nicht mehr ein rein linkes oder ein rechtes Phänomen. Man traut sich kaum mehr, etwas zu sagen. Das ist eine Stimmungslage, die einem überall begegnet.

Gysi
Ja.

Guttenberg.
Fehlt uns, Herr Gysi, nicht das Ventil, das wir angesichts der ernsten Themen, die Sie benannt haben, wohl auch dringend brauchen: dass man auch mal lachen kann, dass man auch mal über die Stränge schlagen kann, dass man auch mal Dampf ablassen kann? Aber sobald Sie es heute machen, laufen Sie Gefahr, sich einem Shitstorm auszusetzen.

Gysi
Dafür gibt es mehrere Gründe. Wir haben die sozialen Medien eingeführt und bisher keinen rechtlichen Umgang damit gefunden, die Gesetze hinken hinterher. Wir hatten ja ein Recht fürs Fernsehen, für Zeitung, für Rundfunk, aber das funktioniert alles nicht mehr. Und es gibt keine Wahrheitsstelle. Das heißt, bei den Nachrichten, die dort verbreitet werden, gibt es niemanden, den ich fragen kann, ob das stimmt oder ob es nicht stimmt.

Guttenberg
Das übernimmt demnächst Chat GPT.

Gysi
Es muss eine solche Einrichtung geben. Was auf der Bundesebene funktioniert, ist ja der Bundesrechnungshof, der beschimpft jedes Jahr die Ministerien, wie sinnlos sie Geld ausgeben, die ärgern sich dann und kriegen das trotzdem nicht korrigiert.
Zugespitzte Zeiten führen zu einer gewissen Humorlosigkeit. Weil: Humor ist immer gegen die Macht gerichtet. Und das ist in zugespitzten Zeiten schwierig, weil man gecancelt, wenn nicht gar verurteilt wird. Es kommt aber noch etwas hinzu. Das werden Sie vielleicht anders sehen. Nach dem Ende des Kalten Krieges konnte der Westen nicht aufhören zu siegen. Und mir war klar: Dafür kriegen wir irgendwann eine Rechnung. Und die kommt jetzt. Das macht aber die Gesellschaft nicht humorvoller, sondern humorloser. Widerspruch wird immer weniger geduldet. Sehen Sie, ich habe mich viermal impfen lassen und bin zweimal genesen. Mehr geht gar nicht. Schon weil ich Ossi bin, wir wurden sowieso immer geimpft, hat mich das alles nicht gestört. Aber dann gab es ja richtige Gegnerschaft dazu, und die kam im Fernsehen eigent-

lich nicht zu Wort. Sie wurde nur beschimpft und beleidigt, und da habe ich mich gefragt, ob das klug ist, ob das demokratisch ist. Ich hätte sie irgendwie zu Wort kommen lassen, damit sie sich als der Gesellschaft zugehörig empfinden. Wenn ich sie nicht sprechen lasse, fühlen sie sich außerhalb der Gesellschaft ...

Guttenberg
... und sind dann empfänglich für die Rattenfänger, die es zu Genüge gibt, auf allen Seiten des politischen Spektrums. Sie werden überrascht sein: Ich bin da gar nicht so furchtbar weit weg von Ihnen. Das ist exakt die Form des Dialoges, die es braucht und für die eigentlich eine freiheitliche, demokratische Gesellschaft prädestiniert sein sollte. Ich widerspreche Ihnen aber in der Analyse, dass Sie sagen, solche Zeiten lassen traditionell wenig Humor zu. Ja, sicher, in der Furcht vor Repression, das ist wahrscheinlich historisch nachweisbar. Ich glaube aber, dass auch die besten Beispiele klugen und abgewogenen, manchmal extrem komischen Humors gerade in solchen Zeiten entstanden sind. Aber vielleicht überlebte auch nur diese Art von Humor solche Zeiten.

Gysi
Ich will Ihnen einen Witz erzählen, den es in der Nazizeit gab. Da besuchte Goebbels eine Psychiatrie, und die Kranken standen in Reihe und sagten alle: »Heil Hitler«, nur der Letzte nicht. Da fragte Goebbels: »Wieso entbieten Sie nicht den deutschen Gruß?« Und er sagte: »Nee, ich bin doch kein Verrückter, ich bin der Wärter.« Aber so ein Witz hätte dich ins Gefängnis bringen können.

Guttenberg
Ja, oder noch Schlimmeres.

Gysi
Durch die Erzählungen meiner Eltern habe ich festgestellt, wie schwer diese Art Humor ist. Aber einen Instinkt entwickeln viele Menschen: Wem kann man etwas sagen und wem nicht? Und sie irren sich nur selten. Manchmal schon, aber nur selten.

Guttenberg
Es wäre nur schauerlich, wenn wir wieder in eine Gesellschaft abdriften würden, in der man sich überlegen müsste, mit wem man spricht. Und deswegen kann man nur allen wünschen, gelegentlich auch mal wieder dieses Ventil zu öffnen, auszuatmen und übers Ziel hinauszuschießen, den Humor einfach zuzulassen. Ich glaube, es würde uns guttun.

Gysi
Wie war denn das mit Ihnen in der Situation, als Sie so schwer angegriffen wurden? Starb da der Humor in Ihnen, oder ist er ab und zu durchgebrochen? Schon um es leichter ertragen zu können?

Guttenberg
Humor war mein Netz, das mich aufgefangen hat, und er hat mich von Tag zu Tag getragen. Insbesondere auch die Fähigkeit, eben selbstironisch zu sein, sich selbst hochzunehmen. Es war auch wichtig gegenüber der eigenen Familie, die ja gleich mit in den Sack gepackt wurde und auf die auch die Knüppel heruntersausten. Man bekommt über diese Humorbrücke auch einen anderen Blick auf die Schwäche derer, deren Lebensinhalt im Nachtreten besteht.

Gysi
Das ist das Schlimmste, und das ist etwas, das ich wirklich nicht kann. Wenn jemand in Schwierigkeiten ist, werde ich nicht noch auf ihn draufhauen. Ganz im Gegenteil. Dann versuche ich Kontakt herzustellen. Ich habe ja auch schwierige Situationen erlebt, ich habe als Anwalt viele Menschen in schwierigen Situationen begleitet, und deshalb liegt mir das überhaupt nicht.
Übrigens, zu den Linken und dem Humor noch eines. Ich sage den Linken immer Folgendes: Ihr seid ja davon überzeugt, die besseren Menschen zu sein, weil ihr für Frieden und für soziale Gerechtigkeit streitet. Wenn ich mir anschaue, wie ihr euch untereinander behandelt, dann kann ich nur sagen: Von besseren Menschen kann wohl kaum die Rede sein.

Guttenberg
Also ist das schlechte Behandeln der eigenen Parteifreunde, das es ja auch in der Union geben soll, kein Alleinstellungsmerkmal der Konservativen?

Gysi
Das gibt es in allen Parteien.

Guttenberg
Und es gibt überall nur wenige, die in der Lage sind, mehr als nur eingeübte witzige Sätzchen von sich zu geben.

Gysi
Angelernter Humor ist furchtbar.

Guttenberg
Und ebenso grauenvoll ist es, wenn der Humor lediglich darin besteht, sich an den Schwächen anderer zu ergötzen. Das ist auch bei uns ausgeprägt, und von daher habe ich mich gefreut, dass Sie in einer Situation, in der es mir damals bescheiden ging, auf mich zukamen und mich mit einem liebevollen, aber gleichzeitig witzigen Satz zum Lachen gebracht haben.
Es wird Menschen geben, die das lesen und sagen: Was für ein Unsinn! Die sprechen über Humor. Die sollten doch eigentlich über die großen politischen Themen diskutieren, für die sie mal gewählt worden sind oder gewählt werden.

Gysi
Ich halte unser heutiges Thema für ebenso wichtig. Damit die Menschen, die das lesen, selbst darüber nachdenken, ob sie noch humorvoll sind, wo ihr Humor geblieben ist – und dass sich das Leben leichter mit Humor ertragen lässt.

»Dann können Sie uns als Industrienation vergessen.«

Wie muss unser Verhältnis zu China sein?

Gysi
Ich stelle fest, dass Sie schon wieder hier sind, Herr Guttenberg. Ist das die Sehnsucht? Oder haben Sie noch andere Motive?

Guttenberg
Sie gehören zu jenen, die ich vermisse. Das ist eine gute Ausgangssituation, um sich künftig weiter zu ertragen.
Wir sprachen kürzlich über Humor. Herr Gysi, wir beide wissen, dass man sich mit Humor bei Reden schnell blutige Nasen holen kann. Zum Beispiel versteht das Publikum in Amerika nicht, wenn der Redner Selbstironie einsetzt. In England wird man nicht verstanden, wenn man keine Selbstironie einsetzt. In Frankreich wird man überhaupt nicht verstanden, wenn man als Deutscher eine Rede hält. Fast überall ist es aber kein Problem, wenn man auch mal den Gastgeber auf die Schippe nimmt. Nur in China kann man davon nur abraten. Das bedeutete für den Angesprochenen Gesichtsverlust. Unser heutiges Thema sind China und unser Verhältnis zu China. Was verbindet Sie mit China, Herr Gysi, außer die Romantik für kommunistische Belange?

Gysi
Als ich noch in der DDR lebte, fand ich Mao Tse-tung furchtbar. Viele junge Leute im Westen fanden den damals wundervoll. Ich glaube,

es lag vor allem daran, dass China so weit weg war. Die Sowjetunion konnten sie nicht zum Maßstab nehmen, die DDR auch nicht. Und wer kannte schon China? Ich habe es nie wirklich verstanden, ehrlich gesagt. Nach der Wende bin ich das erste Mal nach China gefahren, inzwischen des Öfteren, und habe wie Sie beachtliche Mentalitätsunterschiede festgestellt. Dazu muss ich aber doch etwas leicht Humorvolles sagen. Ich erzähle dort immer gern, dass ich leicht chinesisch aufgewachsen bin, dann wundern sich die Chinesen. Das hatte zwei Gründe. Es gibt dieses berühmte Spiel Mahjong, wo man eine Mauer baut, sich Steine nimmt und bestimmte Dinge anlegen muss.

Guttenberg
Das Spiel erfordert eine gewisse geistige Spannkraft, die Sie sich aber gewiss zuschreiben, nicht wahr?

Gysi
Das sowieso! Sonntags haben wir das in der Familie ab und zu gespielt. Da staunen sie, wenn ich das erzähle. Und zweitens haben wir als Kinder entdeckt, dass es das Buch »Kin Ping Meh« bei uns im Haushalt gab, einen Roman, aus dem du über Sexualpraktiken alles erfährst. Es war in der DDR erschienen, Anfang der 1950er-Jahre – mir auch unerklärlich, wieso. Wir Kinder wussten, wo das Buch steht, und wenn unsere Eltern weg waren, sind wir natürlich ran. Wenn ich den Chinesen das erzähle, dann machen die immer so: »Kin Ping Meh, Kin Ping Meh!« (wedelt mit den Armen, redet mit aufgeregter Stimme). Darüber können sie dann doch lachen.

Guttenberg
Sie sind mir Lichtjahre voraus, ganz entgegen meiner Erwartung. In dem katholischen Haushalt, in dem ich aufgewachsen bin, gab es dieses Buch selbstverständlich nicht. Oder wenn, war es gut versteckt, wie das in katholischen Haushalten ja oft der Fall ist.

Gysi
Als ich kürzlich über China nachdachte, habe ich einen beachtlichen Unterschied zu uns festgestellt. Angenommen, wir kauften als Staat

– was wir natürlich nicht machen – einen Hafen, zum Beispiel in Afrika. Dann gäbe es einen Besuch unseres Bundespräsidenten. Es würde angestoßen werden, entweder mit Sekt, es gäbe Blumen, ein Orchester, ein riesiges Drum und Dran. Wenn China so etwas kauft, gibt es: gar nichts. Die können im Unterschied zu uns die Klappe halten. Sie protzen nicht, sondern sie machen alles eher still. Allerdings mag ich Transparenz mehr.

Was mich interessieren würde, Herr Guttenberg: Wie verhalte ich mich in China in einem Gespräch, um mein Gegenüber zu öffnen, sodass ich tatsächlich etwas erfahre und wir nicht nur Klischees austauschen?

Guttenberg

Es hat zunächst mal sehr viel damit zu tun, jemandem Achtung zu schenken. Man muss ein Verständnis dafür bekommen, welche Lebensleistung ein Gegenüber vollbracht hat oder welche Seniorität es besitzt. Das ist ganz wichtig. Und auf gar keinen Fall sollte man mit Flapsigkeit beginnen. Das Zweite ist, das Gefühl zu vermitteln, dass das Interesse nicht kurzfristig ist, von Geschäften getrieben und einer hastigen Agenda folgend. Der Gedanke der Langfristigkeit ist bei einem chinesischen Gegenüber ein ganz entscheidender Punkt. Und das ist etwas, das wir als Deutsche immer wieder versäumt haben. Wir haben geglaubt, wir machen einen großen Staatsbesuch in China, und diesen Staatsbesuch gestalten wir mit allem nur denkbaren Brimborium. Das Wichtigste ist vielmehr Stetigkeit. Mindestens zweimal im Jahr muss man diese Beziehungen pflegen. So haben Sie ein Einfallstor geschaffen, um Gespräche auch offener führen zu können. Bei uns läuft das ganz anders. Es muss schnell klicken. Eine humorvolle Äußerung kann der Eisbrecher sein. Der Eisbrecher in China dagegen kommt eher aus dieser Stetigkeit.

Gysi

Sie haben völlig recht, die Chinesinnen und Chinesen haben im Unterschied zu uns Geduld. Wenn im Vertrag zu Hongkong steht, in 80 Jahren kommt das Gebiet zurück, das macht ihnen nichts – aber rausrücken würden sie es niemals.

Guttenberg
Es gab im letzten Jahrhundert einen chinesischen Staatsführer, der, als er gefragt wurde, wie er die Französische Revolution einschätze, antwortete: »Es ist noch zu früh, um da wirklich ein Urteil abgeben zu können.« Wohlgemerkt 200 Jahre später!

Gysi
Ich habe mal den Fehler begangen und gefragt: »Wieso ist Ihnen eigentlich Macao so wichtig? Da gibt es doch gar keine Rohstoffe.« Das hätte ich niemals sagen dürfen, es ist ihrer Meinung nach chinesisches Territorium, und darüber wird nicht diskutiert. Aber ich habe dann den Zugang anders gefunden – ich musste sie erst würdigen. Es muss auch nicht ganz stimmen, was ich sage. Zum Beispiel sagte ich: »Ihr habt das mit Tibet klug gemacht. Da gab es einen Aufstand, es gab Unruhen, und dann habt ihr euch entschieden, die Jugend von Tibet zu privilegieren. Junge Leute, die dort das Abitur machen, können in Peking studieren, auch mit Noten, mit denen du dich als Schüler aus Peking gar nicht erst bewerben müsstest. Aber die jungen Tibeter bekommen den Platz, danach schickt ihr sie ins Ausland und es kommen natürlich veränderte Menschen zurück. Und die führen dann die Auseinandersetzung mit ihren Eltern und Großeltern um bestimmte Traditionen.« So habe ich das erzählt und habe hinzugefügt: »Was ich nicht verstehe: Warum macht ihr das nicht so bei den Uiguren?« Dann sprechen sie darüber. Wenn ich das Gespräch angefangen hätte: »Ich finde, Sie verletzen bei den Uiguren die Menschenrechte«, hätten sie gesagt: »Ja, das sehen wir anders. War aber ein nettes Gespräch, Wiedersehen.«

Guttenberg
Chinas Vorgehen in Tibet ist aus unserer Sicht kritikwürdig. Wir Deutsche sind aber ungelenke Meister des Belehrens. Der erhobene Zeigefinger ist meistens das Erste, was man in China sieht, wenn wir das Flugzeug verlassen. Aber damit kommt man keinen Millimeter weiter. Ich bin da ganz bei Ihnen. Es hat etwas damit zu tun, dass man so etwas zeigt wie – ohne in Zynismus abzudriften – Verstehenwollen, und nicht der Idee anhängt, mit unserer Kultur den Rest der Welt beglücken zu wollen. Diesen Fehler haben wir immer wieder begangen, und die Chi-

nesen sind da besonders sensibel. Mein Erfahrungswert war derselbe: Wenn man zunächst versucht, ein Stück Verständnis zu zeigen, ist Kritik plötzlich möglich. Es ist immer eine Frage der Tonalität, es geht darum, nicht nur den nach der Schlagzeile gierenden mitreisenden Abgeordneten oder Journalisten gefallen zu wollen, sondern zunächst auch mal einem Gastgeber gefallen zu dürfen – in dem Sinne, dass man ihn ernst nimmt. Das schließt Kritik nicht aus, sondern macht sie eher möglich.

Gysi
In China wurde eine ungeheure Leistung vollbracht. Mao Tse-tung hat ein Land übernommen, in dem Menschen verhungerten. Es gelang ihm, den Hungertod zu überwinden, aber nicht viel mehr, China war ein reines Entwicklungsland, die Industrie konnte man vergessen. Und dann kam Deng Xiaoping, der den Kapitalismus einführte. Wobei mir übrigens in einer Parteihochschule erklärt wurde, und das fand ich nun wieder witzig, dass die Chinesen die Einzigen seien, die Karl Marx richtig verstanden hätten. Ich schaute etwas verwirrt. »Na ja, Karl Marx hat gesagt, für die Industrialisierung ist der Kapitalismus zuständig, und deshalb haben wir uns entschlossen, eine kapitalistische Wirtschaft aufzubauen, weil wir die Industrialisierung brauchen. Wenn die abgeschlossen ist, können wir über anderes nachdenken.« Das ist eine beachtliche Dialektik.

Guttenberg
Und wieder koppelt sich das mit dem Gedanken der Langfristigkeit. Dass diese Geduld auch menschenverachtend sein kann, steht außer Frage.

Gysi
Sie wollen sich auch Taiwan eigentlich nicht mit Gewalt einverleiben, aber niemand darf es ihnen streitig machen. Da hat der Westen natürlich seine Schwierigkeiten. Wenn ich mal daran erinnern darf: Als die Charta der Vereinten Nationen beschlossen wurde, wurde auch entschieden, dass es fünf Mächte gibt, die ständig im Sicherheitsrat sitzen und ein Vetorecht haben. Und das waren die Vereinigten Staaten von

Amerika, das Vereinigte Königreich von Großbritannien und Nordirland, die Republik Frankreich, China und die Union der Sozialistischen Sowjetrepubliken. Und wer vertrat China?

Guttenberg
Sie klingen romantisch, wenn Sie das sagen: Union der Sozialistischen Sowjetrepubliken ...

Gysi
China wurde von Chiang Kai-shek vertreten, der nur aus Taiwan kam und ganz China repräsentieren durfte. Bis dann Richard Nixon Mao in China besuchte und vorschlug, Chiang Kai-shek doch durch den Vertreter der Volksrepublik China zu ersetzen. Natürlich konnte die Sowjetunion, die gerade im größten Spannungsverhältnis mit China war, nicht Nein sagen. Und so kam es 1971. Aber dadurch hat damals der Westen bestätigt: Wenn Taiwan ganz China vertreten darf, darf auch China Taiwan vertreten. Und das ist ihre Sicht, und darin sind sie absolut konsequent: Wenn ein Land diplomatische Beziehungen zu Taiwan aufnimmt, gibt es keine diplomatischen Beziehungen zu China, trotz aller wirtschaftlichen Interessen.

Guttenberg
Ähnliches haben einige Staaten wie Litauen im Jahr 2021 feststellen müssen.

Gysi
Wofür wir aber immer kämpfen müssen, ist, dass es keine gewaltsame Einverleibung Taiwans gibt. Vielleicht sollte man aber auch nicht übermäßig provozieren. Ich möchte nicht noch eine weitere militärische Auseinandersetzung erleben.

Guttenberg
Es findet ja weiterhin eine bemerkenswerte Reisediplomatie statt. Gleichzeitig führen sowohl die Amerikaner, die gern nach Taiwan auf Reisen gehen, als auch östliche europäische Länder das Wort »Ein-China-Politik« im Munde.

Haben Sie mit der neuen chinesischen Führung mal direkten Kontakt gehabt?

Gysi
Ich traf einmal, als ich mit Lothar Bisky da war, das war Anfang der 1990er-Jahre, ein Mitglied des Ständigen Ausschusses des Politbüros, des höchsten Führungsorgans der Kommunistischen Partei. Dem ständigen Ausschuss gehörten damals nur vier Mitglieder an, und bei einem von diesen vieren sind wir gewesen.

Guttenberg
Gratuliere.

Gysi
1989 wurde in diesem Ausschuss abgestimmt, ob gegen die protestierenden Studenten in Peking mit Gewalt vorgegangen wird oder nicht. Und die Abstimmung ging zwei zu zwei aus. Da hat Deng Xiaoping es entschieden, mit der Begründung, es habe keine Mehrheit dagegen gegeben. Heute gibt es sieben Mitglieder mit der Verpflichtung abzustimmen. Vier zu drei ist das Engste, was passieren kann. In der Regel ...

Guttenberg
... geht es sieben zu null aus.

Gysi
Damals fragte ich mich: Warum war das in der DDR 1989 gar nicht mehr denkbar, dass der Staat Gewalt anwendet, aber in China schon, was ich genauso verurteile wie Sie. Die Demonstranten in der DDR brachten Bedürfnisse zum Ausdruck, die von 90 Prozent der Bevölkerung geteilt wurden. Die Studenten in Peking haben – berechtigt – für Pressefreiheit, Versammlungsfreiheit, Redefreiheit gekämpft. Das interessierte nur die 800 Millionen Bäuerinnen und Bauern nicht. Das heißt: In dem Moment, wo du für eine bestimmte elitäre Schicht etwas forderst, kann der Staat noch mit Gewalt dagegen vorgehen. Wenn du aber Bedürfnisse zum Ausdruck bringst, die Millionen andere teilen – aus, Sense, Feierabend.

Wie sind Ihre Erfahrungen mit der chinesischen Staatsführung?

Guttenberg
Ich hatte das Vergnügen – ich nehme jetzt tatsächlich mal das Wort in den Mund –, in meiner kurzen Zeit als Wirtschaftsminister nach China zu reisen. Und raten Sie mal, wer damals mein Counterpart war.

Gysi
Keine Ahnung.

Guttenberg
Es war Xi Jinping, der damals Vizepräsident war, zuständig für erhebliche Teile der Wirtschaft und auch für die Verteidigung. Wir sind uns mehrfach begegnet. Es war hochinteressant, wie diese Begegnungen abliefen. Übrigens wurde das auf beiden Seiten von den Medien mit Interesse verfolgt, weil wir beide als die »Prinzlinge« galten.

Gysi
Sie haben sich ja auch ein bisschen so benommen, finde ich.

Guttenberg
Bescheidenheit war sicher was anderes. Das galt auch für ihn. Auf der einen Seite führte das dazu, dass wir uns vergleichsweise offen begegnet sind, was in offiziellen Begegnungen mit chinesischen Verantwortungsträgern sonst eher schwer ist. Diese Treffen folgen immer ausgeklügelten Protokollen, und es sind bizarre Szenarien, die sich da abspielen. Sie kennen diese Bilder. Man befindet sich in einer riesigen Halle, dort stehen an einem Ende zwei ganz tiefe Sessel. In diesen plüschigen Sitzgelegenheiten lümmelt man irgendwie, weil man in ihnen nicht elegant sitzen kann. Und zu beiden Seiten führen Sesselreihen mit sehr viel kleineren Sesseln oder nur Holzstühlchen weiter, wo die Delegationen sitzen, und zwar brav aufgereiht nach ihrer Bedeutung. Man schaut der spiegelbildlichen eigenen Wichtigkeit ins Gesicht.

Gysi

Wenn ich in diesen tiefen Sesseln sitze, komme ich nicht wieder hoch. Das wird, je älter man wird, immer schwieriger.
Ich versuche immer, den offiziellen Teil aufzuweichen, also zu erreichen, dass das Gegenüber plötzlich doch gesprächsbereiter ist.

Guttenberg

Was Xi und mir damals gelungen ist. Das hat mich überrascht. Ich rechnete durch meine vorherigen Erfahrungen, dass es nur um vorgestanzte Worte gehen würde. Faktisch aber sind wir beide schnell vom Protokoll abgewichen. Xi Jinping hatte sich extrem gut vorbereitet und sprach mit mir über Themen, von denen er wusste, dass sie mich interessieren, Literatur, Musik. Wir haben über Philosophie gesprochen. Da fühlt man sich natürlich geschmeichelt, wenn man so als halbes Dummerchen ankommt und erlebt, dass der chinesische Vizepräsident mit einem über Schopenhauer parliert. Die Delegationen wurden zunehmend bleicher, weil nichts mehr dem Protokoll entsprach – und genau darüber kamen wir zu dem Punkt, dass wir über Themen sprechen konnten, die als toxisch galten, ich konnte menschenrechtliche Probleme offener ansprechen, ohne den Gastgeber zu brüskieren. Wenn ich Xi Jinping heute sehe, sehe ich einen sehr veränderten Präsidenten zu der Person, der ich vor 13, 14 Jahre begegnet bin.

Gysi

Was mich ebenfalls sehr beschäftigt, ist dies: dass die Chinesinnen und Chinesen eine Gesellschaftsstruktur entwickelt haben, die uns nicht gefällt, weil sie nicht demokratisch ist. Einmal fragte ich höhere Vertreter Ihrer Partei und der SPD: »Wie stellt ihr euch eigentlich die Demokratie in China vor, also praktisch?« Darauf hatten sie keine Antwort. Das sind 1,2 Milliarden Menschen! Wenn wir unser Wahlsystem dort einführten, wäre das völlig absurd, man denke nur an die Fünfprozenthürde oder an Direktmandate für die unterschiedlichen Völker, die in China leben. Sie müssten erst mal eine richtige föderale Struktur bilden, denn du musst Demokratie ja in kleineren Einheiten einführen. Immerhin habe ich bei meinem letzten Besuch festgestellt, dass die Kommunen inzwischen mehr zu sagen haben als früher. Das heißt, der

Zentralismus wird etwas abgebaut. Wenn man das fortsetzt und dort mit demokratischen Strukturen anfinge, könntest du schrittweise die Gesellschaft verändern. Aber wir dürfen unsere europäischen Strukturen nicht einfach auf China übertragen.

Guttenberg
Ich teile Ihre Hoffnung nur bedingt, dass sich das unter den jetzigen Machthabern durchsetzt.

Gysi
Ich bin Zweckoptimist.

Guttenberg
Es gab eine Zeit, wo wir uns politisch mit den Gegebenheiten in China sehr arrangiert hatten, fast sogar so etwas wie Faszination spürbar war. 1972 wurden die diplomatischen Beziehungen mit China aufgenommen. Drei Jahre später gab es einen interessanten Besucher, der große Wellen geschlagen hat. Können Sie sich erinnern, wer das war?

Gysi
Meinen Sie einen deutschen Besucher?

Guttenberg
Nach diesem wurden in China später sogar Straßen benannt. Es war Franz Josef Strauß, der ja, in Anführungszeichen, als »Kommunistenfresser« bekannt war. Aber von Kindheit an war er fasziniert von der Chinesischen Mauer. Und bei deren Besuch verschwand er plötzlich und tauchte erst abends wieder bei seiner Delegation auf. Mao Tse-tung hatte ihn völlig unerwartet zu seinem Aufenthaltsort fliegen lassen, was für die CSU und Strauß eine enorme Aufwertung bedeutete. Erst später war dann Bundeskanzler Helmut Schmidt dort und hat sich natürlich auch um einen Termin mit Mao bemüht. Strauß bekam 60 Minuten mit ihm. Schmidts großer Erfolg, da hat er sich in die Brust geworfen, waren 100 Minuten, und er ist auf der Chinesischen Mauer ein Stückchen weiter gegangen als Strauß, um ihn auch da zu schlagen.

Gysi
Die Eitelkeit von Männern, über die müssen Sie mich nicht unterrichten. Abgesehen davon, dass wir beide auch eitel sind, wenn auch nicht in so überzogenem Maße.

Guttenberg
Damals rangen zwei deutsche Politiker um Einfluss in einer zwischen den USA und der Sowjetunion geteilten Welt. Heute findet ein neuer globaler Ringkampf statt, viele nennen es einen neuen Kalten Krieg zwischen den USA und China. In Fragen der Sicherheit haben wir uns nahezu komplett in die Arme der Amerikaner begeben, was uns nicht nur geschadet hat. In der Frage der Energie haben wir uns lange blindlings in eine gewaltige Abhängigkeit zu Russland begeben. Und viele unserer DAX-Konzerne wären ohne die Handelsabhängigkeit mit China heute nicht mehr denkbar. Wo bleiben wir in diesem Geflecht?

Gysi
Ich glaube, dass Deutschland lernen muss, erst mal seine eigenen Interessen zu suchen, zu finden, zu artikulieren und sie auch durchzusetzen. Das wird nicht immer gelingen, aber versuchen muss man es.

Guttenberg
Da klingen Sie jetzt wie ein Konservativer.

Gysi
Ja! Die EU muss eigene Interessen suchen und finden und versuchen, sie durchzusetzen. Im Zusammenhang mit dem Krieg in der Ukraine ist wieder eine Abhängigkeit von den USA entstanden, sowohl für Deutschland als auch für die gesamte EU, die ich nicht gut finde. Sie haben recht, was die Energie betrifft. Ich bin dafür, dass wir diesbezüglich nicht von einem Staat abhängig sind, das ist eine wichtige Lehre aus den letzten Jahren. Aber was wir überhaupt nicht richtig registrieren, ist, dass China von einem wirklich armen, fast hungernden Entwicklungsland zur zweitstärksten Wirtschaftsmacht der Welt geworden ist. Und wenn wir uns dieses Bein auch noch absägen ... Also keine Sicherheitsgarantie mehr von Nato und USA, keine Energie mehr

aus Russland und so gut wie keinen Handel mehr mit China? Dann können Sie uns als Industrienation vergessen. Hier den richtigen Weg zu finden, der auch die Moral berücksichtigt, ist wirklich wahnsinnig schwierig. Im Bundestag gibt es leider keine tiefen Diskussionen darüber, zumindest nicht im Plenum. Wo kann man mal ernsthaft darüber nachdenken: Wie muss unser Verhältnis zu China sein?

Guttenberg
Da muss man jetzt ein bisschen differenzieren, lieber Herr Gysi. Ich bin bei Ihnen, dass es entscheidend wichtig ist, dass wir aus diesen singulären Abhängigkeiten herauskommen, dass wir uns aber gleichzeitig nicht komplett voneinander verabschieden müssen. China ist ein Land, das versucht, sich global so viel Anhängerschaft wie möglich zu sichern. Das darf man einem Land zugestehen, das versuchen ja auch andere. Sie machen das natürlich mit einem Gewicht, das die Europäer überhaupt nie in die Waagschale legen können. Da gibt es die neue Seidenstraße als Initiative und den enormen Einsatz in Afrika. Es ist so etwas wie der Kampf um den sogenannten globalen Süden ausgebrochen. Wer hat da den meisten Einfluss? Werden es die Amerikaner, werden es die Chinesen sein? Hat Europa überhaupt noch was zu sagen in diesem Zusammenhang? Welche Rolle spielt das BRICS-Bündnis aus Brasilien, Russland, Indien, China, Südafrika? Indien ist China nicht in Liebe verbunden ...

Gysi
Darauf stützen sich die USA. Aber wir erinnern uns, die Nazis haben behauptet, dass die Asiatinnen und Asiaten eine niedere Rasse seien, und trotzdem ist Hitler einen Pakt mit Japan eingegangen. Wenn es um Machtfragen geht, kommen Bündnisse zustande, die man vorher für unmöglich hält.

Guttenberg
In den 1930er-Jahren haben sich Japan und Deutschland zusammengetan. Warum? Weil man eine angloamerikanische Vorherrschaft fürchtete. Und heute werfen sich mit sehr ähnlicher Argumentation Moskau und Peking einander in die Arme – interessante Dynamik. Als

Xi zuletzt in Russland war, stand Putin da wie ein Schulbub und hat flehend zu seinem chinesischen Gast hochgeguckt. Sonst kann Putin vor Kraft nicht laufen. Trotzdem ist es bemerkenswert, wenn Xi in diesen Zusammenhang sagt: »Es kommt eine Veränderung, wie wir sie in 100 Jahren nicht gesehen haben. Und wir gestalten diese Veränderung gemeinsam.« Was heißt denn das für uns?

Gysi
Wie gesagt, die Chinesen machen nie Brimborium, die machen alles still. Und erreichen, dass Saudi-Arabien und Iran – etwas Verfeindeteres kann man sich gar nicht vorstellen, die führen ja einen Stellvertreterkrieg im Jemen – wieder diplomatische Beziehungen aufnehmen. Wenn den Chinesen das gelingt, bekommen sie einen Stellenwert, der die USA stört. Uns fehlt Langzeitdenken. Wir reagieren immer auf etwas, das uns eine Woche später nutzt. Wie das in 30 Jahren aussieht, das interessiert uns wenig. Das ist die Überlegenheit der chinesischen Politiker – Politikerinnen gibt es auch, aber nicht allzu viele. Die Menschen in China denken immer langfristig. Immer. Und ich glaube, das müssen wir lernen.

Guttenberg
Viel Spaß bei diesem Lernprozess, lieber Herr Gysi, wenn Sie sich hier alle vier Jahre einer Wahl stellen dürfen. Was bleibt, sind die kurzfristigen Versprechungen, vor der sich weder eine Linke noch eine CSU, noch irgendjemand anderes schützen kann. Ich hatte mal eine Chefin, die dafür bekannt war, extrem gut ad hoc politisch reagieren zu können, bei der aber auch viele heute sagen: Na ja, so richtig in die Zukunft wurde da auch nicht gedacht.

Gysi
Als ich mal auf einer Kundgebung der CSU war, sagte der Redner: »Wir denken an die nächste Generation.« Und ich sagte zu den Umstehenden: »Na, ich denke mehr an die übernächste Generation.« Es mussten alle lachen – ich wollte deutlich machen, dass das eine Floskel ist.

Guttenberg
Wann waren Sie denn mal auf einer CSU-Wahlveranstaltung? Hat man Sie da nicht sofort festgenommen?

Gysi
Das war eine Straße weiter, ich bin da entlanggegangen.
Sie sind ja jünger als ich. Glauben Sie, dass Sie noch erleben werden, dass China zur ersten Wirtschaftsmacht wird?

Guttenberg
Ja, das glaube ich schon. Zumindest, wenn man Wirtschaftsmacht am Bruttosozialprodukt festmacht. Womöglich schon eine Frage, die sich noch für uns beide stellt, ist: Wird es eine Wirtschaftsmacht sein, die sich entkoppelt vom sogenannten Westen? Oder ist die Verflechtung groß genug? In unserem Interesse kann ich nur sagen: Hoffentlich findet diese Entkoppelung nicht statt. Wir Europäer würden zerrieben werden bei der Frage, ob wir am Ende des Tages von chinesischer künstlicher Intelligenz abhängiger sind als von amerikanischer. Wir müssen einen Beitrag dazu leisten, dass Chinesen und Amerikaner sagen: Wir haben ein gemeinsames Interesse, den Missbrauch von künstlicher Intelligenz zu vermeiden. Wir haben ein gemeinsames Interesse, mit unseren Technologien dem Klimawandel entgegenzuwirken. Wir haben ein gemeinsames Interesse, allen, die außerhalb der staatlichen Ordnung versuchen, diese Welt in Unordnung zu bringen, vielleicht auch mit atomaren Waffen – all denen gemeinsam entgegenzuwirken. Wenn man sich technologisch entkoppelt? Dann gute Nacht, Herr Gysi.

Gysi
Wenn China von anderen Ländern wirtschaftlich nicht abhängig ist, wird das für diese anderen Länder katastrophale Folgen haben. Das zu verstehen, ist nicht leicht, aber zwingend notwendig.
Dann gibt es noch einen Punkt. Wir reagieren ja auf die Verletzung der Menschenrechte der Uiguren mit Sanktionen gegen China. Nun haben Sanktionen auch immer etwas Demütigendes an sich. Und es geht den Uiguren dadurch nicht besser. Dazu kam ein interessantes Gegenargument von unserer Außenministerin. Ich habe im Bundes-

tag einmal gesagt: »Wie wäre denn Folgendes: Wir machen Angebote über die Verbesserung der Beziehungen, wenn Mindeststandards bei der Behandlung der Uiguren eingehalten werden, die wir gelegentlich kontrollieren.« Und Frau Baerbock antwortete: »Nein, das wäre völlig falsch. Dann animieren wir die Chinesen ja, Menschenrechtsverletzungen zu begehen, damit anschließend von uns ein Angebot kommt.« Das ist kein dummes Argument. Ich musste aber daran denken, wie die autoritären Strukturen der DDR verändert wurden. Als Willy Brandt Angebote machte, die später Helmut Schmidt und Helmut Kohl fortgesetzt haben, hat sich die DDR Schritt für Schritt geöffnet. Es war nicht so, dass die Menschenrechtsverletzungen zunahmen, im Gegenteil, sie nahmen eher ab, und plötzlich waren westliche Journalisten da, und es wurden dringende Familienreisen erlaubt. Kleine Schritte.

Guttenberg
Da reden wir aber von einem Land einer anderen Größenordnung.

Gysi
Ja, ganz klar. Trotzdem frage ich mich, ob Angebote nicht der bessere Weg sind, um Veränderung in einer Gesellschaft zu erreichen, als Sanktionen. Alle Staaten, die sanktioniert werden, werden sturer. Sie sagen dann nicht: Jetzt mache ich alles ganz anders. Weder in Russland noch im Iran, noch sonst wo.

Guttenberg
Insbesondere verbünden sie sich miteinander. Plötzlich haben sie eine Phalanx von Nordkorea, China, Russland und dem Iran.
Vielleicht noch ein kleiner Punkt und das ist eine interessante Entwicklung der letzten Wochen: Wir sind jetzt so weit, dass bei der Zahl der Patente, die angemeldet werden, wo wir weltweit immer Nummer zwei waren, uns die Chinesen überholt haben.

Gysi
Das ist nicht zu fassen.

Guttenberg
Das ist wirklich nicht zu fassen. Weil bei uns immer noch das Vorurteil besteht, die Chinesen kopieren nur. Es tut sich auch da enorm viel.

Gysi
Wir müssen überhaupt begreifen, dass die Mehrheit der Staaten nicht demokratisch strukturiert ist. Die Demokratien bilden die Minderheit, und diese Minderheit hat gar nicht die Kraft, die Mehrheit zu dominieren.

Guttenberg
Aber die Minderheit wollen Sie nicht weiter schwächen, oder?

Gysi
Nein, ganz im Gegenteil. Wir müssen uns aber selbst stabilisieren. Es ist kein Zufall, dass wir diese Entwicklung in der Türkei haben unter Erdoğan. Es ist kein Zufall, dass wir in Ungarn diese Entwicklung haben unter Orbán. In der Pandemie sind ja Grundrechte eingeschränkt worden, teils aus gutem Grund. Wir haben aber auch Orbáns in unserer Gesellschaft. Die haben festgestellt, mit welcher Begründung man Grundrechte einschränken kann – sodass die Mehrheit der Bevölkerung das akzeptiert. Das macht mir Sorgen, dass das zu einer Methode werden könnte. Und wir haben ja inzwischen auch rechtsextreme Kräfte, die an Einfluss gewinnen. Wir machen uns viel zu wenig Gedanken, wie wir das demokratische Bewusstsein der Menschen stärken können. Was passiert eigentlich in den Schulen? Was wird da unterrichtet? Demokratie ist nicht selbstverständlich. Wenn sie nicht verteidigt wird, kann sie auch beseitigt werden.

Guttenberg
Und deswegen ist es so wichtig, über die Länder mehr zu wissen, die fern unserer Vorstellung von Demokratie liegen. China ist eines davon.

Gysi
Spielen Sie eigentlich Tischtennis?

Guttenberg
Ich dilettiere darin so sehr, dass mich meine Töchter schlagen.

Gysi
Meine Kinder habe ich immer geschlagen. Aber jetzt hat mein Enkelsohn mich besiegt. Das hat mich schwer gedemütigt.

Guttenberg
Sie kamen auch ganz gebeugt hier rein.

Gysi
Mit den Chinesinnen und Chinesen würde ich es gar nicht erst versuchen.

»Und schon ist man wieder in der Schleife, gegenwartsgetrieben, legislaturperiodengetrieben.«

Kann Deutschland noch Zukunft?

Gysi
Meine erste Frage heute an den Freiherrn zu Guttenberg: Wo sind Sie eigentlich? Ich bin in Berlin, und wo treiben Sie sich herum?

Guttenberg
Ich musste vor Ihnen fliehen und bin deswegen so weit weg wie irgendwie nur möglich, im Nordwesten der Vereinigten Staaten, in Montana. Wir sprechen zu einer Zeit, da Sie gemütlich beim Nachmittagstee sitzen können. Bei mir ist es sechs Uhr morgens, und das erklärt, weshalb ich heute wahrscheinlich viel Unsinn reden werde. Der große Vorteil ist, lieber Herr Gysi, durch unsere Entfernung können wir mal testen, wie es ist, wenn wir uns nicht direkt an den Kragen gehen können. Aber ich freue mich darauf, weil wir beide versuchen, etwas zu etablieren: dass man miteinander sprechen kann, einen guten Dialog führen kann, auch wenn man vordergründig aus sehr unterschiedlichen Ecken kommt.

Gysi
Ja, das stimmt.

Heute nehmen wir uns dazu die Zukunft und die Zukunftsfähigkeit Deutschlands vor, in vielfacher Hinsicht. Und wir haben es ja mit einer immer stärker verunsicherten Bevölkerung zu tun. Bei der letzten Bundestagswahl haben 38,5 Prozent aller erwachsenen Deutschen erklärt, dass sie mit der etablierten Politik von der CSU bis einschließlich der Linken nichts mehr anfangen können. Und ein Soziologe hat mir erklärt, dass die Zahl täglich zu-, nicht abnimmt. Lieber Freiherr, was glauben Sie, woran liegt das?

Guttenberg
Ja, was ist die Ursache? Die Qualität unserer Politik? Dass wir uns immer größeren, komplexeren Herausforderungen auf dieser Welt ausgesetzt fühlen? Oder ist es etwas, was vielleicht auch ein Stück weit in unserer Seele verhaftet ist? In Deutschland gibt es eine gewisse Form von Pessimismus, man ist nicht ganz so zukunftsfroh, wie ich das beispielsweise in den USA spüren kann. Auch da steht manchem das Wasser bis zum Hals. Aber da sagt man sich, wenn das Wasser bis zum Hals steht, wäre es ungesund, den Kopf hängen zu lassen. Laut einer recht neuen Allensbach-Umfrage sind nur noch 39 Prozent der Menschen in unserem Land der Meinung, dass Deutschland in zehn, vielleicht 15 Jahren noch zu den führenden Wirtschaftsnationen gehören wird. Ich glaube, die Menschen spüren, dass wir uns neu ausrichten müssen in einer Welt, in der große Umbrüche stattfinden, in der sich sicherheitspolitisch unfassbar viel tut, in der es enorme Entwicklungen im technologischen Bereich gibt. Und da fehlt es ihnen einfach manchmal an Antworten, die auch über einen kurzen Zeitraum hinausreichen.
Lieber Herr Gysi, Sie sind jetzt schon ewig dabei in der Politik, aber auch aus meiner eher kurzen Zeit kenne ich den Vorwurf: Ticken wir eigentlich nur in Legislaturperioden?

Gysi
Darauf antworte ich Ihnen gleich. Ich wollte nur sagen: Es stimmt natürlich. Wir Menschen sind so gestrickt, dass wir immer über das nachdenken, was uns fehlt, und nur selten über das, was wir haben. Aber die Zahl derer, die das tut, nimmt zu, und das lässt sich durch Mentalität nicht erklären. Wenn die Zahl der Menschen wächst, die das

Vertrauen verlieren, müssen diejenigen, die in der sogenannten etablierten Politik sind, etwas falsch machen. Wir sollten nicht die Leute beschimpfen, die das Vertrauen verlieren, sondern eher uns Politikerinnen und Politiker, und wir sollten darüber nachdenken, was wir anders machen müssten.

Die Legislaturperioden sind ein Vorteil der Demokratie, weil du ja nicht nur das Recht hast zu wählen, sondern eben indirekt auch abwählen kannst. Das ist ja besonders wichtig. Aber ... diese Logik verführt die Politik. Denn es geht um Mehrheiten und nicht um Wahrheiten. Und das hat Konsequenzen. Wissen Sie, wir Menschen, glaube ich, haben einen kleinen Fehler. Wir wählen gern unsere Wünsche, nicht die Realitäten. Wenn jemand etwas sagt, das wir uns wünschen, reizt es uns, ihn zu wählen. Und wir denken viel zu wenig darüber nach: Ist das überhaupt real? Kann er oder sie das? Kann die Partei das?

Guttenberg
Das müsste man sich fragen, ja.

Gysi
Eine Konsequenz besteht darin, dass in der Politik falsch gesprochen wird. Die im Bundestag reden gern über Themen wie die Veräußerungsgewinnsteuer, und kein Mensch erklärt, was das ist, obwohl mehr als 95 Prozent der Bevölkerung mit der Vokabel nichts anfangen kann. Ich versuche dann immer zu übersetzen. Und wenn FDP, SPD und Grüne eine politische Entscheidung treffen, haben sie ja Beweggründe dafür. Aber ihr zweiter Tagesordnungspunkt lautet: Wie verkaufen wir es an die Bevölkerung? Also überlegt man sich eine Argumentation, von der man meint, dass sie am ehesten von einer Mehrheit der Bevölkerung getragen wird. Das kann in Ausnahmefällen mal der wirkliche Beweggrund sein – in der Regel aber nicht. Und dafür hat die Bevölkerung einen zunehmenden Instinkt. Was letztlich auch noch hinzukommt: Wir haben jetzt viele Krisen auf einmal. Wir hatten die Pandemie mit einer zum Teil sehr verunsicherten Bevölkerung. Wir haben die Energiekrise, eine riesige Inflation und Krieg in Europa. Unser Industriestandort hatte immer drei Standbeine. Erstens: die günstige Energieversorgung aus Russland – weggebrochen. Zweitens: Für

die Sicherheit Deutschlands garantierten immer die Nato, die USA – so wollen die das nicht mehr. Und das Dritte: unser Handel mit China. Ich glaube, dass die Grünen aus ideologischen Gründen dagegen auch vorgehen. Irgendwann sind die wesentlichen Grundlagen unseres Industriestandorts weg.

Guttenberg
Die Beine wackeln, aber sie sind schon noch da, und ich glaube, man kann doch auch mit einem gewissen Selbstbewusstsein auf unser Land blicken. Man muss sich nicht vorauseilend zerreiben lassen zwischen all den Entwicklungen, die Sie gerade beschrieben haben. Man muss nicht ständig das Gefühl vor sich hertragen, abgehängt zu werden. Was im Übrigen auch so ein typischer Reflex der Opposition ist. Es sind ja beide unsere Klubs gerade in der Opposition: Sie von den Linken schon ein bisschen länger, für uns in der CSU ist das ein neues Gefühl. Und da ist der Reflex immer der, dass man eher das Nörgeln im Lande bedient und kommunikativ versucht, die Menschen abzuholen. Ich bin immer sehr gegen diesen Begriff gewesen. Das ist auch eine typische politische Worthülse, in jedem Bierzelt in fast jeder Rede zu hören. Genauso wie: Man muss die Menschen mitnehmen – die Menschen wollen nicht unbedingt mitgenommen werden. Das hat etwas von Mitschleifen.

Gysi
Wir müssen einfach argumentieren – und entweder überzeugen wir sie, oder wir überzeugen sie nicht. Man muss immer mit beidem rechnen.

Guttenberg
Die Menschen wollen weniger mitgenommen als ernst genommen werden, und aus dem Ernstnehmen heraus ist eine Sprache zu entwickeln. Und gleichzeitig müssen wir aber auch zugeben, Herr Gysi, dass wir jetzt nicht gerade mit vielen Talenten in der Politik gesegnet sind, die über Ihre Kommunikationsfähigkeit verfügen und die gleichzeitig die Freiheit haben zu sagen: Ich kann auch mal ein möglicherweise unangenehmes Thema so beschreiben, wie es ist. Wer so grübeln kann wie der momentane Wirtschaftsminister, wird zunächst einmal bewun-

dert, weil es heißt, das ist eine andere Tonalität. Aber man kann sich sicher sein, dass irgendwann das Grübeln kritisch in den Blick genommen wird, das ist auch ein Medienreflex: Nur zu grübeln, reicht nicht. Wenn jemand in der Verantwortung ist und eine Entscheidung treffen muss, muss die Entscheidung letztlich entsprechend erklärt werden. Und so wartet man darauf, dass die Entscheidung mit einem Fehler verbunden ist, und der Fehler wird dann gnadenlos begleitet. Das wiederum führt im politischen Geschäft dazu, dass man noch vorsichtiger wird und die Kommunikation noch ein Stück zurückschraubt. Und so entsteht ein Teufelskreis.

Dabei gäbe es Grund für Optimismus. Man könnte auch sagen: Unser Land hat große Stärken. Wir haben große industrielle und innovative Kraft, wir werden sehr ernst genommen in gewissen Teilen dieser Welt, auch manchmal gerade durch unsere abwägende Stimme. Es gibt einen amerikanischen Wissenschaftler, Steven Pinker – es lohnt sich sehr, den zu lesen –, der jede Entwicklung, die viele Menschen negativ sehen, ins Positive zu drehen vermag, weil er immer den Gesamtblick über die letzten Jahrzehnte hat, der sagt: Hier hat die Menschheit insgesamt unfassbar viel zustande gebracht. Das ist etwas, was unserem Land auch guttun könnte, um die Zukunft zu meistern.

Gysi
Ich bin ja Zweckoptimist. Das war ich auch immer bei Wahlen, anders bin ich gar nicht zu motivieren. Wenn ich davon ausgehe, das wird sowieso nichts, dann habe ich auch keine Lust, Reden zu halten.

Eigentlich müsste der Bundestag auf der einen Seite streitbar sein und auf der anderen Seite, ich sage es mal so: aufrichtiger. Das Problem ist: Die eigentliche Arbeit der Abgeordneten bekommen ja die Bürgerinnen und Bürger nicht mit. Die findet in den Ausschüssen statt. Und da ist es so, dass auch die Regierung mal einen Vorschlag der Opposition aufnimmt, sogar von uns, und sagt: Ja, da hat Gysi recht. Das würden sie im Plenum nie tun. Und dadurch kriegt Letzteres ein leichtes Showelement.

Es genügt nicht, eine nationalistische Rechtsaußenpartei wie die AfD zu kritisieren. Wir müssen uns kritisieren, was wir falsch machen, dass eine solche Partei so viel Zuspruch findet. Und dann müssen wir darüber nachdenken, wieso es Millionen Menschen gibt, die erst gar nicht wählen gehen, die kein Vertrauen in die Demokratie haben. Wir müssen auch darüber nachdenken, weshalb sehr viele Menschen kleine Parteien wählen. Sie wissen ganz genau, dass diese nicht in den Bundestag einziehen, sie wollen es nur uns etablierten Parteien zeigen. Mich besorgt Folgendes: Wir haben eine Globalisierung, und es gibt Menschen, die haben Angst vor ihr. Und die Rechtsaußenparteien bedienen das, indem sie sagen, sie kriegen alle Probleme national gelöst. Das ist nicht nur Unsinn mit Blick auf das Völkerrecht. Es ist nicht nur Unsinn bei der ökologischen Nachhaltigkeit. Es ist auch Unsinn bei der sozialen Frage. Ich mache mir Sorgen. Wie kriegen wir eine neue Friedensordnung, wenn der Krieg in Europa hoffentlich bald zu Ende ist? Es geht ja nicht ohne Russland, nur mit Russland.

Sie, lieber Freiherr, haben gesagt: Wir sind industriell weit vorne. Kürzlich traf ich einen Deutschen, der zwei Jahre in Uganda lebte. Ich fahre ja viel durch Deutschland, permanent sagt mir ein Handy: kein Netz, also keine Internetverbindung. Und der Mann sagte mir, das ist in Uganda nirgendwo passiert. Nirgendwo! Immer hatte er eine Internetverbindung. Können Sie mir erklären, warum wir in Deutschland als ein führender Industriestaat dazu nicht in der Lage sind?

Guttenberg

Das ist ein Armutszeugnis. Seit Jahren verspricht man, dass es keine weißen Flecken mehr geben wird in Deutschland. Ich verstehe, wenn Menschen der Kamm schwillt – weil eine infrastrukturelle Grundversorgung einfach nicht funktioniert. Allerdings gibt es auch andere große Industrienationen wie die USA, die bei so etwas nahe am Versagen sind, obwohl man sie gern an der Spitze technologischer Entwicklungen sieht. In den Vereinigten Staaten gibt es nicht nur weiße Flecken, hier haben Sie manchmal in Regionen keine Erreichbarkeit, die sich so groß wie die Antarktis anfühlen. Man ist auch nicht in der Lage, Kabel unterirdisch zu verlegen. Wenn es stürmt, stürzen die Holzmasten um, dann herrscht Stromausfall. Und dann wird das einer höheren Gewalt oder dem lieben Gott zugeschrieben. Dann werden erneut Holzmasten errichtet, die fünf Monate später wieder umfallen, wenn der nächste Sturm übers Land zieht. Und wieder eine Woche Stromausfall – und das in wohlhabenden Gegenden, in denen die Menschen auch bereit wären, einen Beitrag für anständige Verkabelung zu zahlen.

Daran merkt man, dass wir Deutsche manchmal auch auf sehr hohem Niveau klagen. Natürlich haben wir in Sachen Infrastruktur großen Aufholbedarf. Und natürlich schimpfen wir zu Recht über eine marode Brücke, über eine marode Bundesstraße oder die schleppende Bürokratie. Aber fahren Sie einmal durch New York mit Ihrem Auto, dann müssen Sie beten, dass Ihre Achsen das aushalten. Wir müssen auch die Verhältnismäßigkeit im Blick behalten. Aber Sie haben recht, wir müssen aufpassen, weil durch diesen Mix an Infrastrukturproblemen die radikalen Kräfte am Rande gestärkt werden.

Gysi
Kann ich einen Vorschlag unterbreiten?

Guttenberg
Bitte.

Gysi
Dass die USA und Deutschland Entwicklungshilfe von Uganda beantragen können. Die könnten uns auch erklären, wie wir die weißen Flecken beseitigen.

Guttenberg
Unsere Politik muss ausstrahlen, dass wir in der Lage sind, unsere Gegenwart zu bewältigen und die Zukunft zu gestalten. Und diese Zukunft sollte nicht nur aus träumerischen Versprechungen bestehen, wie sie manchmal aus Staatskanzleien kommen, etwa dass wir irgendwann auf dem Mars spazieren. Die Menschen müssen wissen, dass wir mit der ganzen Kraft, die dieses Land zu bieten hat – auch wissenschaftliche Kraft –, die Zukunft konkret angehen und uns nicht nur selbst zerfleischen.

Gysi
Im 19. Jahrhundert und auch noch in der ersten Hälfte des 20. Jahrhunderts hatten Wissenschaftlerinnen und Wissenschaftler eine hohe

Anerkennung. Aber das hat sich abgebaut. Zum Teil, weil die Wissenschaft auch biologische Waffen und Atomwaffen entwickelt hat, sodass ein Negativbild entstanden ist.

Auch die Pandemie hat dem Ansehen der Wissenschaft geschadet, weil es Virologinnen und Virologen gab, die sagten A, und andere sagten Z. Das Problem war, dass die Politik dann nicht ehrlich genug war, dieses Dilemma klar zu benennen. Wenn ich in der Coronazeit Bundesgesundheitsminister gewesen wäre, hätte ich das völlig anders gemacht als die, die ich erlebt habe. Ich hätte sofort ein Expertengremium aus anerkannten Virologinnen und Virologen und anderen Wissenschaftlerinnen und Wissenschaftlern gebildet. Und dann hätten die mir einen Vorschlag gemacht. Ich hätte immer eine oder einen abwechselnd vor die Kameras mitgenommen und diesen Vorschlag präsentieren lassen. Und dann hätte ich gesagt: »Ich habe keine Gegenargumente gefunden, deshalb werde ich das so machen.« Dann wäre die Situation gekommen, dass die Experten zwei unterschiedliche Auffassungen gehabt hätten. Dann hätte ich Vertreter beider Auffassungen mitgenommen. Stellen Sie sich mal vor: Sie sitzen vor einer Bundespressekonferenz, und der Experte A sagt: »Wenn der Minister das Grundrecht nicht einschränkt, wird es 100 000 Neuinfizierte geben mit etwa 3000 Toten zusätzlich.« Und der Experte Z sagt: »Es genügt völlig, wenn der Minister das und das macht. Es wird keine 100 000 Infizierten und 3000 Toten mehr geben.« Und dann hätte ich mich an die Journalistinnen und Journalisten und damit an die Bevölkerung gewandt und gesagt: »Was soll ich jetzt machen? Ich bin kein Virologe. Ich würde mich viel lieber nach dem Experten Z richten, dann müsste ich weniger Grundrechte einschränken. Aber wenn der Experte A recht hat, übernehme ich die Verantwortung für 100 000 Infizierte und 3000 Tote mehr. Das kann ich nicht. Deshalb muss ich mich nach ihm richten.«

Sagen Sie mir mal, lieber Freiherr, was wäre daran so schlimm gewesen? Warum kann man nicht einer Bevölkerung zeigen, wie man zu einer Entscheidung unter schwierigen Bedingungen kommt? Wir tragen die politische Verantwortung und tun aber immer so, als ob wir auch die Experten auf dem betreffenden Gebiet wären. Das ist gar nicht nötig. Man muss nur zeigen, dass man die politische Verantwortung selbstbewusst, aber eben auch mit guten Überlegungen wahrnimmt.

Guttenberg

Die Habeckisierung des Gregor Gysi – nennen wir das mal so, dieses grüblerische Element. Aber Sie würden ja einen Schritt weitergehen: Sie würden auch tatsächlich Entscheidungen treffen.

Lieber Herr Gysi, jetzt zeigt sich, dass Sie in den vielen Jahren, in denen Sie Politik aus der Opposition heraus gestaltet haben, nie in einer Bundesregierung waren – weil da noch andere Fliehkräfte auf Ihre Entscheidungen wirken. Da wird man manchmal gedrängt, auch von oben, eine klare Linie zu vertreten, egal, ob das sachlich richtig ist. Ins Spiel kommt dieses fast schon inzestuöse Element, das wir uns über Jahre geschaffen haben. Nämlich Kopfgeburten lediglich aus den eigenen Reihen, während man blind und taub gegenüber Vorschlägen von außen bleibt.

Aus eigener Erfahrung kann ich sagen, dass man oft anstößt, wenn man zu Kollegen in der Regierung sagt: Hier ist ein Zukunftsthema, lasst uns das jetzt konkret angehen. Sonst kann das, etwa im außenpolitischen Bereich, in vier oder fünf Jahren zu einer Katastrophe führen. Ich habe nicht selten die Antwort erhalten, sei es aus der eigenen Partei, aus der Koalition oder auch mal von der Regierungsspitze: Das mag schon alles richtig sein, aber gegenwärtig haben wir dieses oder jenes vorrangige tagesaktuelle Problem. Um das Zukunftsthema kümmern wir uns, wenn es so weit ist – also oft, wenn es eigentlich zu spät ist. Und schon ist man wieder in der Schleife, gegenwartsgetrieben, legislaturperiodengetrieben. Mehr Zukunftsfähigkeit, als dieser zeitliche Korridor zulässt, ist oft nicht möglich. Ich bin bei Ihnen: Man kann auch mit Experten an der Seite Führungsverantwortung zeigen, was in meinen Augen oft zu wenig stattfindet. Aber das hat wiederum viel damit zu tun, dass einem das politische Geschäft kaum Zeit dafür lässt, um sich Expertise zu verschaffen, um auch mal Ideen fliegen zu lassen. Man bräuchte einen sicheren Raum, in dem aus dem Austausch Expertise und Tiefe entstehen. Am Ende aber muss man sich sehr oft auf die Expertise jener verlassen, die einem zuarbeiten. Das ist eine systemische Schwäche und nagt an unserer demokratischen Stabilität.

Gysi

Wir müssen uns auch Gedanken machen, wie wir in den Schulen besser zu Demokratie und Freiheit erziehen. Wir müssen deutlich machen, wie es ist, wenn keine Freiheit herrscht, wenn keine Demokratie besteht. Mich besorgt diese Tendenz hin zu der starken Person an der Spitze eines Staates, die schon alles richten und leiten wird. Wir dürfen es den Menschen nicht zu bequem machen. Wir müssen auch zu mehr Eigenverantwortung erziehen.

Trotzdem dürfen wir nie vergessen, dass viele Menschen ganz anders leben und deshalb eine andere Sicht haben. Die fünf reichsten Familien in Deutschland haben wertmäßig das gleiche Eigentum wie die finanziell untere Hälfte der deutschen Bevölkerung. Fünf Familien haben das Gleiche wie 42 Millionen Menschen! Und wir beide gehören ja eher zur Oberschicht, also nicht zu diesen fünf Familien, aber immerhin – obere Mitte. Wir dürfen die unten nie vergessen, die ganz anders rechnen, weil sie den Tag ganz anders gestalten müssen. Deren Kinder brauchen den gleichen Zugang zu Bildung, zu Ausbildung, zu Sport, zu Kunst und Kultur. Dann gäbe es mehr Zuspruch der Bevölkerung, denn allen ginge es besser. Und wenn man das ehrlich rüberbringt, kann man jenes Vertrauen wiederherstellen, das leider schon ziemlich verspielt worden ist.

Guttenberg

Das Vertrauensproblem sitzt tief. Ganz ohne Frage. Ich stimme Ihnen zu, dass wir alles dafür tun müssen, dass der Standard sich für Menschen verbessert, die wenig haben. Gleichzeitig müssen wir aber aufpassen, dass wir jene besagten fünf Familien nicht zum Feindbild stilisieren, denn auch das sind in der Regel verantwortungsvolle Menschen. Und ihre Verantwortung kann man immer wieder aufs Neue einfordern. Aber auch da muss man in der Wortwahl aufpassen, dass man nicht spaltend wirkt, sondern verbindend. Was wir unserem Land auch nehmen müssen, ist dieses ständige Krisengefühl. Es gibt ja diesen wunderbaren Spruch von Max Frisch: »Krise ist ein produktiver Zustand. Man muss ihr nur den Beigeschmack der Katastrophe nehmen.« Das Letzte, was wir brauchen, ist ein ständiges Bedienen des Katastrophendenkens. Dazu trägt es bei, wenn man in der Lage ist, offen miteinander zu sprechen.

Gysi
Es gibt schon sehr schöne Sprüche. Die Schweizer Politikerin Ruth Dreifuss hat einmal gesagt: »Armut beschämt nicht die betroffenen Menschen, Armut beschämt die Gesellschaft.«
Lassen Sie uns bei Gelegenheit einmal über unser Wahlsystem sprechen. Wie man es erweitern kann um Volksabstimmungen, ohne die Stabilität zu gefährden, wie man vielleicht die Landtagswahlen anders gestalten kann, als das gegenwärtig der Fall ist. Wenn wir unsere Demokratie weiterentwickeln und greifbarer machen für die Menschen, ihnen auch mehr Verantwortung zutrauen, mache ich mir noch viel weniger Sorgen um unser Land. Wenn die Menschen mehr zu sagen haben, geht es unserem Land nicht schlechter. Ganz im Gegenteil.

»Warum tretet ihr nicht mit etwas mehr Selbstbewusstsein auf?«

Ostdeutschland und Westdeutschland

Guttenberg
Es ist ein revolutionäres Geschehen. Gregor Gysi hat mir das Du angeboten. Ich bin natürlich fürchterlich erschrocken.

Gysi
Es gab da eine kritische Mail – eine Frau hat uns geschrieben, warum wir uns siezen. Das war der Grund, weshalb ich dir das Du angeboten habe. Weil ich der Frau recht geben wollte.

Guttenberg
Da sieht man mal, wie leicht du zu beeinflussen bist. Das hat dich so lange in der Politik gehalten.
Zunächst dachte ich mir: Unter Politikern war das früher immer etwas, mit dem man jemanden im Zweifel später einseifen wollte. Auch in der Union ist man über die Jahre dazu übergegangen, sich so zu duzen, wie das unter Genossen üblicherweise stattfindet. Meine Antwort war übrigens immer, wenn mir das Du von Unionskollegen angeboten wurde, mit denen ich mich gar nicht duzen wollte: »Mein nie versiegender Respekt vor Ihrem Alter und Ihrer Lebensleistung verbietet es mir, Sie zu duzen.« Das hat meistens gegriffen. Hier duzen sich aber nun zwei, die sich schätzen. Und ganz offen, lieber Gregor, es ist viel besser, wenn

man nicht sagen muss: »Sie Scharlatan«, sondern »du Scharlatan« in einer guten Diskussion. Ich freue mich auf jeden Fall.

Gysi
Wenn man zu jemandem sagt: »Du bist ein ziemlicher Idiot«, ist das nett gemeint. Wenn man aber sagt: »Sie sind ein ziemlicher Idiot«, ist das ausgesprochen bösartig. Nun, Letzteres würde ich nie sagen. Und Ersteres so gut wie nie.

Guttenberg
Wir wollen über unser Land sprechen, und zwar insbesondere über den Osten und den Westen unseres Landes. Wir sind hier in Berlin, in der Linienstraße. An der Hauswand eines berühmten Werbers steht: »Dieses Haus stand einmal in einem anderen Land.« Hier, in der Linienstraße, war früher natürlich die DDR. Haben wir das Gefühl, dass wir heute auch noch in einem anderen Land sind?

Gysi
Das ist gar nicht so leicht zu beantworten. Ich sage mal: Ja und nein. Eigentlich nicht. Die Mauer ist ja weg, schon seit 1989. Und es gab eben auch die Vereinigung durch Beitritt der DDR zum Geltungsbereich des Grundgesetzes der Bundesrepublik Deutschland. Es hätte auch einen anderen Weg nach dem Grundgesetz gegeben, den wollte man aber nicht. Da wäre der Weg gewesen, eine neue Verfassung zu schreiben, in der man natürlich überwiegend das Grundgesetz übernommen hätte – und die durch Volksentscheid in beiden deutschen Staaten anzunehmen. Und dann wäre ein neuer Staat entstanden, der die Rechtsnachfolge der DDR und der Bundesrepublik Deutschland angetreten hätte.

Guttenberg
Hältst du das bis heute für ein Versäumnis?

Gysi
Man hatte nicht viel Zeit, eine solche Verfassung auszuarbeiten. Trotzdem muss ich sagen: Der runde Tisch in der DDR – von der CDU bis zur PDS damals – hatte einen Verfassungsentwurf ausgearbeitet, über

den wir uns vollständig verständigt hatten. Das eigentlich Schlimme war, wenn ich das sagen darf: Die Bundesregierung hat sich damals für die DDR nicht interessiert, und das werfe ich ihr auch vor. Natürlich, alles Negative spielte eine Rolle, die Staatssicherheit und anderes. Aber sie hat sich die gesellschaftlichen Zustände nicht angesehen und deshalb nichts übernommen außer dem grünen Abbiegepfeil, dem Sandmännchen und dem Ampelmännchen. Das kann man aber nicht ernst nehmen.

Guttenberg.
Und Gregor Gysi.

Gysi
Ja, den haben sie aber nicht übernommen, den haben sie gekriegt. Das ist ein großer Unterschied.
Ich habe mal im Bundestag gesagt: »Leichter als mit mir ist die Einheit nicht zu haben. Damit müssen Sie sich abfinden.« Wenn man sich die DDR angesehen hätte, hätte man ein paar Dinge entdeckt, die schon weiter entwickelt waren als in der Bundesrepublik. Und warum ist das so tragisch? Dadurch, dass man das nicht übernommen hat, hat man den Ostdeutschen vermittelt, dass sie nichts geleistet haben.

Guttenberg
Im Grunde hat man ein Werturteil gesprochen. Ist das so richtig? Ich glaube, die Bundesrepublik hat sich sehr wohl für die DDR interessiert, aber an den falschen Stellen angesetzt und das Gefühl gehabt, wir verstehen die Menschen. Aber wie will man Menschen verstehen, die über Jahrzehnte hinweg nun wirklich eine sehr andere Umgebung erfahren haben?

Gysi
Die Bundesregierung dachte, dass sie gesiegt hat – was ja auch stimmte – über die DDR. Und da sie gesiegt hat, müssen die Ostdeutschen so werden, wie die Westdeutschen sind. Und da die Ostdeutschen das wollten, das war ja ihr Ausgangspunkt, hat die Regierung gesagt: »Na, dann werdet doch einfach so, wie wir sind.« Es gab Gegnerinnen und

Gegner der Deutschen Einheit – deren Vertretung haben sie unter anderem mir zugebilligt –, aber auch die mussten einen Weg in die deutsche Einheit finden. Es gab Menschen, die wussten, dass aus ihnen nichts wird. Aber dann gab es viele, die dachten, dass aus ihnen etwas wird. Es wurde aber nichts aus ihnen, weil es einen Elitenüberschuss im Westen gab. Viele Stationsärzte und Oberärztinnen warteten auf eine Karriere, die man dann im Osten vollzog. Und die Menschen im Osten benahmen sich manchmal auch komisch. Ich hatte so ein Lieblingserlebnis. Da war eine Frau, die beschwerte sich, dass im Amt für Arbeit immer noch dieselben Leute saßen wie früher, und das enttäuschte sie. Und da habe ich gesagt: »Dann gehen Sie mal zum Chef und beschweren sich.« Da sagte sie: »Nee, das ist ein Wessi, da gehe ich nicht hin.« Und da habe ich gesagt: »Ja, was denn nun? Irgendwer muss es ja sein.«

Die Enttäuschung setzte bei vielen erst so Schritt für Schritt ein. Was man hat, sieht man ja nicht und wir Deutschen schon gar nicht. Wir sehen immer nur, was uns fehlt. Und erst wenn es uns fehlt, fällt uns auf, was wir mal hatten. Ich sage dir mal Beispiele, was man hätte aus der DDR durchaus übernehmen können. Wir waren, was die Gleichstellung der Geschlechter betrifft, noch lange nicht am Ziel, aber deutlich weiter als die Bundesrepublik.

Guttenberg
Absolut.

Gysi
Es gab einen viel größeren Anteil von Frauen mit Fach- und Hochschulabschluss.

Guttenberg
Eine hat es immerhin bis an die Spitze der Regierung geschafft, zur Kanzlerin ...

Gysi
Die Polikliniken versuchte man aufrechtzuerhalten, jetzt nennt man es eben Ärztezentrum. Das Dritte, was man auch nicht übernommen

hat, war die Berufsausbildung mit Abitur. Hat man sich auch nicht angesehen. Jetzt wird es wieder eingeführt.

Guttenberg
Im Rahmen der dualen Ausbildung, ja.

Gysi
Und dann die sogenannte Sekundärrohstofferfassung. Das muss ich mal erklären: Die Gesellschaft der alten Bundesrepublik war eine Wegwerfgesellschaft. Die Gesellschaft der DDR war eine Behaltegesellschaft, weil alles wiederverwendet wurde. Natürlich nicht aus ökologischen, sondern aus ökonomischen Gründen.

Guttenberg
Man muss schon viel Fantasie aufbringen, um der DDR insgesamt ökologische Verantwortung zuzubilligen, oder?

Gysi
Wie gesagt, es kam nur zufällig etwas Ökologisches dabei heraus. Und das gab es überall – eben die Sekundärrohstofferfassung, also: Müllstellen. Das Schöne war, dass wir Erwachsenen zu faul waren, da hinzulaufen. Daher klingelten immer die Kinder und fragten: Haben Sie Altpapier, Flaschen oder Knochen, Metall oder Kleidung? Und dann hast du das den Kindern gegeben. Die freuten sich, bekamen Taschengeld dafür. Man hätte sagen können, wir lassen das noch eine Weile laufen und überlegen uns, was wir davon gebrauchen können und was nicht.

Guttenberg
Der Begriff »Sekundärrohstofferfassung«, was für ein Wortungetüm ...

Gysi
Das ist die deutsche Sprache. Ich kann dir Titel aus der DDR benennen, da würdest du dich wundern. Aber indem man den Ostdeutschen indirekt gesagt hat, dass sie nichts geleistet haben, wurde das Selbstbewusstsein gedrückt, das sich jetzt über Pegida oder die Wahl der AfD sozusagen wieder versucht zu rehabilitieren. Und da ich das sehr be-

daure und falsch finde, würde ich mich freuen, wir hätten es damals anders gemacht, hätten selbstbewusstere Ostdeutsche.

Guttenberg
Du hast auf etwas Wichtiges verwiesen: auf den Beginn der heutigen politischen Entwicklung, der genährt wurde durch diese Vernachlässigung von Karrieren, von Ausbildungen, von Lebenswegen. Wir sind jetzt in einer Phase, wo wir zum einen sehr bedenkliche politische Entwicklungen im Osten dieses Landes haben, teilweise auch im Westen. Gleichzeitig verfestigen sich auch so manche Klischees – und zwar wechselseitig. Es wird mit Begriffen gearbeitet, da stehen einem die Haare zu Berge. Ich bin ja ein Kind des Westens, wenn auch ganz in der Nähe der Grenze zur DDR aufgewachsen, im Oberfränkischen ... Was mich besorgt, ist, dass die Bezeichnungen nicht milder werden. Aus dem Westen hört man immer wieder: der Jammerossi, die Nörgler, die Russlandversteher, die Putin-Versteher, die AfD-Holzköpfe. Aus dem Osten hört man: der Besserwessi, die ewigen Klugscheißer, diejenigen, die uns über den Tisch ziehen, die weiterhin nur ihren Vorteil wollen und uns nie verstanden haben.

Gysi
Außerdem arrogant, herrschaftssüchtig, egoistisch, gegenüber den Ostdeutschen herablassend und so weiter. Das kenne ich alles. Ich fühle mich im Westen sehr wohl. Das liegt an meiner speziellen Familie, an meiner Lebenssituation. Aber einmal habe ich PDS-Leute nach einer Kundgebung in Bischofferode gebeten, weil die gut zu Kalikumpeln gesprochen hatten, mitzukommen nach Bayern, zu einem Metallbetrieb, der bestreikt wurde. Ich hätte es bleiben lassen sollen. Sie fühlten sich dort fremd. Das war überhaupt nicht identisch. Aber es kommt noch etwas anderes hinzu. Dass man nichts übernommen hat, hatte ja auch Folgen für den Westen. Die Westdeutschen hätten das Erlebnis gehabt, dass durch das Hinzukommen des Ostens sich in einigen Punkten ihre Lebensqualität erhöhte. Das Erlebnis aber hatten sie nicht. Und Menschen im Osten sage ich gern: Wenn ich im Westen aufgewachsen wäre, würde ich denken, ihr seid teuer, nörgelt herum und wählt komisch. Ich hatte nichts davon, dass ihr dazugekommen seid.

Guttenberg
Man lebte lange von der Romantik der Nacht des 9. November und glaubte, dieses Glücksgefühl in die Zukunft tragen zu können.

Gysi
Die Regierung hat eine Verantwortung zu wissen: Ich muss den einen Selbstbewusstsein geben, und bei den anderen muss ich für Erlebnisse und Weiterentwicklung sorgen. Und dann gibt es noch etwas, das mir gar nicht gefällt. Wenn man unschuldig aus politischen Gründen in der DDR gesessen hat, bekam man eine Entschädigung bei einer Haft von sechs Monaten. Theoretisch. Jetzt kam ein Mann zu mir als Anwalt, der war wegen Staatsverleumdung verurteilt worden zu sechs Monaten Freiheitsstrafe und hat die auch verbüßt. Aber er wurde festgenommen am Sonntag. Das heißt, die sechs Monate wären an einem Samstag nach sechs Monaten vorbei gewesen. Da der Strafvollzug der DDR nicht am Samstag entließ, sondern am Freitag, wurde er einen Tag vorher entlassen. Und da hat das bundesdeutsche Gericht gesagt: »Er hat ja keine sechs Monate gesessen, kriegt keinen Pfennig.« Muss das sein? So etwas Kleinkariertes. Das sind so Sachen, die mich ärgern, wo ich sage: Mein Gott, es fehlt eine Spur Großzügigkeit.

Guttenberg
Fehlte auch eine Spur Großzügigkeit bei der Aufarbeitung der DDR?

Gysi
Das ist unterschiedlich. Es gibt welche, die das sehr intensiv betreiben. Da ärgert die Ostdeutschen nur, wenn es Menschen aus dem Westen sind, die wiederum ihnen erklären, wie das alles wirklich war. Das können sie auch nicht leiden. Das Zweite, was ich sagen muss: Was die Ostdeutschen heute schätzen, das es in der DDR gab und heute nicht mehr gibt, das haben sie 1990 nicht geschätzt, damit da keine Verwechslung eintritt. Du brauchst erst Zeit, bis du das erkennst.
Es gibt viele Enttäuschte, weil man im Westen die Strukturen der DDR nicht versteht. Kaum jemand beispielsweise veröffentlicht vollständig seine Akte von der Staatssicherheit. Und zwar hängt das damit zusammen, dass es ein autoritärer Staat war. Angenommen, du warst ein be-

kannter Dissident. Wovon solltest du denn leben? Wer sollte dir denn einen Auftrag geben? Deshalb war die Staatssicherheit auch für diese Seite verantwortlich. Das ist schwer zu begreifen, aber es war so: Auf der einen Seite wurde ein Dissident abgehört und verfolgt. Und gleichzeitig waren die Leute von der Staatssicherheit zuständig dafür, dass der Dissident Aufträge bekam. Das zu begreifen, fällt schwer, das verstehe ich ja. Aber man hat sich nie wirklich damit beschäftigt.

Guttenberg
Gleichzeitig muss man aber auch sagen, lieber Gregor: Die Beschäftigung im Osten mit dem Westen ist auch ausbaufähig. Lass uns das jetzt nicht nur einseitig spielen. Es wird auch gern mit den Gegenklischees gearbeitet. Wir laufen momentan Gefahr, Jahrzehnte nach einem unvergleichlichen Glücksfall, der diese Wiedervereinigung war und ist, dass wir auf beiden Seiten ein Narrativ zulassen, das eher wieder Trennlinien schafft. Was haben wir mit unserem jeweiligen politischen Hintergrund für eine Mitverantwortung dafür zu tragen? Deine Partei hat in den neuen Bundesländern mittlerweile Federn lassen müssen. Auch die Union schmiert in Teilen gewaltig ab. Wir haben einen nicht unerheblichen Beitrag dazu geleistet, dass Kräfte wie die AfD solche Blüten treiben.

Gysi
Wenn ich jetzt der Anwalt, der Verteidiger des Ostens wäre, würde ich sagen: Deren Leben hat sich stärker verändert als das im Westen, und zwar viel stärker. Dadurch ist eine Voreingenommenheit leichter zu erklären und zu entschuldigen als bei der anderen Seite, deren Leben sich nicht wirklich verändert hat.

Guttenberg
Ist die Radikalisierung einiger Köpfe eine natürliche Reaktion?

Gysi
Nein, da haben alle Parteien Fehler gemacht. Ich bin dagegen zu sagen: Was kann die AfD, oder wie macht sie das? Wir müssen uns überlegen, von der CSU bis zur Linken: Was haben wir falsch gemacht?

Guttenberg
Das meine ich.

Gysi
Als wir uns zur Linken vereinigt haben, die PDS mit der WASG, da wollten wir unbedingt Fuß fassen in den alten Bundesländern und haben den Osten etwas vernachlässigt. Ich habe das kritisiert, aber ich werfe mir vor, es nicht scharf genug kritisiert zu haben. Dadurch ist etwas entstanden, was wir nun alle nicht gut finden. Aber es ist im Augenblick, wie es ist.
Es gibt natürlich auch einen Generationenkonflikt. Ich übertreibe jetzt mal: Einen alten Ostberliner kannst du eher totschlagen, bevor er nach Westberlin zieht, und einen alten Westberliner kannst du auch eher totschlagen, bevor der nach Ostberlin zieht. Das kommt für die gar nicht in die Tüte.

Guttenberg
Aber sehr viele Westdeutsche haben sehr wohl ihren Platz in Prenzlauer Berg und Mitte gefunden.

Gysi
Viele aus dem Westen haben tatsächlich auch eine Chance gesehen und waren ehrlichen Gemüts und haben sich bemüht.
Es gibt noch etwas, worüber wir gar nicht gesprochen haben. Das waren die Treuhandanstalt und die Wirtschaft. Die Volkseigenen Betriebe, die übernommen wurden von ausländischen Investoren, sind zu 20 Prozent in Insolvenz gegangen und zu 80 Prozent geblieben. Und die Volkseigenen Betriebe, die von westdeutschen Unternehmen übernommen wurden, sind zu 80 Prozent insolvent gegangen und zu 20 Prozent geblieben.

Guttenberg
Ist das Ausdruck einer ökonomischen Unfähigkeit im Westen?

Gysi
Nein, es wurde eben auch Konkurrenz beseitigt. Ich kann ein ganz konkretes Beispiel erzählen. Es gab in Ostberlin eine Batteriefabrik, eine

unserer Abgeordneten arbeitete früher dort. Und da kam ein westdeutsches Unternehmen, interessierte sich für diesen Betrieb und bekam alle Unterlagen, hat dann die Kunden angeschrieben und gesagt, sie bieten jetzt die Batterien zum halben Preis – und haben schließlich der Treuhand mitgeteilt, dass sie doch nicht an dem Betrieb interessiert sind. Da war der natürlich pleite, weil sie nichts mehr verkauft bekamen, und danach hat das westdeutsche Unternehmen wieder die Preise erhöht. So etwas gab es eben. Und das Schlimme ist: So etwas spricht sich herum, das Negative schneller als das Positive. Jetzt zum Beispiel ist mir etwas gelungen, worauf ich ein bisschen stolz bin. Die Nudelherstellerinnen in Riesa, früher DDR, haben festgestellt, dass es einen gleichen Betrieb derselben Eigentümer im Westen gibt, und die Kolleginnen dort verdienen deutlich besser. Und dann habe ich die Eigentümer angeschrieben. Die Arbeiterinnen haben ein bisschen gestreikt, haben auch endlich mal ein bisschen Lametta gemacht, wie ich sage, die wollten sich das nicht mehr bieten lassen. Da haben die Eigentümer nachgegeben. So geht es auch.

Guttenberg
Was mich wirklich beschäftigt: Die Neigung zum Nörgeln liegt uns Deutschen ja allen etwas in der DNA. Was mir aber auffällt, gerade auch im Ausland: Sehr oft, wenn Vertreter aus den neuen Bundesländern etwa in New York oder in Washington gesprochen haben, haben sie ihr Licht schon sehr unter den Scheffel gestellt. Und eher über die Missstände gesprochen und die Schwierigkeiten, die man hat. Was im Ausland natürlich zu Stirnrunzeln führt. Es war dann ein Amerikaner, der mal gesagt hat: »Hört mal zu, meine Lieben, ihr habt in den letzten Jahren eine Weltklasse-Halbleiterindustrie und Chipindustrie in Dresden aufgebaut. Ihr habt Weltkulturgüter, wie man sie sich nur wünschen kann. Warum tretet ihr nicht mit etwas mehr Selbstbewusstsein auf?« Ja, ich verstehe dieses Gefühl des Vernachlässigtseins, des Nichtverstanden-Seins. Aber es müsste doch eigentlich einen Erst-recht-Schub auslösen, dass man sagt: Ellenbogen raus! Ihr könntet sagen: Ihr blöden Wessis könnt uns mal. Woran liegt es, dass es anders ist?

Gysi
Daran, dass die Ostdeutschen zunächst gar nicht bereit waren, Widerstand zu leisten. Als Verdi mal einen Streik versuchte, ist der misslungen. Die Leute wollten nicht streiken. Das hat sich jetzt geändert. Jetzt fangen sie an, sich zu wehren, was ich auch gut finde. Denn wir haben immer noch große Unterschiede. Im Jahresdurchschnitt verdient man im produzierenden Gewerbe im Osten 12 173 Euro weniger als im Westen – das können sie nicht akzeptieren. Dann wird mir immer gesagt, dass die Preise günstiger sind im Osten. Da sage ich, dass die Mieten zum Beispiel in der Stadt Hof auch günstiger sind als in München. Noch nie ist jemand auf die Idee gekommen, deshalb den Rentnerinnen und Rentnern in der Stadt Hof weniger zu geben. Das heißt, für die Menschen im Osten werden Kriterien angeführt, die ansonsten für die alte Bundesrepublik, wo die Lebensverhältnisse auch sehr unterschiedlich sind, nicht gelten.

Die ausländische Zuwanderung wiederum ist im Westen viel umfangreicher und größer als im Osten. Und gerade weil die AfD diesbezüglich versucht zu punkten, wundere ich mich, dass das so selten in den Medien eine Rolle spielt. Denn der Westen muss da wesentlich mehr leisten als der Osten.

Guttenberg
Auch eine interessante Zahl: Aus dem Osten kommen etwa 15 Prozent unserer Gesamtbevölkerung, und aus diesen 15 Prozent kommen, wenn die Zahlen so stimmen, allerhöchstens fünf Prozent jener, die Führungspositionen erreichen.

Gysi
Noch weniger, 3,5 Prozent.

Guttenberg
Das ist bitter. Das hat mit der fehlenden Durchlässigkeit und wahrscheinlich einem gewissen Blockierverhalten des Westens zu tun, wenn es darum geht, Karrieren in den großen Unternehmen zu verteilen durch Seilschaften. Auf der anderen Seite will ich diese Erklärung auch nicht ganz akzeptieren, denn seit der Wiedervereinigung sind ein

paar Jahrzehnte vergangen. Es ist nicht so, dass man sich da nicht hätte neu aufstellen können.

Gysi
Wir haben jetzt den ersten Ostdeutschen beim Bundesverfassungsgericht bekommen, einen von 16 Richterinnen und Richtern, aus Brandenburg. Und das war schon ein Hin und Her. Der frühere Bundesverfassungsgerichtspräsident Andreas Voßkuhle hat mir mal gesagt: »Na ja, da muss ja auch die Sozialisation stimmen.« Und da habe ich gesagt: »Manchmal hilft auch eine andere Sozialisation.« Unter den Richterinnen und Richtern herrscht schon eine gewisse Arroganz. Da musst du schon ein starkes Selbstbewusstsein haben, um mithalten zu können.

Guttenberg
Aber an den Landgerichten und Oberlandesgerichten kommen jetzt mehr und mehr Richter aus dem Osten.

Gysi
Ja, und das finde ich auch richtig. Natürlich gibt es einen Unterschied zwischen den Alten und der Jugend. Bei den Alten sind die Widersprüche am größten, die Jugend wird sich immer ähnlicher. Trotzdem ist es interessant, wie manches auch von Generation zu Generation übergreift. Ich glaube, das liegt an den Erzählungen der Großeltern und der Eltern. Ich kann das ganz gut beurteilen, weil ich ältere Söhne habe und eine jüngere Tochter.

Guttenberg
Wo leben die?

Gysi
Mein ältester Sohn in Berlin. Klammer auf, Ost, Klammer zu, ist aber mit einer Griechin verheiratet. Und mein zweiter Sohn lebt in Hamburg mit seiner neuen Familie. Meine Tochter arbeitet in Köln. Die leben im Westen, und für mich ist auch das ganz angenehm.

Guttenberg
Fühlt sich deine Tochter dort als ...

Gysi
So viel kann ich sagen: Sie fühlt sich dort nicht unwohl. Aber sie hat sich eine Weile lang am wohlsten in Leipzig gefühlt, nicht in Berlin komischerweise.

Guttenberg
Würde sie sich als Ostdeutsche oder als Deutsche bezeichnen?

Gysi
Weißt du was? Ich gebe dir nachher die Telefonnummer, und dann ruf sie an und frage.

Guttenberg
Wenn ich mich da melde, bekommt sie wahrscheinlich einen Schock.

Gysi
Ich habe sie noch nie gefragt, als was sie sich sieht.

Guttenberg
Interessant, dass du sie nie gefragt hast.

Gysi
Das fällt mir jetzt auch auf.

Guttenberg
Vielleicht solltest du deine Tochter mal anrufen, bevor ich es mache?

Gysi
Das müsste ich ja sowieso tun und sie warnen.

Guttenberg
Ein weiterer Punkt, der mich mit Sorge erfüllt: Deutschlands Rolle in der Welt. Angesichts der Geschichte haben wir im Westen eine beson-

dere Verbindung zu den früheren Besatzungsmächten, vor allem zu den USA, gepflegt. Und im Osten unseres Landes ist eine emotionale Nähe zu Russland feststellbar. Das sind immer noch schwer zu überwindende Gegensätze in einer Welt, in der wir uns alle neu finden müssen. Was können wir tun, um das verantwortungsvoll zu überbrücken?

Gysi
Wir müssen immer einen Blick für unsere Geschichte haben. Von Deutschland ging eine der schlimmsten Diktaturen der Weltgeschichte, die Nazidiktatur, aus, mit millionenfachen Ermordungen, und der schlimmste Krieg der Menschheitsgeschichte mit 50 Millionen Toten. Das Problem ist, dass dadurch das Selbstbestimmungsrecht der Deutschen reduziert wurde. Damit hängt auch die Spaltung Deutschlands zusammen, weil die Widersprüche zwischen der Sowjetunion und den USA, Großbritannien und Frankreich zunahmen und weil Konrad Adenauer die Westintegration so wichtig war, dass er den Vorschlag von Stalin, gemeinschaftliche geheime Wahlen unter der Bedingung zu machen, dass dieses vereinte Deutschland nicht Mitglied der Nato wird, nicht akzeptiert hat.

Guttenberg
Die Hintergedanken Stalins, sein Interesse an einem neutralisierten Deutschland und einer geopolitischen Dominanz der Sowjetunion, spielten da natürlich auch eine gewisse Rolle.

Gysi
Schon, aber Stalin wollte gar nicht die Verantwortung für die DDR haben, denn bis dahin hatte er sich ja alle wesentlichen Maschinen, Schienen, Lokomotiven aus der DDR durchaus berechtigt geholt, und plötzlich merkte er: Er wird zuständig für sie und muss sich kümmern. Als ich ein Kind war, war die Abneigung gegenüber der Sowjetunion exakt genauso groß wie in der alten Bundesrepublik. Über die Jahrzehnte hat sich das verändert, weil die Soldaten kaserniert waren, die kamen gar nicht raus, höchstens mal zu netten Anlässen. Und durch die Reisen in die Sowjetunion, da lernte man die Gastfreundschaft kennen.

Guttenberg
Hat nicht auch die Schulbildung eine Rolle gespielt?

Gysi
Ja, wobei es eben interessanterweise so war: Ich hatte ein ganzes Jahr als Fach an der Erweiterten Oberschule die Literatur der Bundesrepublik Deutschland. Umgekehrt gab es das in der Bundesrepublik nie ein Jahr lang.

Guttenberg
Das ist wohl wahr. Es gab allerdings gesamtdeutsche Literatur, und da darf man Weimar nicht ausklammern.

Gysi
Die deutsche Klassik wurde gleichermaßen gepflegt. Glücklicherweise mussten wir Schillers »Glocke« nicht auswendig lernen, weil er da sagte, dass »Weiber zu Hyänen« wurden während der Französischen Revolution ... und der Satz störte etwas. Natürlich wurde die »Glocke« veröffentlicht, aber die ist wirklich sehr lang. Ich war einigermaßen zufrieden, die nicht auswendig gelernt haben zu müssen.

Guttenberg
Ich bin davon traumatisiert.

Gysi
Da wir über Bildung sprechen – das ist für Ostdeutsche schwer nachzuvollziehen. Bei uns wurden Kinder so spät wie möglich getrennt. Heute werden sie schon nach der vierten Klasse oder nach der sechsten Klasse getrennt. Außerdem haben wir 16 verschiedene Schulsysteme, weil wir 16 Bundesländer haben. Wir hatten in der DDR ein einheitliches Schulsystem. Was Fremdsprachen betrifft, war es nicht gut. Geschichte war mir zu einseitig und Staatsbürgerkunde oder Wehrkundeunterricht – darüber müssen wir gar nicht reden. Aber Mathematik und Naturwissenschaften und der Deutschunterricht waren sehr gut. Das hätte man sich auch ansehen und sagen können: Davon übernehmen wir etwas.

Guttenberg
Auch in den neuen Bundesländern haben einige unter dem neuen Schulsystem mit seiner Eigenverantwortung nicht nur gelitten. Zum Beispiel Sachsen, das nach der Wiedervereinigung ganz lange an der Spitze der Schulleistungen stand, was immer wieder Entsetzen im stolzen Bayern ausgelöst hat.

Gysi
Die DDR-Bevölkerung kannte ein Selbstbestimmungsrecht nicht. In großen Fragen wurde in Moskau entschieden, was zu geschehen hat. Und in der Bundesrepublik wurde letztlich in den USA, stärker als in Großbritannien oder Frankreich, entschieden, was geht und was nicht.

Guttenberg
Heute ist es so: Zum einen wollen wir uns von den Großen ein Stück abnabeln und nicht gängeln lassen. Auch gibt es viele, die innerhalb der Europäischen Union sagen, aus Deutschland müssten mehr Impulse kommen. Aber lediglich in Paris werden die großen Reden gehalten. Aus Berlin kommt dröhnendes Schweigen. Das ist ein Spannungsfeld: Wir versuchen, uns gegen die Großen abzugrenzen. Das fällt auch auf fruchtbaren Boden, damit kann man politisch gewinnen. Wenn aber die Frage kommt: Und, geht ihr mal voran? Dann sind wir verschüchtert.

Gysi
Wir sind eben keine Großmacht, und wir sind keine kleine Macht. Die richtige Rolle für Deutschland zu finden, ist ja nicht so einfach. Wir müssen trotzdem respektieren, dass wir ökonomisch und politisch innerhalb der Europäischen Union eine Führungsrolle spielen und etwas zögerlich diese wahrnehmen.
Im Osten kommt bei den Menschen etwas hinzu. Ich sage ihnen: »Ihr wollt doch die Demokratie. Russland ist doch ein autoritärer Staat, und ihr müsstet doch akzeptieren, dass in Deutschland und in Frankreich, sagen wir mal, wenigstens halb demokratische Strukturen herrschen. Und wenn ihr die Demokratie wollt, müssen euch doch die wenigstens halbdemokratischen Staaten näher sein als andere.«

Guttenberg
Rennt man da gedanklich gegen Gummiwände?

Gysi
Die Leute werden nachdenklich, denn ich bin einer der wenigen, der ihnen so etwas sagt. Ich habe festgestellt, das Herz spricht eine andere Sprache als das Gehirn. Dein Herz sagt: »Mensch, du warst da so oft und hast gut gegessen und nette Leute kennengelernt.« Und dein Gehirn sagt: »Nee, es ist ja doch ziemlich autoritär, du musst versuchen, das anders zu sehen.« Das ist nicht so leicht. Darauf wollte ich nur hinweisen. Für die jungen Leute ist es viel leichter als für die Alten.

Guttenberg
Ja, und auch bei den Jungen fehlt es uns gelegentlich an der notwendigen Ansprache, an der Tiefe. Als ich noch politisch tätig war, war ich immer gern in den neuen Bundesländern. Dort wurde es angenommen, wenn man aus seinem Herzen keine Mördergrube gemacht hat, in der Lage war, sich auch selbstkritisch zu äußern, gleichzeitig aber mit klaren Ansagen gearbeitet hat. Das ist etwas, das dich auszeichnet. Du bist sehr offen, sehr direkt. Das hat dir auch im Westen nicht nur zum Nachteil gereicht. Gleichzeitig spielen aber auf dieser direkten Klaviatur der schnellen Antworten heute natürlich diejenigen, die wir als Rattenfänger bezeichnen können und die sich beispielsweise in der AfD befinden. Da hilft es auch nicht, wenn wir uns lediglich als »halbdemokratisch« bezeichnen.

Gysi
Es ist alles ein bisschen zu kompliziert. Wir haben globalisierte Fragen, die soziale Frage, die ökologische Nachhaltigkeit. Und dann kommt eine Partei wie die AfD und sagt: »Ach, wir kriegen das alles national gelöst.« Das gefällt. Dann ist es wieder übersichtlich, dann wird gedacht, dass man weiß, was los ist.

Guttenberg
Aber diese Ausrede gibt es seit Jahrzehnten, so lange schon wie die Wiedervereinigung. Ich war gerade 17 Jahre alt, lieber Gregor, als die Mauer 1989 fiel.

Gysi
So jung warst du damals!

Guttenberg
Ich stand in Rudolstadt, als die ersten Trabis herüberkamen. Mich hat das unglaublich geprägt. Ich begreife das seitdem wirklich als eine Aufgabe meiner Generation, an der Wiedervereinigung mitzuarbeiten.

Gysi
Gut, dann mache ich jetzt eine Prüfung mit dir: Ich nenne dir Ostbegriffe, und du musst mir übersetzen, was das ist. Was ist eine Bemme?

Guttenberg
Kläre mich auf.

Gysi
Eine Scheibe Brot.

Guttenberg
Weißt du, wie das bei uns in Franken heißt?

Gysi
Nein, hier kommt jetzt die Ostkurve. Was ist ein Konsum? Nicht Konsuuum, sondern ein Konnn-sum, Betonung auf der ersten Silbe.

Guttenberg
Weiß ich nicht.

Gysi
Es gab die Konsumgenossenschaften in der DDR. Sie hatten Läden, und deshalb war der Konsum einfach der Laden.
Was ist ein Nicki?

Guttenberg
An all diesen Fragen ...

Gysi
Ein T-Shirt. Was ist eine Fleppe?

Guttenberg
Eine Zigarette?

Gysi
Ein Führerschein. Und weißt du, wie eine Soljanka gemacht wird?

Guttenberg
Nein. Ahnungslos.

Gysi
Kannst du mir als Ossi wenigstens erklären: Woraus besteht eine Weißwurst?

Guttenberg
Aus Hirn.

Gysi
Das glaub ich nicht.

Guttenberg
Doch.

Gysi
Wirklich wahr?

Guttenberg
Nein, die Gelbwurst besteht teilweise aus Hirn.
Ich könnte natürlich jetzt mit bayerischen Begriffen gegenhalten.

Gysi
Da wäre ich genauso ahnungslos, klar.

Guttenberg
Wir alle kennen wechselseitig unser Land viel zu wenig. Wir müssten uns mehr aus den Gegensätzlichkeiten, aus denen wir kommen, kennen- und verstehen lernen.

Gysi
Ich weiß, du bist gern im Osten, und ich bin auch wirklich gern im Westen. Das finde ich an uns beiden wichtig.

»Am Ende bin ich gern wieder hierher zurückgekehrt.«

Über Heimat

Gysi
Mir gegenüber sitzt der Freiherr, den ich ja inzwischen duze, was übrigens das Ansprechen sehr viel leichter macht, obwohl Karl-Theodor auch schon wieder ein Doppelname ist. Wir haben uns für diesmal ein besonders kompliziertes Thema vorgenommen: Heimat. Das wird wirklich nicht leicht, schon weil die Menschen dabei ganz unterschiedliche Gefühlsregungen haben. Es gibt Menschen, die den Begriff ablehnen. Es gibt Menschen, für die der Begriff sehr wichtig ist. Das geht ziemlich durcheinander in unserem Land, und das hängt auch wieder mit der Geschichte zusammen.
Was verstehst du unter Heimat?

Guttenberg
Ankommen. Sehnsucht. Hoffnung. Zunächst einmal besteht Heimat für mich aus Gefühlslagen. Und dann gibt es sicherlich auch die geografische Heimat, die sich aber in meinem Leben sehr verändert hat. Ich bin Oberfranke. Jetzt könnte man sagen: Das ist meine wirkliche Heimat. Da kommt die Familie her, da haben wir uns den Hintern über viele Generationen auf demselben Stein abgefroren. Aber dieses Heimatbild hat sich für mich erweitert und auch verändert. Als ich irgendwann politische Verantwortung übernahm, hat »Deutschland« meine Heimat näher beschrieben. Zunächst mal allerdings »Bayern«, wobei man als Franke da wieder sehr aufpassen muss – Napoleon hat uns das

ja eingebrockt, dass wir den Bayern zugeschlagen wurden. Als ich in den USA lebte, wurde für mich Heimat noch mal um den Begriff »Europa« erweitert.

Wie geht man mit diesem Begriff um, der uns historisch schon so sehr um die Ohren geflogen ist? Ich weiß, lieber Gregor, wie viele Linke sich schwertun, dieses Wort überhaupt in den Mund zu nehmen. Jakob Augstein hat mal gesagt, dass der Begriff für ihn kontaminiert, verbrannt sei – im Grunde einer, den man als Linker nicht benutzen dürfte. Du hast ihn eigentlich relativ flüssig ausgesprochen.

Gysi
Wahr ist, dass der Begriff der »Heimat« von den Nazis missbraucht worden ist, bis hin zum »Heimatschutz«. Das ist wirklich unerträglich. Der Linke Max Liebermann hat mal gesagt: Der Begriff »Heimat« nivelliert alle Klassenunterschiede. Das mag schon sein, aber das machen andere Begriffe auch, »Ballett« etwa oder »Oper«. Ich hatte ein besonderes Erlebnis, von dem ich erzählen will. Einmal bin ich mit einem Förster durch den Wald gegangen. Der liebte den Wald. Und dieser Wald war seine Heimat. Da habe ich mich gefragt: Ja, wer bin ich denn eigentlich, dass ich ihm das abspreche? Ein anderes Erlebnis: Es gab zwei Fußballer in der DDR, die theoretisch das Zeug zum Weltstar gehabt hätten. Der eine war Peter Ducke, und der andere war Joachim Streich. Peter Ducke hat mir erzählt, dass er einmal in Schweden war, und da wartete jemand von Werder Bremen auf ihn und sagte: »Unten steht ein Mercedes mit einem Koffer, da sind 100 000 D-Mark drin, und das ist nur der Anfang.« Ducke sollte einfach einsteigen und abhauen. Aber das hat er nicht gemacht. Ich habe gefragt: »Warum nicht?« Weil ich mir nicht vorstellen konnte, dass er in die DDR politisch so wahnsinnig verliebt war. Er antwortete: »Ja, das kann ich Ihnen sagen. Bremen wäre mir fremd. In Jena kannte ich meinen Friseur, ich kannte den Fleischer, ich kannte dort meine Verwandten, ich kannte dort meine Freundinnen und Freunde.« Und da habe ich begriffen, dass das auch eine Art von Verständnis von einer Heimat ist, die er dann verlassen hätte. Mit 100 000 D-Mark hätten sich viele locken lassen. Seitdem denke ich etwas anders über Heimat nach, obwohl ich für mich selbst den Begriff sehr selten benutzt habe. Historisch kommt das ja aus dem

Germanischen, ist ein Neutrum, und erst durch die Gebrüder Grimm ist daraus ein Bezug entstanden zu einer Gegend. Ganz kurz: Es gibt Gegenden, da kenne ich mich besser aus, und Gegenden, da kenne ich mich schlechter aus. Und das macht für mich den Unterschied.

Guttenberg
Der Begriff ist erst erstaunlich spät eingeführt worden, im Jahr 1877. Natürlich gab es davor schon das Wort »Heimat« in unterschiedlichen Ausformungen, aber es hat eigentlich nicht mehr bedeutet als »Schlafstatt«.
Du hast dich um die Antwort gewunden, als ich dich gefragt habe, ob man als Linker diesen Begriff eigentlich in den Mund nehmen könnte. Ich frage jetzt noch mal andersherum: Hat Jakob Augstein eine übertriebene Sichtweise? Du hast den Hinweis gegeben, dass es die NS-Jahre gab, in denen »Heimat« aufs Widerlichste missbraucht wurde. Daran schließt sich eine Grundsatzfrage an: Sollte man sich deshalb ein Redeverbot in puncto Heimat auferlegen? Und ist das etwas spezifisch Linkes?

Gysi
Diese NS-Zeit hat die deutsche Linke geprägt, das darf man nicht vergessen. Alle französischen Kommunistinnen und Kommunisten, die ich kennengelernt habe, sind immer nationalstolz, und zwar durch und durch. Die deutschen nicht. Das hängt eben doch mit unserer spezifischen Geschichte zusammen.

Guttenberg
Die Amerikaner sind ähnlich. Meine Kinder mussten jeden Morgen in der Schule mit zusammengebissenen Zähnen die amerikanische Flagge ehren, allegiance to the flag nennt sich das. Und da gibt es keinen Unterschied, ob jemand ganz links steht, in der Mitte oder relativ rechts.

Gysi
Als ich das erste Mal in China war, waren im Hotel lauter Europäerinnen und Europäer, die ich auch als solche erkannte, und wir konnten

uns einigermaßen unterhalten. Es ist nicht so, dass ich das Gefühl habe: Europa ist meine Heimat, so wie du. Aber plötzlich, wenn du in China bist ... Da war ich gar nicht so unzufrieden, Menschen aus Europa zu treffen. Da habe ich wieder festgestellt: Es gibt Gemeinsamkeiten, die uns von Menschen in China unterscheiden. Ich bin ja jemand, der Unterschiede liebt. Ich fahre gern in andere Länder. Bei Ilja Ehrenburg habe ich mal gelesen, die Deutschen möchten es gern exotisch haben, Kakadus und all das sollen schon da sein – aber es muss trotzdem so gemütlich sein wie zu Hause. Da ist natürlich auch etwas dran. Mit anderen Worten: Ich verstehe, dass es Menschen gibt, die Heimatgefühle haben. Und solange das keinen Missbrauch darstellt, haben sie selbstverständlich das Recht dazu, und ich habe ihnen das zuzubilligen. Aber ich verstehe auch, wenn Menschen so ein Gefühl nicht entwickeln können. Ob sie ärmer oder reicher sind als die anderen? Ich befürchte, dass sie ärmer sind.

Guttenberg
Sie sind sicher ärmer, wenn sie die emotionale Komponente nicht mit einbeziehen können. Das ist etwas, das viele ausblenden, wenn es darum geht, Menschen zu verstehen, die Heimat vielleicht etwas anders begreifen als wir. Ein Beispiel: Wir hatten nach der dunkelsten Zeit unserer Geschichte die sogenannten Heimatvertriebenen, die die gleiche Sprache sprachen, aber trotzdem eine neue Heimat finden mussten.

Gysi
Und deren Beliebtheit sich auch in Grenzen hielt, wenn ich richtig informiert bin.

Guttenberg
Insbesondere in Bayern haben wir uns lange sehr schwergetan damit und uns dabei auch nicht nur mit Ruhm bekleckert. Das hatte sehr viel damit zu tun, ob man bereit war, sich gedanklich darauf einzulassen, was es bedeutet, seine Heimat zu verlieren und sich in eine neue Heimat begeben zu müssen, oder sich in einen Menschen hineinzuversetzen, der ein Leben lang zwei Heimaten in seinem Herzen trägt. Diese Herausforderung haben wir auch heute und geben denen, die aus ihrer

Heimat fliehen mussten, oft nicht das Gefühl, das hier könnte ihre neue Heimat sein. Siehst du das ähnlich?

Gysi
Wenn ich an Brecht, auch an Thomas Mann denke, an Marcuse, an Stefan Heym, an Werfel und andere, also an Leute im Exil ... Sie wurden ja von den Nazis gezwungen, im Ausland zu leben. Wenn ich ihre Exilliteratur lese – auch wenn sie den Begriff gar nicht oder kaum verwenden: Da entsteht ein Heimatgefühl, weil man, wo man herkam, besser zurechtkam, weil man sich besser auskannte.
Wie ist es denn bei dir? Du lebst schon seit längerer Zeit in den USA. Ist das für dich inzwischen auch Heimat?

Guttenberg
Ich bin aus den USA wieder zurückgekehrt, weil mir meine Heimat in Europa, in Deutschland, in Bayern, in Franken fehlte und weil mir die Möglichkeit fehlte, in die Vielfältigkeit der europäischen Kultur einzutauchen. Damit will ich gar nicht die amerikanische Kultur abwerten. Ich habe nur gemerkt: Wo ich groß wurde, wo ich aufgewachsen bin, das liegt meinem Herzen viel näher. Die Rückkehr nach zehn Jahren gibt einem natürlich auch ein ganz anderes Bild von der Heimat, weil sich Dinge verändert haben und man selbst auch in seinem Leben fortschreitet. Ich habe diesen Schritt ja freiwillig gemacht. Ich war nicht wie Thomas Mann oder Lion Feuchtwanger gezwungen, mein Land zu verlassen. Entsprechend war die Auseinandersetzung mit der Heimat vermutlich eine ganz andere, viel emotionalere.

Gysi
Darf ich mal einen psychologischen Versuch starten?

Guttenberg
Der kann bei mir nur schiefgehen, Gregor.

Gysi
Deswegen mache ich es ja. Ich liebe es, wenn etwas schiefgeht. Ich glaube, du hast, als du in der Politik warst und in der ersten Reihe standest,

erlebt, wie sich plötzlich alle Medien gegen dich einig waren. In jeder Hinsicht. Hast du da vielleicht die Überlegung gehabt, dir eine andere Heimat zu suchen?

Guttenberg
Nein!

Gysi
Wenn man in der Heimat so behandelt wird ...

Guttenberg
Da muss ich widersprechen.

Gysi
Was ich übrigens verstehen könnte ...

Guttenberg
Noch mal, da will ich wirklich mit allem Nachdruck widersprechen. Das ist ja gern gallig dargestellt worden: Er ist geflohen und hat sich eine neue Heimat gesucht. Nein! Meine Heimat blieb immer dieses Land und eben Europa. Am Ende bin ich gern wieder hierher zurückgekehrt.

Gysi
Ich bin in Berlin geboren worden und in Berlin aufgewachsen und bin ein Urberliner. Mein Vater ist auch schon in Berlin geboren worden und aufgewachsen. Das Besondere an dieser Stadt ist, dass sie 40 Jahre lang geteilt war. Das heißt, ein Teil war Westeuropa, ein Teil war Osteuropa. Das gab es bei keiner anderen Stadt. Und die Schwierigkeit des Zusammenfindens habe ich nun wirklich unmittelbar erlebt. Aber es gibt trotzdem etwas Gemeinsames, etwas Berlinerisches. Was, wenn man aus Oberfranken kommt, man nicht zwingend schätzen muss, denn wir Berlinerinnen und Berliner haben immer etwas Brummeliges an uns. Aber trotzdem ist auch immer ein Stück Solidarität da.

Guttenberg
Brummelig ist eine Untertreibung. Wenn man woanders herkommt, wird man gelegentlich schon im Taxi verbal abgewatscht.

Gysi
Das ist völlig richtig. Ich werde nie vergessen, wie eine Frau in den Bus einsteigt und den Busfahrer fragt: »Kommt als Nächstes der Alexanderplatz?« »Nee«, sagt der, »der kommt nicht, da müssen Sie schon hinfahren.« Das ist typisch für Berlin, diese schnoddrige Art. Ich mag sie natürlich trotzdem, die Berlinerinnen und Berliner. Ich mag auch ihre Sprechweise. Aber ich verstehe, dass Menschen aus anderen Gegenden damit ihre Schwierigkeiten haben.

Guttenberg
Das wirkt gelegentlich so, wie wenn man ins alttestamentarische Babel blickt, so ein Moloch kann diese Stadt sein.
Über Jahrhunderte haben Menschen Heimat aufgegeben, um in Städte zu ziehen. Vor allem während der Industrialisierung, die ja den Hintergrund deines politischen Denkens bildet. Damals kam die Idee auf: Diesen Menschen muss man helfen, weil sie Abgehängte sind – Heimatlose auf eine Weise, weil sie Landflucht begangen haben, oftmals aus der puren Not heraus, um Arbeit zu finden.
Ich bin auf dem Land groß geworden, da kommt zum Faktor Heimat noch einiges dazu. Der Bäcker spielt eine Rolle, der kleine Tante-Emma-Laden, die Volksschule. All dies hat Heimat gebildet. Und heute komme ich in diese Gemeinden zurück – und nichts von dem ist mehr da. Nur ältere Menschen sind noch da. Die jüngeren haben diese Dörfer verlassen, sind auch angezogen worden von dem Magnetismus der Städte.

Gysi
Das ist für mich eine spannende Frage: Wie sich das Leben auf dem Dorf überhaupt gestaltet.

Guttenberg
Hast du es je erlebt?

Gysi

In Berlin lebt man auch nicht in der gesamten Stadt. In Berlin lebt man im Kiez. Und dazu gehört auch der Fleischer, der Bäcker. Das war übrigens schon immer so in Berlin. Wobei ich diese Serie »Babylon Berlin«, die es ein bisschen anders darstellt, gar nicht schlecht finde, weil sie das Leben in der Weimarer Zeit auf so eine direkte, auch leicht brutale Art zeigt.

Ich habe natürlich nie im Dorf gelebt. Aber ich war mal auf dem Lande mit meinem Fahrer bei seinen Eltern, und die Eltern hatten ein Grundstück im Dorf. Sie hatten beide eine Rente, und die reichte. Sie hatten auch ein Schwein und eine Kuh, ein paar Hühner und Obst und Gemüse.

Guttenberg

Das wirkte auf dich als Stadtkind ein bisschen wie der Kakadu, den du vorhin beschrieben hast.

Gysi

So ungefähr. Ich habe sie gefragt, was ihnen fehlt. Das heißt, ich habe beide gefragt, aber bekam natürlich von der Frau die Antwort, wie es sich gehört. Und die sagte zu mir: »Drei Sachen fehlen mir.« Der Konsum – das war der Laden –, die Kneipe ... Und jetzt pass auf: Es fehlte ihr drittens die Jahreshauptversammlung der LPG, also der Landwirtschaftlichen Produktionsgenossenschaft. Das musste sie mir erklären. Mittags im Konsum haben sich die Frauen getroffen und haben eine Stunde gequatscht. Abends ist der Mann in die Kneipe gegangen. Und da hat er ein Bier getrunken und sich mit den anderen Männern unterhalten. Es gab in der DDR in jedem Dorf eine Kneipe. Ich weiß nicht, ob die sich gerechnet haben, da mache ich mal ein Fragezeichen. Ich habe zu den beiden gesagt: »Na ja, heute kann man sich doch gegenseitig nach Hause einladen, wenn die Kneipe nicht mehr da ist.« Das sei nicht üblich außer zu Silvester, bei Silberhochzeiten und zu solchen Gelegenheiten, aber nicht einfach so. »Und warum die Jahreshauptversammlung?« Und da sagte sie: »Da wurde eine halbe Stunde langweilig geredet, aber danach wurde gegessen, es wurde getrunken, es gab Musik und Tanz.« Und seitdem überlege ich: Wie kriegen wir wieder ein

Stück Kultur in die Dörfer, damit sie wieder mehr zur Heimat werden? Die jungen Leute gehen oft raus aus den Dörfern. Sie sind übrigens auch raus aus dem Osten, weil es für sie kaum Lehrstellen gab. Also mussten sie in den Westen gehen. Aber wenn sie einen Job im Osten kriegen, kommen sie wieder. Irgendetwas steckt da auch in ihnen drin, das sie nicht missen wollen.

Guttenberg
Durch die neuen Technologien – erinnere dich an die zwei Jahre Pandemie, die wir durchgemacht haben – ist es plötzlich für viele möglich, vom Wohnzimmer irgendwo auf dem Lande einem Job nachzugehen. Morgens aufzuwachen, und der nächste Horizont ist nicht die kalte Mauer des Gebäudes in der Stadt daneben, sondern man blickt in Wälder, auf grüne Wiesen – das kann tatsächlich die Lebensqualität erhöhen und Ansiedlungen auf dem Land attraktiver machen.

Gysi
Als wir alle im Homeoffice waren, hat ein Beruf eine Ehrenerweisung erfahren, die dieser Beruf früher nie hatte: der Beruf der Lehrerin und des Lehrers. Weil die Eltern, die plötzlich ihre eigenen Kinder unterrichten mussten, festgestellt haben, wie schwer das ist. Bei Homeoffice habe ich nur vor einem Angst: Vereinzelung. Wenn dieser Zustand dauerhaft wird. Das macht mir Sorgen. Denn die sozialen und kulturellen Auseinandersetzungen und Spannungen auch im ... Wie sagt man da? Das Wort »Kollektiv« kennt ihr ja nicht ... Wie nennt ihr denn so was? »Brigade« kennt ihr auch nicht ...

Guttenberg
Da holt dich die Vergangenheit wieder ein.

Gysi
Belegschaft, das suchte ich.

Guttenberg
Belegschaft, wunderbar.

Gysi
Ich möchte, dass sich die Belegschaft in den Pausen über Fußball streitet, dass sie sich über Politik streitet, das halte ich für wichtig. Obwohl Homeoffice sicherlich auch eine Chance ist.

Guttenberg
Auf dem Land findet das, was du beschreibst, im besten aller Fälle über Vereinsstrukturen statt. Der Fußballverein, die örtliche Feuerwehr, all diese Institutionen, die es auch schwer haben, aber die natürlich ein Gegengewicht schaffen zu den Stunden, die man allein im Homeoffice verbringt. Gleichzeitig sind wieder neue technische Entwicklungen im Gange. Das wird insbesondere von Mark Zuckerberg betrieben, dem Facebook-Gründer. Sie arbeiten, das hast du vielleicht schon gehört, am »Metaverse«. Dort kann man sich in einem virtuellen Raum nicht nur mit einem Gegenüber treffen, sondern mit einer ganzen Gemeinschaft. Solange das nicht das Leben wird – das wäre grauenvoll.

Gysi
Wenn es eine neue Technologie gibt, setzt sie sich immer durch. Wie die sozialen Medien. Du kannst die nicht verbieten. Das wäre ja albern. Das geht gar nicht.

Guttenberg
Tweetest du selbst?

Gysi
Nein, das wird für mich gemacht, aber ich kriege die Texte vorab. Texte von mir sind immer von mir.

Guttenberg
Liest du die Kommentare?

Gysi
Nein. Mein Arzt hat mir gesagt, dass das sehr gut sei.

Guttenberg
Dein Kardiologe verdient nichts an dir.

Gysi
Mao hat zu seiner Zeit gesagt, er wolle das Leben zwischen Stadt und Land vollständig angleichen. Das ist ihm natürlich überhaupt nicht gelungen. Interessanterweise stand in dem letzten Koalitionsvertrag von CDU, CSU und SPD auch drin ...

Guttenberg
... Angleichung der Lebensverhältnisse. Weißt du, was hierfür gegründet wurde, wogegen sich das gesamte linke Lautsprechertum dieses Landes mit Schaum vor dem Mund gewehrt hat? Ein Heimatministerium. Initiiert wurde das vom, wenn es so etwas gibt, linkesten aller CSUler, über den viele gesagt haben:»Unser Herz-Jesu-Sozialist«, der erst bayerischer Ministerpräsident und dann Bundesinnenminister war, Horst Seehofer. Die Idee zum Heimatministerium kam von ihm. Seehofer stand nie am rechten Rand. Und er hat eine Kommission gegründet zur Angleichung der Lebensverhältnisse zwischen Land und Stadt. Das Heimatministerium war also ein soziales Projekt.

Gysi
Der Begriff hat mich auch gestört, das will ich gar nicht bestreiten, weil ich gar nicht wusste, was damit gemeint ist. Wenn die Angleichung der Lebensverhältnisse gemeint ist, ist das ja ganz nett. Aber geschafft haben wir diese Angleichung nicht. Es gibt in sehr vielen Dörfern keine Kneipe, es gibt keinen Laden, und es gibt auch keine Tanzveranstaltung.
Sag mir, Guttenberg – ist Guttenberg deine eigentliche Heimatstadt?

Guttenberg
Die Bezeichnung »Stadt« löst bei mir jetzt eine stolze Welle aus angesichts eines 560-Seelen-Dorfes. Allerdings hat sich da viel verändert. Auch wir sind Teil einer Verwaltungsgemeinschaft, und immer geht damit ein Stück Identität verloren.

Gysi
Ich mache dir einen Vorschlag, auch wenn du davon nur Vorteile hast. Wir machen gemeinsam ein Streitgespräch in Guttenberg. Du hast alle auf deiner Seite. Ich bin völlig einsam, kriege anschließend von dir zur Entschädigung ein anständiges Essen mit ordentlich Bier, damit ich mich wieder erholen kann.

Guttenberg
Du bist schon trickreich. Du sprichst erst mal von »Stadt«, um dann in einer 560-Seelen-Gemeinde zu landen, wo die Gefahr unterzugehen angesichts der überschaubaren Zahl an Zuschauerinnen und Zuschauern gering ist.

Gysi
Ein anderer Gedanke, das meine ich jetzt ernst: Es gibt Menschen, die Sehnsucht haben, an den Ort zurückzukehren oder auch in das Haus zurückzukehren, in dem sie mal gelebt haben. Da bin ich anders. Wenn ich einen Abschnitt in meinem Leben beendet habe, ist er beendet. Ich würde gar nicht gern in das Haus zurückkehren, in dem meine Eltern mit uns Kindern gewohnt haben. Viele haben im Studium immer erzählt, wie schön es in der Schule war. Für mich war die Schule vorbei. Als das Studium vorbei war, habe ich mich auch nicht danach gesehnt, wieder Student zu werden. Dann war das Studium vorbei. Da sind Menschen einfach unterschiedlich gestrickt.

Guttenberg
Du bist nostalgieunbegabt, wenn man das so sagen darf.

Gysi
Und das hängt vielleicht auch damit zusammen, dass ich immer so sehr beschäftigt bin, dass ich gar nicht so dazu komme, darüber nachzudenken, wie es früher war. Dazu haben wir Deutschen ja – das habe ich schon mal gesagt, ich wiederhole es – folgende Mentalität: Wir sehen immer, was uns fehlt. Und das betonen wir auch gern und stündlich und sehen kaum, was wir haben. Wir sehen erst, wenn wir es nicht mehr haben, dass wir es mal hatten. Vielleicht ist es mit der Heimat auch so.

»Wir müssen den Dritten Weltkrieg verhindern.«

Der Krieg in der Ukraine

(Erster Teil des Gesprächs am 8.8.23)

Guttenberg
Mir gegenüber sitzt der wie immer äußerst elegante Gregor Gysi, heute in einem sommerlich hellen Anzug. Ich neige zur zunehmenden Verlumpung und erscheine einmal mehr im T-Shirt.

Gysi
Zu deiner Kleidung würde ich noch sagen, dass sie ganz dunkel ist. Das drückt so eine pessimistische Grundstimmung aus – und ich bin ja Zweckoptimist. Deshalb bin ich heute hell gekleidet.

Guttenberg
Wir nehmen uns heute eines Themas an, für das wir alle Optimismus bräuchten. Wir sprechen über die Ukraine. Wann kann und wie kann dieser Wahnsinn in Europa enden?

Gysi
Ich gehöre zu den wenigen Politikern, die zugeben, dass sie vom Krieg und vom Militär keine Ahnung haben. Die meisten tun ja so, als ob sie ganz genau Bescheid wüssten. Ich verlasse mich auf vernünftige Militärs. Und General Mark Milley, früherer Generalstabschef der Streitkräfte der USA, hat gesagt, weder die Ukraine noch Russland können siegen. Der Berater des ukrainischen Präsidenten, mit dem ich im März 2023 bei Sandra Maischberger war, sagte damals: Es komme eine Frühjahrsoffensive, da holten sie sich die Krim zurück, und dann habe

Putin verloren. Das ist nicht passiert. Milley scheint recht zu haben. Deshalb bin ich dafür, so schnell wie möglich einen Waffenstillstand herbeizuführen. Ich habe den Bundesverteidigungsminister gefragt, der sagte: »Na ja, ein Waffenstillstand ist möglich, wenn Russland seine Truppen abgezogen hat.« Aber was, wenn Putin das nicht macht? Das ist für mich die entscheidende Frage. Wenn es einen Waffenstillstand gibt, heißt das überhaupt nicht, dass die Ukraine auf ein Zentimeter Territorium verzichten soll. Da bin ich dagegen. Die territoriale Integrität ist mir wichtig. Aber mit einem Waffenstillstand hört endlich auf, dass getötet, verletzt und zerstört wird.

Dann gibt es komplizierte Friedensverhandlungen. Deshalb kompliziert, weil die Standpunkte so unterschiedlich sind, dass ich noch nicht weiß, wie man eine Übereinstimmung herstellt. Dazu braucht es einen Dritten, der vermittelt. Ich muss ganz klar sagen, Scholz und Macron können das nicht mehr sein. Ich wäre auch nicht für Xi, obwohl ja Selenskyi mit ihm ein über einstündiges Gespräch hatte, was er als sehr angenehm bezeichnet hat. Aber vielleicht könnte Lula aus Brasilien geeignet sein. Und dann stehen wir vor der Frage: Wie könnte eine neue Friedensordnung in Europa aussehen? Es geht ja nicht ohne Russland, es geht nicht gegen Russland. Aber wie könnte denn diese Friedensordnung mit Russland aussehen?

Und jetzt meine letzte Bemerkung, dann höre ich gern dir zu. Ich befürchte, dass wir einen Waffenstillstand erst im Wahlkampf in den USA erleben. Wenn der konservative Kandidat sagt, er wird diesen Krieg beenden, muss Biden beweisen, dass er das auch kann. Aber das kannst du besser einschätzen, lieber KT, du kennst die USA besser.

Guttenberg

Zunächst einmal teilen wir das Ziel, dass der Krieg in der Ukraine so schnell wie möglich enden soll. Aber das ist sehr kompliziert. Du hast Mark Milley zitiert, der gesagt hat, dass es im Grunde keinen Sieger geben kann. Das ist eine sehr richtige Beobachtung. Fast eine Binse. Denn historisch gab es im Krieg sehr selten einen echten Sieger. Es gibt diejenigen, die sich so bezeichnen. Aber oftmals ist das, was später in der Propaganda als Sieg bezeichnet wird, meilenweit entfernt von den ursprünglichen Zielen, die mal in Aussicht gestellt wurden. Wir sind bereits in einer Situation, in der es keinen Sieger mehr geben kann. Das ist der erste Punkt, der mir wichtig scheint. Der zweite Punkt ist: Man wird sich an einen Gedanken gewöhnen müssen, der von sehr erfahren Beobachtern und Historikern ins Spiel gebracht wurde: Egal, zu welcher Lösung man am Ende des Tages in Verhandlungen kommen wird – es wird ein Ergebnis sein unter Unzufriedenen. Es ist schlichtweg ausgeschlossen, dass beide den Verhandlungstisch zufrieden verlassen werden.

Gysi
Selbst wenn sie so tun.

Guttenberg
Das wird natürlich anders nach außen getragen werden. Wir müssen das begreifen, weil auch hierzulande Maximalzielsetzungen ausgegeben werden, die illusorisch sind.
Wer könnte Verhandlungen moderieren? Hier muss man zunächst einmal die Frage stellen: Wer kann es sicher nicht? Und dazu zählen jene, die bei der jeweils anderen Partei sofort Abwehrreflexe auslösen würden. Die Verhandlungen könnten sicher nie allein die USA oder der Nato-Generalsekretär moderieren. Das ist ausgeschlossen. Die Verhandlungen allein könnte auch nicht China moderieren.
Wahrscheinlich bedarf es mehrerer Persönlichkeiten, die Glaubwürdigkeit bei beiden Parteien haben, zum anderen aber auch etwas auf den Tisch legen, was in sowohl in der Ukraine als auch in Russland als akzeptabel erachtet wird – beziehungsweise im Falle einer Einigung auch einen Benefit bedeuten könnte. Deswegen wird Lula allein beispielsweise nicht genügen, der ja einen Teil der sogenannten BRICS-Gemeinschaft verkörpert und eher dem russischen Lager zugeordnet wird. China wird ein Teil der Lösung sein müssen, auch weil es gegenüber Russland einen Hebel hat. Es wird westliche Vertreter geben – vielleicht ist das eine Aufgabe für Europa, weil es Russland einiges zu bieten hat –, die Sanktionen könnten wieder aufgehoben werden im Falle, dass Russland tatsächlich einlenkt.
Aber über welche Lösung sprechen wir eigentlich? Diese Debatte wird sehr verkürzt geführt. Manche sagen, wir hätten nur die Wahl

zwischen Diktatfrieden, Erschöpfung der beiden Parteien oder einem Regime Change in Moskau. Dabei gibt es multiple Lösungen, sehr viel mehr als diese drei. Wir könnten in etwas hineingleiten, was viele als frozen conflict bezeichnen. Und dieser eingefrorene Konflikt könnte von der UN kontrolliert werden. Meine Befürchtung ist aber die, dass wir es mit einem lauwarmen Konflikt zu tun haben werden, der jederzeit wieder Hitze bekommen kann.
Für Optimismus muss man sich in der aktuellen Situation schon sehr strecken.

Gysi
Das ist wahr.
Putin muss etwas begreifen, überhaupt die russische Führung, was den Russen schwerfällt: dass sie für ehemalige Sowjetrepubliken nicht mehr zuständig sind, egal, ob Georgien, Abchasien, Aserbaidschan, Armenien etc. Der Westen glaubt im Gegensatz dazu immer, er müsse diese ehemaligen Sowjetrepubliken an sich binden. Worauf er nie gekommen ist: den Vermittler zwischen Russland und diesen Ländern zu geben. Auch bei der Ukraine wurde nie darüber nachgedacht, aus ihr eine Brücke zwischen der EU und Russland zu machen. Nein, beide haben gezerrt und wollten die Ukraine ganz. Es muss ein Umdenken stattfinden, auf russischer Seite, aber auch auf EU-Seite, vielleicht auch auf Nato-Seite. So könnten wir über eine künftige Friedensordnung nachdenken.
Du kannst recht haben, dass ein Vermittler nicht ausreicht, dass man vielleicht mehrere braucht, auf die sich beide Seiten verständigen können. Die Frage ist, wie kommt man dazu?
Spreche ich mich für einen Waffenstillstand aus, wird mir geantwortet: Putin will keinen. Wie wäre dann Folgendes: Die Nato – natürlich nach Rücksprache mit der ukrainischen Führung – sagt: »Wir werden in zwei Tagen ab null Uhr vorübergehend keine Waffen mehr an die Ukraine liefern, wenn ihr einverstanden seid mit einem Waffenstillstand.« Wenn dann Russland Nein sagte, sagte es auch: »Liefert weiter Waffen.« Das wäre schwer für Putin. Und wenn er Ja sagte, wird erst mal nicht mehr geschossen. Das wäre ein großer Vorteil. Man könnte an Lösungen denken mit UNO-Truppen. Aber ich glaube, es gibt auch

andere Kompromisse. Man könnte für den Donbass die Möglichkeit doppelter Staatsbürgerschaften zulassen, die russische Sprache und anderes mehr, man muss bestimmte Fehler korrigieren, sodass es den Menschen endlich besser geht und sie sich entscheiden können und sagen: Ich bin eben Russe. Ich bin aber auch Ukrainer – wenn sie wollen. Wenn sie nicht wollen, bleiben sie eben nur Ukrainerin und Ukrainer oder meinetwegen auch nur Russin und Russe. Das hieße, die Entscheidung über die Zugehörigkeit auf die Bürgerinnen und Bürger zu übertragen.

Ich stimme dir zu: Es wird keinen Zufriedenen geben, kann es wahrscheinlich auch bei einem solchen Krieg nicht. Die Allianz gegen Deutschland im Zweiten Weltkrieg hat gesiegt, weil Deutschland völlig zu Recht eine bedingungslose Kapitulation akzeptieren musste. Aber das ist sehr, sehr selten.

Guttenberg
Und das ist hier nicht zu erwarten. Von beiden Seiten nicht.

Gysi
Ergo müsste man doch, wenn es so ist und wenn sowieso kein militärischer Sieg zu erreichen ist, weder für Russland noch für die Ukraine, so schnell wie möglich aufhören. Ich finde aber, es wird eskaliert. Putin eskaliert, die Gegenseite eskaliert. Ich habe zu Beginn des Kriegs zu Marie-Agnes Strack-Zimmermann von der FDP gesagt: »Putin hat doch auch Möglichkeiten, uns unter Druck zu setzen.« »Welche?«, hat sie gefragt. Da habe ich geantwortet: »Zum Beispiel durch Getreide.« Und genau das ist passiert. Putin will nun auch andere Lebensmittel und Düngemittel exportieren dürfen. Dazu sagt die EU Nein und macht ihn dafür verantwortlich, dass Menschen verhungern könnten, und plötzlich fühlte man sich mitschuldig, weil sie nicht bereit sind, auf eine Sanktion zu verzichten, sodass Getreide geliefert wird. Opfer sind immer Menschen, die nichts mit dem Konflikt zu tun haben. Das ist das, was mich am meisten stört: die Toten, die Verletzten, die Menschen, die fliehen, und die Hungernden in der sogenannten Dritten Welt. Nur weil wir, die Politikerinnen und Politiker, nicht in der Lage sind, eine Lösung zu finden. Wir sind verpflichtet, eine Lösung zu finden.

Guttenberg

Es gibt diesen euphemistischen Begriff des Kollateralschadens. Dieser Krieg erzeugt solche Kollateralschäden schon weit über die Grenzen der Ukraine hinaus.

Ein paar Anmerkungen zu deinen Punkten, die ich sehr respektiere. Das eine ist: Du hast ganz am Anfang darauf hingewiesen, dass früher ein Gezerre um die Ukraine stattfand. Beide Seiten wollten die Ukraine ganz. Was man auch hier bedenken muss: Schon vor dem Krieg hatte die Ukraine ein Recht auf ihre eigene Souveränität und auch auf ihre eigenen Entscheidungen. Und es ist anmaßend, wenn wer auch immer sagt: Wir wollen das Schicksal der Ukraine kontrollieren oder ein Übermaß an Einfluss auf einen souveränen Staat ausüben. Diese Haltung mündete dann in den russischen Angriff.

Zu deinem Vorschlag anzukündigen, dass man ab übermorgen keine Waffen mehr liefert, um so einen Waffenstillstand herbeizuführen – da dürfen wir nicht vergessen: Wir haben es nicht nur mit Menschen zu tun, die im Sinne des allgemeinen Besten handeln, sondern die von Emotionen, von Wut, von Verzweiflung, von Rache getrieben sind. Und wir haben es mit einem menschenverachtenden Zyniker zu tun, der diesen Angriffskrieg gestartet hat. Mir fehlt der Glaube, dass er bereit ist zu deeskalieren, solange er die Möglichkeit zur weiteren Eskalation in der Hand hat. Da habe ich meine Zweifel vor dem Hintergrund von Putins Handeln in den letzten zwei Jahrzehnten – denken wir an Syrien, denken wir an Georgien. In dem Moment, wo jemand, auf den er es abgesehen hatte, Schwäche gezeigt hat, hat er weiter eskaliert, nicht eingelenkt. Deswegen bin ich da sehr skeptisch.

Gysi

Ich sage ja, wenn er nicht darauf eingeht, wenn er sagt, Waffenstillstand kommt nicht infrage, oder er verletzt ihn, dann kann sich der Westen wieder völlig anders verhalten. Es geht ja nur um das Angebot, dann keine Waffen zu liefern, wenn die russische Seite auf die ukrainische Seite nicht mehr schießt. Punkt. Wenn Putin darauf nicht eingeht oder wenn er formal darauf eingeht und doch wieder schießt, dann ist es eben vorbei.

Das Problem ist doch Folgendes: Wir müssen den Dritten Weltkrieg verhindern. In dem Moment, in dem Putin ein Nato-Land angreift, haben wir den Dritten Weltkrieg. In dem Moment, in dem die Nato Soldaten in die Ukraine schickt, haben wir auch den Dritten Weltkrieg.

Guttenberg
Das hat sie bislang vermieden.

Gysi
Ja, beide Seiten haben das vermieden. Das war ja der Grund, weshalb Schweden und Finnland in die Nato wollten, weil sie glauben: Dann greift uns Putin nicht an, weil das den Dritten Weltkrieg bedeutete. Deshalb glaube ich auch nicht an einen Angriff Russlands auf Deutschland. Etwas anderes ist, was man bezüglich seiner Verteidigung zu tun hat. Dass wir nur noch an Aufrüstung denken, finde ich falsch. Was mir fehlt, ist auf beiden Seiten die Absicht zur Deeskalation, die Absicht zu viel mehr Diplomatie, die strikte Wahrung des Völkerrechts. Das ist ein völkerrechtswidriger Krieg, völlig inakzeptabel, und deshalb muss man ihn auch scharf verurteilen. Aber als Erste hat das Völkerrecht nach dem Kalten Krieg – wahrscheinlich siehst du das anders – die Nato verletzt, im Krieg gegen Serbien. Ich frage mich: Wie kommen wir wieder zurück zum Völkerrecht?

Guttenberg
Die Rückkehr zum Völkerrecht wird es so nicht geben. Es ist in meinen Augen verkürzt, die Trennlinie mit dem Ende des Kalten Krieges zu ziehen. Faktisch wurde das Völkerrecht seit 1949 immer wieder gebrochen, im Übrigen auch von der Sowjetunion. Ja, der Irakkrieg ab 2003 war eine völkerrechtliche Katastrophe des Westens. Beim Kosovo bin ich aber einer differenzierteren Ansicht, da muss man sehr genau hinschauen. Es gab – und daran erinnerst du dich, Gregor – unzählige Versuche, eine neue UNO-Resolution zu erreichen für ein Eingreifen im Kosovo, in der es darum ging, schlimmste Verstöße gegen das humanitäre Völkerrecht – seitens Serbiens wohlgemerkt – zu unterbinden. Und in der UNO wurden diese Resolutionen blockiert. Und von wem?

Gysi
Von Russland.

Guttenberg
Von Russland und von China. Eine Rückkehr zu diesem Völkerrecht kann ich mir schwer wünschen, weil dort derzeit nichts anderes herrscht als eine Dauerblockade mit ständigen Schuldzuweisungen. Einmal blockiert der eine, einmal blockiert der andere.

Gysi
Die USA haben viel häufiger ihr Veto eingelegt als China und Russland.

Guttenberg
Es bringt ja niemandem etwas aufzurechnen, sondern es geht darum, was uns weiterbringt. Dass man sich Gedanken macht, wie kann man die Vereinten Nationen endlich so reformieren, dass das Völkerrecht wieder durchsetzbar wird? Momentan ist es ein reines Blockadeinstrument.
Es gab mit Bezug auf den Kosovokrieg diesen wunderbaren Satz des Soziologen Ulrich Beck. Aber was heißt »wunderbar«. Es ist eigentlich ein schrecklicher Satz: »Wegschauen macht ebenso schuldig wie Eingreifen.« So war es. Man macht sich, egal, wie man sich entscheidet, schuldig. Dir als Juristen kann ich das sagen. Das war eine klassische Situation, in der es gute Gründe für die eine und die andere Entscheidung gab.

Gysi
Ich verstehe ja, dass du die UNO reformieren willst. Das will ich auch. Dafür bestand übrigens 1990 eine große Chance, sie wurde nicht genutzt. Jetzt ist sie ganz gering. Aber es gibt ja nun mal ein geltendes Völkerrecht, von dem wir ausgehen müssen, und zwar alle. Wenn ich nur an die Streumunition denke, die die USA an die Ukraine verkauft. Ich weiß, der Vertrag zum Verbot dieser schrecklichen Waffe ist weder von Russland noch von den USA, noch von der Ukraine unterzeichnet worden. Aber das spricht eigentlich gegen die drei Staaten, das spricht nicht für Streumunition, und deshalb müssten wir sagen: Das geht so nicht. Die Ukraine hat sich verpflichtet, die Streumunition nicht auf russischem Territorium einzusetzen. In Russland behauptet ein Gouverneur, sie sei bei ihm eingesetzt worden. Internationale Beobachter,

die hinfahren könnten, um sich das anzuschauen, haben wir keine. Wir sind wie gelähmt.

Ich möchte eine Lösung für Europa. Dieser Krieg muss so schnell wie möglich beendet werden. Wir müssen versuchen zu deeskalieren. Wir müssen wieder die diplomatische Sprache lernen. Die Diplomatie spielte in den letzten Jahren eine immer geringere Rolle. Und wir müssen Putin dazu bringen, diese Instrumente zu akzeptieren. Und deshalb mein Vorschlag. Wenn er dann Nein sagte oder den Waffenstillstand bräche, kann der Westen reagieren. Aber warum bietet es der Westen nicht einmal an?

Guttenberg

Die Problematik in einem Krieg, in dem wir Hunderttausende an der Frontlinie haben, ist, das Versprechen zu halten, dass kein Schuss mehr fällt. Die Wahrscheinlichkeit, dass eine oder beide Seiten aus welchen menschlichen oder unmenschlichen Gründen auch immer diesen Waffenstillstand brechen, ist extrem hoch. Und dann kommen sofort die gegenseitigen Schuldzuweisungen. Und leider ist es auch ein Teil der Kriegsführung Putins, die Dinge so zu inszenieren, dass es so aussieht, als sei der Waffenstillstand von der anderen Seite gebrochen worden. Die Wahrscheinlichkeit ist sehr hoch, dass genau das passiert.

Gysi

Da hast du recht, da müsste man jemanden dazwischenstellen.

Guttenberg

Da bräuchte es auch Hunderttausende, um Tausende von Kilometern zu sichern.

Gysi

Trotzdem wäre das besser als Krieg.

Guttenberg

Jede Form des Friedens ist besser als Krieg. Da sind wir uns ja einig. Als Bundestagsabgeordneter saß ich im Unterausschuss Abrüstung, Rüstungskontrolle und Nichtverbreitung. Wir haben uns für die Ächtung von Streumunition eingesetzt, und die Bundesrepublik Deutschland hat sich den 111 Nationen angeschlossen, die Streumunition ächten. Du hast richtigerweise darauf hingewiesen: Die USA, Russland und die Ukraine haben das Abkommen nicht unterzeichnet. Nun ist es so, dass Russland wohl erwiesenermaßen auf ukrainischem Boden Streubomben einsetzt. Und die Argumentation der Ukraine und auch der USA ist die, dass ein Land, das sein eigenes Territorium verteidigt und das nicht Unterzeichnerstaat ist, diese bei sich auch einsetzen kann. Streubomben sind etwas Entsetzliches, weil sie noch Jahrzehnte später zu Todesfällen und Verkrüppelungen führen. Da kann man nur seine Abscheu kundtun. Andererseits ist es die souveräne Entscheidung der Ukraine, sich zu wehren – und daher fällt es mir schwer, sie dafür zu verurteilen.

Gysi
Das Selbstverteidigungsrecht der Ukraine ist zwischen uns unstrittig. Nur: Wenn sie ihre Ziele sowieso nicht militärisch erreichen kann und wenn auch Russland seine Ziele nicht erreichen kann, muss man einen Weg zum Aufhören finden. Der BND-Präsident Bruno Kahl hat gesagt, Putin könne noch eine Million Soldaten rekrutieren. Dazu ist die Ukraine logischerweise nicht in der Lage. Wem nutzt es mehr, wenn der Krieg länger dauert? Wem nutzen die Waffenlieferungen am Ende mehr? Ehrlich gesagt, ich möchte nicht, dass wir auf Zeit setzen nach dem Motto: Na ja, dann haben wir eben zehn Jahre Krieg.

Guttenberg
Wir müssen in Szenarien denken. Von daher ist es richtig, immer wieder auch die Frage zu stellen: Sind Waffenlieferungen sinnvoll, ja oder nein? Wäre die Welt eine bessere ohne Waffen? Selbstverständlich. Aber sie ist keine Welt ohne Waffen. Wäre die Welt vielleicht eine bessere, wenn die Ukraine bereits in der Lage gewesen wäre, sich ohne Waffenlieferungen selbst zu verteidigen? Vielleicht wäre die Situation gar nicht so eskaliert, weil man Putin nicht das Gefühl gegeben hätte, er könne die Ukraine in zwei Tagen einnehmen. Darf von Deutschland aus nie wieder ein Krieg ausgehen? Da sind wir uns auch einig. Aber du bist strikt dagegen, dass Deutschland überhaupt Waffen liefert, richtig?

Gysi
Der schlimmste Krieg der Menschheitsgeschichte ging von Deutschland aus, mit 50 Millionen Toten. Und deshalb meine ich, wir dürfen uns nicht an Kriegen bereichern. Wir sind aber der fünftgrößte Waffenexporteur und verdienen an Kriegen, die in Libyen, in Syrien, im Irak stattfinden. Und die Bundesregierung zeigt sich immer erstaunt, dass man deutsche Waffen auf beiden Seiten findet. Da sind übrigens die USA in der Kontrolle viel schärfer als wir.

Guttenberg
Gewisse Waffenexporte sind kritisch zu sehen. Aber ich glaube, dass man doch unterscheiden muss zwischen Libyen und der Ukraine. Das ist ein himmelweiter Unterschied.

Gysi
Ich will gar nicht die Unterschiede leugnen. In mir ist aber die Einstellung gewachsen, dass wir keine Waffen exportieren sollten. Wir müssen ja uns das Geld nicht sparen, wir können das in humanitärer Hilfe bezahlen, was Frankreich an Waffen liefert. Aber wir haben eine andere Geschichte als die anderen Länder. Manche halten nun dagegen: Vielleicht sollten wir gerade wegen der Geschichte Waffen liefern.

Guttenberg
Da merkt man, dass wir beide unterschiedlichen Generationen angehören. Ich zähle zu denen, die uns wegen unserer Geschichte in einer besonderen Verantwortung zur Unterstützung der Ukraine sehen. Auch bei Waffenlieferungen. Und diese Haltung wird genährt durch eine steigende Erwartungshaltung der internationalen Gemeinschaft an uns, gerade weil wir versucht haben, uns den grauenvollen Kapiteln unserer eigenen Geschichte wirklich zu stellen und unsere Konsequenzen daraus zu ziehen.

Gysi
Sagen wir mal: inzwischen.

Guttenberg
Heute ist im Ausland die Erwartung eher: Ihr könnt euch nicht nur mit Berufung auf eure Geschichte aus jeder Verantwortung herausstehlen, sondern im Gegenteil – ihr habt die Verpflichtung, wenn es auf dieser Welt zu Menschenrechtsverletzungen kommt, nicht nur mit dem Finger auf die USA, auf England und Frankreich zu zeigen und zu sagen: »Macht ihr mal, unsere Geschichte erlaubt es uns nicht.« Aber ich habe Respekt vor deinem Hintergrund. Da sind wir verschieden groß geworden.

Gysi
Dass wir an Kriegen verdienen, lehne ich ab. Nicht bei der Ukraine, aber bei Libyen, bei Syrien, beim Irak und auch im Jemen. Und die Genehmigung von Waffenlieferungen an Saudi-Arabien ist nicht richtig. Ich habe immer respektiert, dass man eine andere Sicht haben kann. Wer jetzt für Waffenlieferungen ist, wird gern als Kriegstreiber bezeichnet. Das finde ich falsch, weil diese Leute ja auch Frieden wollen, auf einem anderen Weg. Wer wiederum für Waffenstillstand ist, wird als Putin-Knecht bezeichnet. Das finde ich genauso falsch. Man will eben auf verschiedenen Wegen den Frieden erreichen. Warum können wir nicht wenigstens im Bundestag einigermaßen fair miteinander umgehen? Ich behaupte doch nicht, dass die mit einer anderen Meinung den Krieg wollen. Aber sie dürfen auch nicht behaupten, dass ich einseitig Erfolge für Russland befürworte. Ich will einfach, dass der Krieg aufhört.

Guttenberg
Das sind teilweise sehr überschaubare Reflexe, die einem auch im Bundestag begegnen.

Gysi
Die AfD ist noch mal ein Sonderfall. Das Schlimme bei der AfD ist, dass viele denken: Die stellen sich gegen den Krieg. Aber allen Aufrüstungsbeschlüssen haben sie zugestimmt. Jedem Militäreinsatz der Bundeswehr im Ausland haben sie zugestimmt. Sie haben auch dem 100-Milliarden-Sondervermögen der Bundeswehr im Grundgesetz zugestimmt.

Viele wissen das gar nicht, viele denken, dass die AfD permanent gegen diese Entscheidungen stimmt. Was ein großer Irrtum ist.

Guttenberg

Im Herauswinden, wenn es um die öffentliche Meinung geht, ist die AfD mittlerweile meisterhaft.

Wir stellen gemeinsam fest, dass man bereit sein muss, sich gedanklich zu öffnen. Dass es wichtig ist, Positionen auszutauschen, ohne sofort in alte Abwehrreflexe zu verfallen. Die Kunst der Diplomatie ist nicht mehr ausgeprägt. Und es gibt nicht mehr viele, die auf der Welt die Glaubwürdigkeit als ehrliche Vermittler hätten.

Gysi

Wir sind verpflichtet, uns Gedanken zu machen: Wie kommen wir zu einem Ende? Unsere gemeinsame Regierung, egal, ob wir sie gewählt haben oder nicht, macht sich zu wenig Gedanken, wie man zu einem Ende kommt. Sie fragt sich stattdessen: Wie stehen wir da? Wie stehen wir gegenüber anderen Ländern da? Wie stehen wir gegenüber der eigenen Bevölkerung da?

Guttenberg

Das ist nicht nur ein Problem der Regierung, es ist auch ein Problem vieler Oppositionsparteien.

Gysi

Die Hoffnung, dass das Putin-Regime zusammenbricht, ist ziemlich irreal, zumindest nach den Informationen, die ich habe. Darauf soll man nicht setzen.

Fortsetzung des Gesprächs am 28.2.24

Gysi

Ich will wie folgt anfangen: Wir haben jetzt zwei Jahre Krieg in der Ukraine. Es ist ein furchtbarer Krieg. Russland hat die Ukraine völkerrechtswidrig angegriffen. Das kann man nur verurteilen, weil das Völkerrecht das Einzige ist, was kleinere Staaten vor größeren Staaten schützt. Hinzu kommt die Befürchtung, dass durch den Nahostkrieg, der auch furchtbar ist, der Krieg von Russland gegen die Ukraine etwas in Vergessenheit gerät. Auch gibt es nach zwei Jahren Abnutzungserscheinungen. Das Mitgefühl baut sich ab. Und das alles macht den Ukrainerinnen und Ukrainern natürlich Sorgen. Jetzt fehlt die Munition, die Lieferungen kommen nicht, der Kongress in den USA hält die entsprechenden Mittel auf.

Was ich bei unserem ersten Gespräch gesagt habe, gilt noch immer: Ich bin dafür, dass die Nato- und EU-Staaten darauf dringen müssten, so schnell wie möglich zu einem Waffenstillstand zu kommen. Hohe Militärs haben erklärt, dass die Ukraine nicht in der Lage sein wird, das Donbass-Gebiet oder die Krim zurückzuerobern. Wenn das militärisch nicht geht, muss man es in Friedensverhandlungen versuchen. Dazu braucht man aber Dritte, die Druck auf Russland ausüben können. Wenn wir das nicht machen und, was ich befürchte, Trump zum Präsidenten gewählt wird, wird der im nächsten Jahr einen Waffenstillstand oder einen Frieden herbeiführen, der katastrophale Folgen für die Ukraine hat. Deshalb müssen wir jetzt handeln.

Guttenberg

Ich teile, bevor ich widerspreche, zunächst mal deine Einschätzung, dass es ein verheerender, fürchterlicher Krieg ist, in dem weiterhin täglich Menschen abgeschlachtet werden und der den Zynismus aus Moskau in voller Strahlkraft zeigt. Ich bin allerdings wirklich im Zweifel, ob eine Initiative für einen Waffenstillstand zum heutigen Zeitpunkt von Erfolg gekrönt sein würde. Was du forderst, klingt zunächst einmal überzeugend: Man muss eine internationale Allianz aufbauen, deren Beteiligte Einfluss auf Russland ausüben können. Da kann ich nur sagen: Dieser Einfluss ist sehr beschränkt, was die Europäische Union betrifft, und noch beschränkter, außer er besteht in Drohungen, was die USA anbelangt. Es gibt eine gewisse Abhängigkeit Russlands, weil sie ja auch seine sanktionsbewehrten Exportmärkte verschoben haben, beispielsweise von China und von den anderen BRICS-Staaten. Aber genügt das?
Weshalb zweifle ich an dem Erfolg von Waffenstillstandsbemühungen? Ich sage es mal ganz einfach: Wladimir Putin muss sich nicht darauf ein-

lassen. Momentan läuft der Krieg, den er angezettelt hat, zu seinen Gunsten. Er kann abwarten bis zum 5. November 2024, wenn es Wahlen in den USA geben wird. Die Chancen sind relativ hoch, dass Donald Trump – die narzisstische Orangenhaut – plötzlich wieder an den Machthebeln sitzt und aus selbstsüchtigem Kalkül einen Friedensvorschlag machen wird, der vor allem darin besteht, dass die USA nichts mehr zahlt, mit den von dir richtigerweise vorhergesagten verheerenden Folgen für die Ukraine. Das wäre nicht nur für die Ukraine eine Katastrophe. Es wäre für ganz Europa eine Katastrophe. Ich sehe nicht einen einzigen plausiblen Grund, weshalb Wladimir Putin sich aktuell auf etwas einlassen sollte, das zu seinen Lasten gehen könnte, bei dem er also von dem, was er bereits eingenommen hat, Abstriche machen müsste. Und die Ukraine kann sich wiederum auf nichts einlassen, was die Aufgabe dieser russischen Eroberungen bedeutet. Ich wiederhole es noch mal: Ein Waffenstillstandsabkommen bis zum 5. November ist ziemlich illusorisch.

Gysi
Ich hatte meinen Vorschlag ja schon unterbreitet, als die Ukraine gerade gewisse Erfolge hatte. Wenn damals die Nato – natürlich in Abstimmung mit der ukrainischen Führung, anders geht es gar nicht – den Vorschlag unterbreitet hätte, wäre er erfolgversprechender gewesen als heute. Das stimmt. Trotzdem hindert uns nichts daran, ihn vorzubringen. Denn wenn Putin Nein sagte, sind wir moralisch noch gerechtfertigter als vorher. Meine Idee ist: Wir bieten innerhalb von 48 Stunden einen Waffenstillstand an, wir werden – vorübergehend! – keine Waffen mehr an die Ukraine liefern, wenn Russland mit einem Waffenstillstand einverstanden ist. Darauf folgen Friedensverhandlungen, an denen wir als Vermittler China, Brasilien, Indien, Südafrika beteiligen – denn diese Staaten können Russland unter Druck setzen, im Unterschied zu Macron und Scholz. Wenn Putin Nein sagte, sagte er indirekt: »Liefert mal weiter Waffen.« Dann setzte er sich noch mehr ins Unrecht. Wenn er Ja sagte, haben wir eine Chance.
Jetzt gibt es zwei Einwände. Erstens dass Russland die Pause zur Aufrüstung nutzt, um irgendwann einen großen Schlag gegen die Ukraine zu führen. Deswegen sage ich ja: nur vorübergehende Aussetzung der Waffenlieferung. Und bei den Friedensverhandlungen muss man zwei-

tens klarstellen: In dem Moment, wo Putin aufrüstet, rüsten wir auch die Ukraine auf. Außerdem übernehmen wir Sicherheitsgarantien. Eine Lösung könnte darin bestehen, dass die Ukraine kein Territorium aufgibt, aber dauerhaft hohen Autonomiestatus für das Donbass-Gebiet garantiert, dass die russische Sprache auch als Amtssprache wieder erlaubt wird, genauso wie selbstverständlich die ukrainische. Dass man doppelte Staatsbürgerschaften erlaubt für Menschen russischer Nationalität. Lauter solche Sachen. Das ist alles sehr kompliziert. Aber ich fände eine solche Initiative wichtig, mit der wir ernsthaft versuchen, den Krieg zu stoppen. Wenn wir das nicht machen, verlässt sich Putin – und da stimme ich dir wieder zu – auf den 5. November. Und dann könnte es eine Art von Frieden geben, der abenteuerlich wird, zum Nachteil der Ukraine. Und dann wird das Ganze für Europa insgesamt furchtbar – wie ich ja überhaupt die Gesamtentwicklung sehr negativ sehe, also die Entwicklung hin zum Rechtsextremismus, zum Nationalismus. Auch Trump ist Ausdruck davon. Ich glaube, es wäre nicht so einfach für Putin, Nein zu einem solchen Waffenstillstandsvorschlag zu sagen. Man kann es doch versuchen!

Guttenberg
Ich glaube, es ist einfach für ihn, Nein zu sagen, weil er mit seiner Haltung außerhalb der sogenannten westlichen Staaten wachsende Zustimmung erfährt und die Zustimmung sich auch daraus nährt, dass viele das Versagen des Westens und gerade der USA mit einer gewissen Schadenfreude betrachten. Von daher ist der Druck, der aus den nichtwestlichen Ländern kommen wird, wirklich sehr überschaubar. Putin wird sich nicht auf das einlassen, was du gerade skizziert hast. Dass man über ein Autonomiestatut spricht, ist gar nicht das, was er will. Sein Ziel ist ein vollkommen anderes.
Wenn wir aber einfach mal die Hypothese weiterspinnen, es käme tatsächlich zu so einem Vorschlag, und Putin ließe sich tatsächlich darauf ein – man könnte ihm keine halbe Minute Vertrauen schenken. Er hat viele grundlegende Abkommen einfach in die Tonne getreten. Das haben wir mit Georgien erlebt, das haben wir ab 2014 mit der Ukraine erlebt, mit einer wahren Lügenkaskade. Die Abkommen seit Minsk I waren das Papier nicht wert, auf dem es geschrieben wurde. Deswegen

bin ich wirklich sehr skeptisch. Ich bin bei dir, es gab auch Momente, da fehlte es an der Kraft, im Westen Einigkeit herzustellen und die anderen Starken mit ihren eigenen Interessen mit ins Boot zu bekommen. Und dazu zählt insbesondere China.

Gysi

Ich stimme dir zu, dass Minsk II nicht eingehalten wurde, auch von der Ukraine nicht. Das Abkommen beinhaltete, dass das Donbass-Gebiet für autonom erklärt wird. Das haben die Ukrainer nicht gemacht, und darauf bezieht sich Putin immer wieder. Zu Beginn des Krieges hat Selenskyi noch gesagt, wir können über den Status des Donbass neu sprechen. Aber da war es natürlich zu spät. Es gab ein interessantes Interview mit Gerhard Schröder, wie auch immer man zu ihm steht. Schröder behauptet darin, dass Selenskyi ihn kurz nach Beginn des Krieges gebeten habe, gegenüber Russland zu vermitteln. Und dann habe Selenskyi den heutigen Verteidigungsminister nach Istanbul geschickt, und Russland war dort durch einen Gesandten vertreten. Und die hätten sich verständigt: Der Donbass bleibt bei der Ukraine, aber erhält Autonomie, Russisch wird als Amtssprache anerkannt und diese Dinge. Und dann, behauptet zumindest Schröder, sei das nicht an Putin und auch nicht an Selenskyi gescheitert, sondern an Joe Biden. Der US-Präsident habe, meint Schröder, den Angriff Putins nutzen wollen, um Russland dauerhaft zu schwächen. Wenn er sich das wirklich gedacht haben sollte, wäre das inhuman, weil er ja weitere Tote und Verletzte in Kauf genommen hätte. Aber vor allen Dingen ist diese Rechnung nicht aufgegangen, denn die Russen haben sich mit China verbündet, BRICS wird erweitert, sie haben andere Handelspartner gefunden.

Was mich stört, ist das mangelhafte geopolitische Denken bei unserer Regierung und auch bei der US-Regierung. Dabei ist geopolitisches Denken die erste Pflicht von Regierungen.

Guttenberg

Es ist die erste Pflicht für jeden, der heute in einer Gesellschaft Verantwortung trägt, weil Geopolitik inzwischen überall hineinragt.

Zu Gerhard Schröder: In dem Moment, wo Schröder über sein Verhältnis zu Russland und sein Verhältnis zu Moskau spricht, hält sich einfach mein Glauben an seine Aufrichtigkeit in sehr, sehr, sehr messbaren Grenzen.

Gysi
Das verstehe ich. Aber der jetzige Verteidigungsminister der Ukraine hat dem nicht widersprochen.

Guttenberg
Ja, das mag schon sein. Wir werden noch sehr viele Fassungen dieser Gespräche zu hören bekommen. Die Selbstbeweihräucherung Schröders ist wirklich atemberaubend. Er ist ja tatsächlich nach Moskau gefahren. Und wenn alles sich so zugetragen hätte, wie er berichtet, hätte man eigentlich auch ein Ergebnis sehen müssen. Aber Schröder hat einfach nichts, null Komma gar nichts, erreicht. Ich halte diese Geschichte, dass Biden das Blut an seinen Händen haben soll, derweil der Angriffskrieg von Putin ausging, für ein Märchen. Da muss man mit echten, satten Belegen arbeiten. Das werfe ich jetzt nicht dir vor, sondern das sage ich in Richtung Schröder. Ich bezweifle, dass es dieses Momentum am Beginn des Krieges wirklich gegeben hat. Das Kriegsziel Putins am Anfang des Krieges war ganz klar, die gesamte Ukraine zu übernehmen – und dann soll er sich nach ein paar Tagen zufriedengeben mit einem Autonomiestatut für den Donbass? Das glaube ich einfach nicht. Die letzten zwei Jahre haben gezeigt, dass das nicht stimmen kann. Putin will die angeblich verletzte russische Seele und sein diktatorisches Denken gepampert haben. Er muss mit einem Erfolg nach Hause kommen. Und dazu reicht es nicht, auf den Stand zurückzufallen, den er sich 2014 völkerrechtswidrig genommen hatte.

Gysi
Putin denkt imperialistisch, weil er glaubt, und das will er uns allen klarmachen, dass nur er für die Länder der ehemaligen Sowjetunion zuständig ist. Nicht wir. Nicht die USA. Einzige Ausnahme, das erkennt er an, nach meinem Eindruck, sind Estland, Litauen und Lettland. Die sind auch schon in der Nato. Und da war das mit der Zugehörigkeit zur Sowjetunion ja immer schwierig. Aber bei der Ukraine, bei Georgien, bei Belarus, Moldawien, da sieht er das überhaupt nicht ein.

Trotzdem gab es vor Kriegsbeginn einen zentralen Fehler des Westens, und zwar auch von Scholz. Putin rief im Dezember 2021 Biden an und sagte, er wolle mit ihm über die Ukraine reden. Das hat Biden abgelehnt. Das haben Macron und Scholz erfahren – und nichts unternommen. Das muss ich Angela Merkel lassen: Wenn die das erfahren hätte, wäre sie sofort nach Moskau geflogen und hätte versucht zu deeskalieren. Das haben die beiden nicht gemacht. Ich verstehe nicht, warum, selbst wenn es keine guten Erfolgsaussichten gab, versuchen muss man es trotzdem.

Guttenberg
Zu jener Zeit gab es noch Kommunikationskanäle zwischen den beiden Hauptstädten. Dass Biden nicht erfahren hat, was Putin wollte, bloß weil er nicht direkt mit ihm gesprochen hat, nehme ich nicht an.
Und was Angela Merkel anbelangt: Sie wäre möglicherweise in ihrer Amtszeit zur Deeskalation nach Moskau gefahren. Ich bin aber schon erstaunt, dass man in den letzten zwei Jahren von ihr so gut wie gar nichts mehr gehört hat, obwohl sie ja in unterschiedlichsten Lagern einen gewissen Respekt erfahren hat. Möglicherweise hat sich das jetzt wegen ihres Schweigens gelegt.

Gysi
Wahrscheinlich wird sie Scholz gefragt und gesagt haben: Ohne deinen Willen und gegen deinen Willen mache ich das nicht. Kann sein, muss nicht sein. Können wir sie beide mal fragen, wenn wir sie sehen.

Guttenberg
Vorhin hast du das Bild gezeichnet, dass Russland im Grunde eher der Gewinner dieses Krieges ist.

Gysi
Gewinner würde ich nicht sagen.

Guttenberg
In der Tat. Es sind Dinge eingetreten, die Russland immer verhindern wollte: Schweden und Finnland sind nun Mitglieder der Nato. Und Pu-

tin zielte darauf ab, dass die Europäische Union über der Ukrainefrage auseinanderbricht – das hat nicht stattgefunden.

Gysi

Das hast du völlig recht. Ich sage bloß: Unser Ziel, dass Russland wirtschaftlich so geschwächt wird, dass es der Bevölkerung schlecht geht, dass aufständische Zustände entstehen, wurde nicht erreicht. Und dass es weltweit isoliert wäre, ist auch nicht eingetreten. Im Gegenteil, der Süden organisiert sich neu. Das ist ja für mich einer der aktuell spannendsten Vorgänge, dass wir eine Blockbildung des Südens erleben. Darauf war der Westen nicht vorbereitet.

Guttenberg

Weil wir nie verstanden haben, dass sich viele dieser Staaten von uns so lange bevormundet fühlten. Da waren wir blind.
Du hast die relativ ruhige Lage innerhalb Russlands angesprochen. Dabei darf man natürlich nicht vergessen, dass Widerstand mit absoluter Brutalität niedergehalten wird. Diese Brutalität hat sich in besonderer Weise gezeigt, als der letzte nennenswerte Oppositionspolitiker, der wieder nach Russland zurückgekehrt ist, Alexej Nawalny, in einem arktischen Horrorgefängnis zu Tode kam. Ich bin der Meinung, das darf man einen Mord nennen.
Zwei Aspekte, über die ich gern mit dir diskutieren würde. Was bedeutet diese Ermordung Nawalnys? Ich habe meine Zweifel, dass daraus eine starke Oppositionsbewegung erwachsen wird, weil die Repression sehr stark ist. Und es ist extrem schwer, den Widerstand außerhalb Russlands zu organisieren. Das war einer der Gründe, weshalb Nawalny zurückgegangen ist. Zum Zweiten sind die Menschen in Russland durch die Medienbeeinflussung fast einer Hirnwäsche unterworfen worden, sodass sie Nawalny eher als Feind der Stabilität ihres Landes gesehen haben.
Es gibt aber trotzdem ein winziges Stück Hoffnung bei mir. Woher rührt das? Es rührt aus seinem letzten Video, in dem Nawalny das getan hat, was er in den Jahren seiner Haft immer wieder gemacht hat: Er hat gelächelt, er hat sogar gelacht. Das gibt mir Hoffnung. Es war wahrscheinlich seine wirkungsvollste Form des Widerstandes. Diktatoren haben Angst, sogar oder besonders vor einem einfachen Lächeln.

Gysi
Wenn man jemanden aus politischen Gründen ins Gefängnis sperrt, ist das schlimm. Das kenne ich aus meiner eigenen Geschichte. Wenn er darin umkommt, trägt dafür immer die Führung die Verantwortung. Und wenn man die Wärter dieses Gefängnisses auch noch auszeichnet, ist das ein unbeschreiblicher Hohn.

Diktatoren haben immer Angst. Es ist jedoch falsch zu glauben, dass sie permanent Menschenrechte verletzen wollen. Das stimmt in der Regel nicht. Sie wollen ja, dass die Bevölkerung zufrieden ist mit ihnen. Sie verletzen die Menschenrechte dann, wenn sie glauben, dass ihre Macht gefährdet ist. In Russland reagiert man in erster Linie – nehmen wir das Beispiel der Proteste gegen den Zaren – bei Hungersnöten. Und Putin sorgt dafür, dass das nicht passiert. Es gab in der Zeit von Gorbatschow erstmalig in dieser Form in Russland eine politische Auflehnung, in der es um Freiheitsrechte, um Demokratierechte ging. Das lag aber daran, dass Gorbatschow diese selbst angeboten hatte, und dann wurden sie aber nicht konsequent verwirklicht, sodass viele dafür auf die Straße gingen. Putin hat in gewisser Hinsicht das alte Zarenreich wieder eingeführt. Und da die alten Generationen diese Art noch kennen, so ist mein Eindruck, entwickeln sie keine Zweifel daran. Es sei denn, der Zar sorgt dafür, dass sie hungern. Hinzu kommt die völlige Einseitigkeit der Medien.

Putins Sorge besteht darin, dass ein Nawalny eine Wirkung erzielt, die er nicht beherrschen kann. Und deshalb stellt er sich so gegen ihn und eben auch gegen mögliche Trauerfeiern. Die könnte man doch einfach laufen lassen. Da kommen ja keine Hunderttausend Menschen.

Putin wird jetzt Wahlen durchführen. Bestimmte Leute lässt er nicht zu. Andere braucht er als Gegner nicht zu fürchten. Trotzdem wird er wieder sagen: Seht her, ich mache Wahlen. Und wahrscheinlich wird er auch durch eine Mehrheit gewählt.

Guttenberg
Das Ganze ist aber eine Farce.

Gysi
Ob wir da die realen Zahlen erwarten können oder ganz andere? Da habe ich auch meine größten Zweifel. Bloß es ändert nichts daran: Wir haben Russland unterschätzt. Trotz seiner wirtschaftlichen Schwäche ist es nach wie vor eine Weltmacht.

Guttenberg
Was mich bewegt: Ob es einen Kippmoment gibt, ab dem Putin vielleicht doch Widerstand aus der Bevölkerung fürchten müsste, als Konsequenz seiner Kriegsführung, weil er mehr und mehr Menschen in den Tod schickt.

Gysi
Deine Hoffnung.

Guttenberg
Noch kann er auf viele Menschen zurückgreifen. Aber er holt sich nicht die jungen Leute aus Moskau und Sankt Petersburg, sondern er geht in die Provinzen, ins absolute Niemandsland und verheizt – ich sage das in aller Härte – diese jungen Männer als Kanonenfutter. Auch das ist ein Beispiel seiner Menschenverachtung, bei der es nur um den Machterhalt geht. Natürlich hat er viel mehr Möglichkeiten als die Ukraine, Menschen und Material an die Front zu schicken. Aber da könnte etwas hochkochen. Und das fürchtet er natürlich. Wir haben über seine Angst gesprochen. Das nährt seine Angst.

Gysi
Wir haben ja einen anderen Putin erlebt, als er noch bei G8 dabei war. Sogar Friedrich Merz hat zu Recht gesagt, nachdem der russische Präsident 2001 seine Rede im Bundestag gehalten hatte: Da hat Putin auf alles hingewiesen, auch auf die Defizite – und der Westen ist nicht darauf eingegangen. Damals hätte man noch gemeinsame Lösungen erreichen können – was der Westen meinte, nicht nötig zu haben. Weil man am Ende des Kalten Krieges nicht aufhören konnte zu siegen. Die im Westen dachten, sie hätten das alles wunderbar geregelt. Und das stimmt schon nicht bei der deutschen Einheit. Das stimmt auch nicht

im Verhältnis zu Russland. Und es stimmt nicht im Verhältnis zum Süden. Das ist immer so im Leben: Wenn du gewinnst, besteht die Gefahr, dass du dich irgendwie besoffen siegst und nicht aufhören kannst.

Guttenberg
Ich habe ja einen langen Film über Putin gedreht, und dazu haben wir sehr genau recherchiert, was der Westen angeboten hat – bis hin zu Kooperationen mit der Nato, die brüsk von Moskau abgelehnt wurden, auch von Putin. Heute erzählt er die Geschichte ganz anders. Auch dieses ewige Märchen von den schriftlichen Versprechungen, was die Nato-Osterweiterung anbetrifft – es wurden sicher Fehler von westlicher Seite gemacht, aber so wie die Geschichte heute aus Moskau erzählt wird, stimmt sie nicht.
Ich möchte noch zwei Themen kurz ansprechen, die wir bald vertiefen. Muss Deutschland kriegstüchtig werden, ja oder nein?

Gysi
Ich finde, dass Deutschland verteidigungstüchtig werden muss. Unsere Bundeswehr muss immer in der Lage sein, bei einem Angriff auf unser Land es zu verteidigen. Kriegstüchtig klingt danach, als ob wir unsere Bundeswehr nach Afrika, Asien, Lateinamerika schicken können – und sie soll dort Kriege führen können. Die Vokabel bringt Leute durcheinander, und deshalb finde ich sie falsch.

Guttenberg
Widerspruch von meiner Seite Wir neigen hierzulande zur semantischen Verhuschtheit, die die Menschen mehr durcheinanderbringt als alles andere. Was ist ein Verteidigungsfall anderes als ein Kriegsfall? Wenn wir uns verteidigen müssen, sind wir im Krieg.

Gysi
Wenn ich sage »kriegstüchtig«, kann ich auch meinen, dass ich selber den Krieg auslöse. Wenn ich sage »verteidigungstüchtig«, kann ich nur meinen, dass ich indirekt kriegstüchtig bin, wenn ich angegriffen werde. Und das würde ich zum Ausdruck bringen.

Guttenberg
Das verstehe ich. Ich denke trotzdem nicht, dass irgendjemand bei uns sich wegen eines solchen Wortes gedrängt fühlen könnte, in eine offensive Kriegshandlung einzutreten. Ich halte »kriegstüchtig« – da sind wir auseinander – für einen Begriff, der eine Art Weckruf ist, den wir dringend brauchen, um die Bundeswehr neu aufzustellen. Aber wie gesagt, streiten wir ein anderes Mal darüber. Zweiter Gesichtspunkt: Manche befürchten, dass Europa als Teil der Nato ab diesem Herbst, wenn Trump wieder Präsident sein sollte, plötzlich nicht mehr den nuklearen Schutzschirm der Vereinigten Staaten genießt. Ist das gut oder schlecht?

Gysi
Trump hat wohl nicht die Möglichkeit, sich wirklich dieser Schutzfunktion zu entziehen. Er wird es versuchen, aber da gibt es genügend Kräfte in den USA, vor allen Dingen im Militär, die das nicht zulassen werden. Wir haben wahrscheinlich einen unterschiedlichen Standpunkt zu den US-Atomwaffen in Deutschland, und das will ich auch kurz erklären. Wenn es wirklich zu einem Dritten Weltkrieg käme, muss Russland ja als Erstes versuchen, die Atomwaffen bei uns zu vernichten, damit sie nicht gegen Russland eingesetzt werden können – und dann bleibt von uns nichts übrig. Die Vorstellung, dass das unsere Sicherheit erhöhte, die du wahrscheinlich auch hast, wie übrigens auch Sigmar Gabriel von der SPD, habe ich nie verstanden, weil ich denke, dass wir viel eher zu einem Angriffsziel werden, wenn bei uns solche Atomwaffen stationiert sind.

Guttenberg
Wir sind nicht das erste Ziel, denn im schrecklichen Falle eines Nuklearkrieges würden Langstreckenwaffen teilweise schneller sein, bevor überhaupt ein Flieger in der Luft ist, der aus Büchel in der Eifel die Waffen dorthin transportiert, wo sie abgeworfen werden sollen. Wir sind nicht zwingend erstes Ziel. Ich finde, Nuklearwaffen sind grauenvoll. Aber in der aktuellen Weltlage wird es ohne nukleare Teilhabe nicht gehen.

Gysi
Meinst du wirklich, Russland hat Angst vor uns, weil bei uns amerikanische Atomwaffen lagern?

Guttenberg
Es geht nicht um Angst vor uns, und jetzt hast du dir ja fast selbst widersprochen. Es geht darum: Haben sie Angst davor, einen Nuklearschlag durchzuführen, weil der Westen tatsächlich zurückschlagen könnte?

Gysi
Ich habe mal einen Bericht des israelischen Geheimdienstes gelesen. Darin wurde genau ausgerechnet: Wenn es wirklich zu einem atomaren Weltkrieg kommt, bleibt von den USA nichts übrig. Von Russland bleibt angeblich ein Stück Taiga übrig. Keine Menschen. Aber so ein paar Bäume und ein paar Tiere, die sich dann wieder neu entwickeln können. Das Szenario ist so schrecklich, dass ich darüber gar nicht nachdenken will. Ich hoffe, auch wenn wir schon Verrückte in der Politik haben, dass die Leute diesen letzten Schritt doch nicht gehen werden.

Guttenberg
Schreckliche und schwierige Themen hatten wir heute, die aber dringend immer wieder diskutiert werden müssen. Ich bin froh, dass wir es tun, ohne uns an den Kragen zu gehen, weil wir viel Respekt vor der jeweils anderen Meinung haben. Heute haben wir bei einigen Punkten auseinandergelegen. Das ist auch gut so – so soll es auch sein.

Gysi
Ja!

»Ich dachte ja immer, ich bin dein Vorbild. Aber das scheint gar nicht zu stimmen.«

Idole und Vorbilder

Gysi
Heute beschäftigt uns die Frage, wozu wir Vorbilder brauchen und was die bei uns verändern – negativ wie positiv. Aber vorher frage ich dich, lieber Karl-Theodor zu Guttenberg, ob du irgendein absonderliches Erlebnis in der letzten Woche hattest, von dem du uns erzählen kannst.

Guttenberg
Absonderlich nicht, aber schön. Ich war vergangene Woche in einem Konzert von Bruce Springsteen. Ich weiß nicht, ob der dir was sagt ...

Gysi
Ja, selbstverständlich.

Guttenberg
Jetzt habe ich doch den jungen Gregor erwischt, der tatsächlich einen Rockstar kennt. Obwohl Springsteen faktisch nur zwei Jahre jünger ist als du, er ist 73.

Gysi
Der hat sogar einmal die DDR besucht.

Guttenberg
Das war 1988 beim Konzert in Weißensee, oder?

Gysi
Ja, das war spannend.

Guttenberg
... und jetzt trat er mit seiner legendären E Street Band in München im Olympiastadion auf. Kleiner macht er es ja mittlerweile nicht mehr. Da waren viele, viele zehntausend Zuschauer. Und mancher davon hat sicher Bruce Springsteen zum Vorbild.

Gysi
Warum suchen sich viele Menschen ein Vorbild? Früher hätte man gesagt: ein Abgott, eine Ikone, ein Götzenbild, ein Held. Aber bleiben wir bei Vorbild. Ich glaube, das liegt daran, dass man sich irgendwie orientieren will, dass man sagt: Ich möchte vielleicht so werden wie er oder sie. Das kann erst mal etwas Positives sein. Aber auch Verbrecher oder Terroristen haben Vorbilder.
Wann hattest du das erste Mal ein Vorbild, bei dem du dir gesagt hat: So möchte ich eigentlich werden?

Guttenberg
Kurz ein Gedanke: Vorbilder zu haben, ist wahrscheinlich etwas höchst Menschliches. Die Frage ist: Wird man später von Vorbildern gelenkt, also von einem Gedanken an Vorbilder? Oder wird es etwas, das man sich situationsbedingt aussucht? Ich neige eher zu Letzterem. Ich wüsste nicht die drei Persönlichkeiten, die ich als meine großen Lebensvorbilder bezeichnen würde. Zu deiner Frage: Wahrscheinlich ging es mir wie fast jedem Kind, das das Glück hat, liebevolle Eltern zu haben, und sieht, wie die sich im Tagesablauf bewegen, wie sie ihr Leben meistern. Das erste Vorbild, das sich im Leben herausbildet für ein Kind – wir Menschen sind ja im Gegensatz zu vielen Tieren zunächst einmal nicht sofort allein lebensfähig –, sind im Zweifel die Eltern. Ich habe keinen älteren Bruder gehabt. Bei mir wurde der Vater zum Vorbild, bei dem ich groß geworden bin. Und das zu einem Zeitpunkt, an

dem einem die Schwächen der eigenen Eltern noch gar nicht so bewusst werden. Das geschieht dann meistens später, manchmal mit entsprechender Wucht. Bei mir hat sich das Vorbildhafte des Vaters später durchaus relativiert, sosehr ich meinen Vater geliebt habe bis zum Schluss.
Dann gibt es einen Zeitpunkt, da man als Kind beginnt, ein Vorbild in einem Fußballspieler zu sehen oder in einem Helden aus einer Abenteuergeschichte: Karl May habt ihr im Osten ja auch gelesen, oder? Old Shatterhand! Andere haben sich für Winnetou entschieden, aber heute darf man sich ja nicht mehr für Winnetou entscheiden, ohne sofort Ärger zu haben.

Gysi
Ich glaube, dass für viele Kinder die Eltern die ersten Vorbilder sind. Es ist gar nicht ungewöhnlich, es sei denn, man hat eine schreckliche Kindheit. Dann natürlich nicht. Und auch bei mir war mein Vater in gewisser Hinsicht mein erstes Vorbild. Das gab sich mit der Ehescheidung. Trotzdem blieb er immer ein von mir sehr geschätzter und geachteter Mensch. Später hatte ich Vorbilder wie Albert Schweitzer, Gandhi und vor allen Dingen Nelson Mandela. Und ich weiß auch, warum: weil die etwas konnten, das ich nicht kann. Mandela war die Großzügigkeit in Person. 27 Jahre unschuldig gesessen – ich könnte danach nicht so verzeihen wie er. Schweitzer hat sich eingesetzt für die Menschen in der sogenannten Dritten Welt und ganz vieles ermöglicht. Gandhi hat versucht, uns Frieden zu predigen, durch seine eigene Art zu leben. Viele Menschen suchen sich Vorbilder nach dem Motto, dass die etwas können, was sie selbst nicht können, um auch ein bisschen eigene Mängel infrage zu stellen. Hattest du solche Vorbilder wirklich nicht, sondern immer nur situativ?

Guttenberg
Du hast einen wichtigen Hinweis gegeben: Das berührt die Unerreichbarkeit. Jemand hat mal den Spruch gebracht: »Menschliche Vorbilder sind wie Geschwindigkeitsbegrenzungen. Sie werden gesehen, aber selten befolgt.« Das war eine wunderbare Beschreibung. Also, ich hatte wechselnde Vorbilder, und ich bin überrascht, dass nach deinem Vater

sofort Gandhi, Mandela und Schweitzer Einzug gefunden haben. Denn in der Jugend, gerade in der männlichen Jugend, hat man ja manchmal vollkommen absurde Idole.

Gysi
Natürlich die Beatles. Meine Vorstellung, dass ich so spielen und singen könnte, das war schon eine gewaltige Kraft.
Komischerweise habe ich zwar Sportler bewundert für ihre Leistung, aber die waren für mich nicht Vorbilder, weil ich dachte: immer dieses Gehetze und was die sich anstrengen müssen ... Das war nicht so mein Stil.

Guttenberg
Die Vorbilder, die du nennst, unterscheiden sich nicht unerheblich von vielen, die heute in der Jugend nach oben gehoben werden. Gemäß Definition bedeutet »Vorbild«, dass man jemandem eine schwärmerische Verehrung zuteilwerden lässt. Wir beiden neigen, glaube ich, nicht zu schwärmerischer Verehrung – wobei, ich habe sie gegenüber meinen beiden Töchtern. In meiner Jugend habe ich das Schwärmerische ein bisschen gehabt, danach hat sich das gänzlich erschöpft.
Und um ein bisschen ernster zu werden: Mich haben immer Menschen fasziniert, die es geschafft haben, ihrem Leben ein Stück Schwere zu nehmen. Die es geschafft haben – nachdem ich selbst meine bitteren Erfahrungen an der einen oder anderen Stelle machen musste –, sich ein Höchstmaß an Gelassenheit, Menschenfreundlichkeit zu bewahren, obwohl sie aufs Härteste angegriffen wurden.
Wir beide sind öffentliche Figuren, du bist es immer noch sehr, ich bin es wieder bis zu einem gewissen Punkt. Das klingt für manche vorbildhaft, hat aber natürlich auch viele Schattenseiten und bringt gleichzeitig den Umstand mit sich, dass jeder kleine und größere Fehler, den man macht, Gewicht bekommen kann. Und so haben mich Menschen immer fasziniert, die sich in der Gegenwart am wohlsten gefühlt haben. Die sich nicht von ihrer Vergangenheit haben treiben lassen. Die nicht nur von Ängsten getrieben waren in ihren nächsten Handlungen, sondern die fröhlich bleiben. Und da bin ich wieder beim Situativen: Manchmal fällt einem einer in besonderer Weise auf, der mag ganz

andere Schwächen haben ... Jetzt sage ich schon wieder »der«. Das ist doch auch ganz interessant. Wir Männer neigen wahrscheinlich mehr als Frauen dazu, uns lediglich Vorbilder im eigenen Geschlecht zu suchen. Oder liege ich da falsch?

Gysi
Nein, das ist im Prinzip richtig. Obwohl ich natürlich Rosa Luxemburg, Clara Zetkin, Mutter Teresa und solche Frauen immer sehr geschätzt habe. Aber es gibt unterschiedliche Vorbilder für Frauen und für Männer. Für die Frauen hat es oft eine emotionale Seite. Für uns ist immer wichtig, dass er doch ein Held ist. Dass er lauter Dinge kann, die wir nicht können, egal, auf welchem Gebiet. Ich kann mir zum Beispiel vorstellen, dass für viele früher Michael Jackson ein Vorbild war oder davor Elvis Presley oder auch eben Franz Beckenbauer als hervorragender Fußballer. Aber das sind alles männliche Figuren, und die Frauen sind erst dabei, auch diese Rollen zu übernehmen, sie hatten andere.

Guttenberg
Hannah Arendt.

Gysi
Ja, zum Beispiel Hannah Arendt oder Marie Curie, das sind schon Vorbilder. Aber ich glaube, für die Frauen ist das Entscheidende, dass das Frauen sind, die es gegen den ganzen Widerstand der Kerle geschafft haben, sich durchzusetzen und die nicht aufgehört haben, weiblich zu sein. Übrigens war Rosa Luxemburg für viele ein großes Vorbild, weil sie eben sehr weiblich blieb und dennoch eine entschlossene Kämpferin war für Frieden und mehr Gerechtigkeit. Auch Clara Zetkin ist auf wieder ganz andere Art und Weise geschätzt worden. Wobei mich stört, ist aber ein anderes Thema: dass wir in Deutschland so ideologisch geprägt sind und nicht Persönlichkeiten schätzen von links bis rechts – außer selbstverständlich Stalinisten und natürlich Nazis, die kommen nicht infrage –, aber ansonsten könnten wir da lockerer sein. Was übrigens in Frankreich der Fall ist. Wir hatten nun mal Karl Marx. Es gibt aber keine Universität nach seinem Namen. Ich bitte dich!

Guttenberg
Es wurde eine Stadt nach ihm benannt, immerhin.

Gysi
Die ist wieder umbenannt worden. Eine Stadt ist mir auch gar nicht so wichtig. Aber eine Uni. Ich sage dir, wenn Karl Marx ein Franzose gewesen wäre, gäbe es acht Universitäten mit seinem Namen.

Guttenberg
Das wage ich zu bezweifeln.

Gysi
Aber ich zweifle keine Sekunde. Meinetwegen auch nur vier. Und das würde deren konservativste Präsidenten überhaupt nicht stören. Sie haben eine andere Lockerheit als wir. Aber weißt du, was für mich interessant ist, wenn ich an die beiden denke, Engels und Marx? Ich schätze Marx, aber den Engels etwas mehr. Diese Lebenslust. Der konnte zur Ruhe kommen. Der konnte genießen. Und ich glaube, es wäre viel klüger, wenn ich mir nicht immer Leute zu Vorbildern nähme, wie ich nie werden kann. Es wäre viel rationaler und schneller und angenehmer, wenn ich eher Leute nähme, bei denen ich sagen kann: So kann ich auch werden.

Guttenberg
Es gibt einen guten Spruch: Ein gutes Vorbild muss so schlecht sein, dass man es auch erreichen kann.

Gysi
Es gilt übrigens das sogenannte Peter-Prinzip bei uns Männern, nicht bei Frauen. Dieses Prinzip besagt, dass nicht alle, aber viele Männer dazu neigen, unbedingt den Job zu erreichen, den sie nicht können.

Guttenberg
Glaubst du, das ist dir gelungen?

Gysi
Ich sage dir gleich, wie es mir gelänge. Aber das ist wirklich interessant. Sie sind vorher in einem Beruf, da sind sie gut, wirklich gut, auch zufrieden, und plötzlich reicht es ihnen nicht mehr. Und dann müssen sie eine Stufe höher. Das beherrschen sie aber nicht, und dann werden sie unglücklich.

Guttenberg
Und da sind Frauen klüger als wir Männer?

Gysi
Ja. Kannst du mir mal psychologisch erklären, woran das liegt? Ich zum Beispiel möchte nicht Generalsekretär der UNO werden, schon wegen meines schlechten Englischs nicht. Man muss immer wissen, was geht, was man kann und was man nicht kann. Wieso wissen so viele Männer das nicht?

Guttenberg
Ich glaube, dass bei den Frauen eine gesunde Selbsteinschätzung viel höher ausgeprägt ist als bei uns. Und wir neigen ja evolutionär oder wahrscheinlich atavistisch dazu zu gockeln. Das ist natürlich eine aus dem Ärmel geschüttelte und wissenschaftlich keineswegs belegte These.
Aber was ich immer wieder feststelle: Wenn ich mit Frauen über Vorbilder oder über Menschen rede, die man auf ein gewisses Plateau heben will, ist bei ihnen die Neigung viel ausgeprägter, nicht nur die Leistung allein zu sehen. Uns kommt oft dieses Leistungsgetriebene dazwischen, aber die sehen den Menschen hinter der Person.
Wir haben aber insgesamt schon eine Neigung zu verehren. Ich habe in der eigenen Familie diese Erfahrung gemacht, und ich glaube, in deiner ist es ähnlich. Wir beiden hatten Vorfahren in der Familie, die sich im Widerstand gegen das Naziregime engagiert haben, und die wurden in der nächsten Generation zu Helden stilisiert. Natürlich waren das enorm mutige Menschen. Auch eine Rosa Luxemburg war sicherlich sehr mutig – auch wenn sie für mich in vielerlei anderer Hinsicht kein Vorbild ist. Aber bei uns glaubte man fast, es mit Übermenschen zu tun

zu haben. Dabei ist klar: Diese Menschen werden viel mehr zu wirklichen Vorbildern, wenn man sie Mensch sein lässt, mit ihren ganzen Schwächen, auch mit ihrem Scheitern. Das sind keine vorgeblichen Übermenschen. Wir tun uns in Deutschland generell schwer, mit dem Begriff »Held« umzugehen, der fraglos durch die Nazizeit belastet ist. In den USA tut man sich viel leichter, da ist sofort jeder ein »Hero«.
Die Vorbilder der jungen Generation unterscheiden sich heute zudem sehr von der Zeit, als wir jung waren. Vorbilder werden heute noch mal zusätzlich, wie man neudeutsch sagt, gepusht durch soziale Medien. Kim Kardashian, Beyoncé, die Influencer? Viele dieser sogenannten Vorbilder sind für die jungen Menschen unerreichbar. Trotzdem streben junge Menschen auch den perfekten Körper an, indem sie abnehmen bis zu einem Punkt, an dem sie magersüchtig werden können. Dass sich selbst Jugendliche bereits Schönheitsoperationen unterziehen, ist nachgerade absurd. Das ist die Kehrseite der neuen Medien, dass sie völlig irreale Bilder zeichnen und eine Traumwelt schaffen, aus der das Entkommen immer schwieriger wird.

Gysi

Das stimmt. Magersucht, Schönheits-OP, auch Drill zur Höchstleistung, Realitätsverlust ... Vorbilder können nützlich sein, wenn sie den Menschen leiten, wenn sie dazu führen, dass er bestimmte Dinge korrigiert und sagt: Da bin ich den falschen Weg gegangen. In schwierigen Situationen kann man an das weibliche oder männliche Vorbild denken und sagen, er oder sie würde das doch jetzt so machen. Wenn das Nacheifern überzogen ist, zu Krankheiten führt oder wenn man Vorbilder wie Hitler oder andere Verbrecher hat, dann ist es die blanke Katastrophe.

Guttenberg

Ganz schlimm, wenn man unreflektiert Trittbrettfahrer von Charismatikern wird, egal, ob nun in der überpositiven oder in der negativen Variante. Mir wurde als Jugendlicher gesagt, wobei ich sehr behütet aufgewachsen bin: Suche nicht nur die Zufriedenheit in dem, was dir fehlt, sondern in dem, was du hast. Und das ist manchmal ein Hinweis, den man jungen Menschen, denen es gut geht, wohlgemerkt, geben muss.

Gysi
Und selbst jenen, denen es nicht ganz so gut geht. Das können wir noch nicht. Zum Beispiel sage ich den Alten immer, dass sie zu sich selbst geizig sind. Aber ich habe das ganze Bürgerliche Gesetzbuch gelesen, das hat über 2000 Paragrafen. Nirgendwo steht, dass man verpflichtet sei, alles zu vererben. Ich sage diesen Menschen: »Das ist ein Rechtsirrtum. Gönnen Sie sich etwas. Wenn dann Ihre Tochter und der Sohn schief gucken, müssen Sie sagen: Weißt du, wenn ich mir etwas gönne, bin ich zufriedener. Dann bin ich besser gelaunt, netter zu dir und den Enkelkindern. Unwiderlegbar!« Ich weiß, dass es Menschen gibt, die keine Möglichkeit dazu haben. Aber man sollte, wenn es irgendwie geht, versuchen, immer ein bisschen zu genießen.
Aber noch mal ein ganz anderer Gedanke: Vorbilder waren doch früher auch historische Größen. Zum Beispiel Karl der Große oder Kaiser Augustus. Das ist doch völlig weg.

Guttenberg
Na ja, was ist früher? Waren diese Figuren tatsächlich in deiner Jugend Vorbilder?

Gysi
Nein, viel früher. Das habe ich mal gelesen.

Guttenberg
Aber ganz früher haben sich ja Nachrichten nicht im Sekundentakt über elektronische Geräte verbreitet, wie das heute der Fall ist. Im Zweifel war es damals der Minnesänger, der durch die Lande zog. Und der hat nicht vom Vorbild aus dem Nachbardorf oder dem gleichen Dorf gesungen, sondern das Loblied auf den Herrscher. Und so mag das eine oder andere Vorbild entstanden sein. Das andere Vorbild wurde von der Kanzel herunter gepredigt. Ob immer nur klug war, was da kam? Wer weiß. Aber wenn du eine Woche im Bergwerk unterwegs warst und dann in einer strahlenden Kathedrale oder Kirche gestanden hast, und dann hat dir jemand was erzählt von den Übervorbildern wie Jesus Christus oder Augustinus oder anderen ... das war sicher mächtig.

Gysi
Jesus Christus war doch ein Vorbild, zumindest für alle Christinnen und Christen. Natürlich nicht für die Muslime und nicht für die Juden.

Guttenberg
Selbst dort wird er geachtet – als Prophet.

Gysi
Das stimmt. Ich will ja bloß wissen: War Jesus Christus für viele Christinnen und Christen das eigentliche Vorbild? Das könnte ich mir vorstellen.

Guttenberg
Ich bin ja sehr christlich aufgewachsen. Ich habe mich aber damit schwergetan, weil auch das wieder so eine Überfigur ist, bei der das Unerreichbare im Vordergrund stand. Und deswegen war diese Vorstellung fast ent-menschlicht, obwohl die Botschaft natürlich eine ganz andere ist. Aber wenn man als Kind damit konfrontiert wird, ist es schwer, in einer Figur wie Jesus Christus ein Vorbild zu sehen. Ich kenne aber andere, denen das sogar sehr so ging. Das hat natürlich auch etwas damit zu tun, dass man – klug oder unklug – in diese Richtung erzogen wird. Mir blieb das, wenn man so will, erspart. Boshaft gesagt: Die besten Vorbilder sind die Menschen, die uns in Nachrufen vorgestellt werden.

Gysi
Das ist allerdings wahr. Ich dachte ja immer, ich bin dein Vorbild. Aber das scheint gar nicht zu stimmen.

Guttenberg
Du arbeitest seit Wochen daran, dass ich endlich zu dir aufschaue.

Gysi
Und nicht länger von oben herab.

Guttenberg

Wir werden uns gegenseitig sicherlich nie als Vorbilder sehen. Ich tauge sowieso überhaupt nicht dazu. Aber wir dürfen anderen sagen: Erlauben Sie sich etwas, gönnen Sie sich Vorbilder, aber lassen Sie sie Menschen sein.

Gysi

Ja! Nicht übertreiben. Man muss nie identisch werden mit jemand anderem. Aber ein bisschen Orientierungshilfe kann man gelegentlich schon gebrauchen.

»Im Zweifel muss ich nie wieder mit ihm sprechen – aber an den Galgen habe ich ihn gehängt.«

Die Medien

Guttenberg
Wir sprechen heute über jene, die dafür da sind, Meinungen zu bilden, manchmal Meinung zu machen und gelegentlich auch über das Ziel hinausschießen: Wir nehmen die Medien unter die Lupe. Lieber Gregor, wie konsumierst du Medien – und welche?

Gysi
Wenn ich morgens aufstehe, schalte ich die ARD ein, das erste Programm, mache den Ton weg und gehe auf Texte, ab Nummer 104. Da stehen alle wichtigen Nachrichten, die ich lese. Dann mache ich das Fernsehgerät wieder aus.

Guttenberg
Du liest den archaischen, uralten Teletext, der in einer Form geschrieben ist, dass ihn junge Leute gar nicht mehr entziffern können?

Gysi
Da erfahre ich, was Selenskyi gestern Abend gesagt hat, was die russische Staatsagentur von Putin berichtet hat. Aber natürlich auch andere Dinge. Dann lese ich eine Boulevardzeitung aus Berlin – ich würde sie mal so bezeichnen, vielleicht sind sie da beleidigt –, das ist der Ber-

liner Kurier, dann lese ich die Berliner Zeitung. Und wenn ich ins Büro komme, bekomme ich einen Pressespiegel. Da sind die FAZ, Frankfurter Rundschau, Süddeutsche, Tagesspiegel, alles Mögliche drin, und das blättere ich durch und bleibe entweder hängen oder bleibe nicht hängen. Wozu ich kaum noch komme, das muss ich zugeben, ist, mir Tagesschau und heute anzusehen. Das passiert sehr, sehr selten. Ich halte das aber aus.

Guttenberg
Ich glaube, das kann man auch aushalten.

Gysi
Natürlich bin ich in den sozialen Medien aktiv, und zwar als Bundestagsabgeordneter, und Texte, die ich dort veröffentliche, auch bei Twitter, also X, sind immer von mir. Aber ich muss einräumen, dass ich nicht dazu komme, die Antworten zu lesen.

Guttenberg
Ich erinnere mich auch gut an unseren Pressespiegel, als ich noch in der Politik tätig war. Dessen thematische Vielfalt hielt sich sehr in Grenzen. Zu lesen war immer das, was politisch gerade en vogue war, und nicht die Breite der Themen, geschweige denn mal ein Artikel aus dem Feuilleton oder dem Wirtschaftsteil. Ich war nach meiner Zeit in der Politik froh, dass ich wieder einen Packen Zeitungen in die Hand nehmen konnte, weil ich es gern raschelnd habe und eine Zeitung durchforste. Aber ich hatte damals nicht die Zeit dafür.

Gysi
Als ich noch Fraktionsvorsitzender war, gab es so eine Tendenz, nur wohlwollende Artikel in den Pressespiegel zu nehmen. Da habe ich gesagt, das geht überhaupt nicht. Ihr müsst auch die Artikel aufnehmen, die gegen uns erscheinen, vor allen Dingen in wichtigen Medien, auch gegen mich. Das gehört dazu. Es gibt aber noch ein Phänomen, gerade was Medien betrifft. Die deutsche Gesellschaft ist gespalten, wie man sich das gar nicht vorstellen kann. Ich habe vorhin die Berliner Zeitung und den Berliner Kurier erwähnt. Das wird in Ostberlin gelesen, aber

nicht in Westberlin. In Westberlin werden der Tagesspiegel gelesen und die BZ. Es werden auch die FAZ, die Frankfurter Rundschau, die Süddeutsche im Osten kaum gelesen. Auch Der Spiegel oder der Stern sind nicht verbreitet, viel eher die SuperIllu. Die wiederum liest aber so gut wie kein Mensch im Westen.

Guttenberg
Es ist schon interessant, dass die beliebtesten Nachrichtenquellen immer noch die traditionellen Medien sind. Aber die sozialen Medien nehmen extrem an Fahrt auf, insbesondere bei den Jüngeren. Ich weiß das von meinen eigenen Kindern, da ist es nicht die Regel, dass man eine Zeitung in die Hand nimmt oder dass man sich eine digitale Ausgabe der Zeitung auf seinem Tablet anschaut, sondern da sind es die sogenannten Feeds, die kommen. Über Facebook, über Twitter, Instagram oder Tiktok. Aber die Problematik ist, dass das Angebot von Algorithmen mitbestimmt ist. Wenn man beispielsweise zweimal die politische Relevanz von Kloschüsseln näher betrachtet, kann es sehr gut sein, dass man künftig von politischen Texten über Kloschüsseln überschwemmt wird.

Gysi
Ein Gewinn ist ja, dass sich in den sozialen Medien jede und jeder äußern kann und nicht nur ein begrenzter Kreis. Das Problem ist nur, dass es anonym ist. Und dadurch, dass es anonym ist, gibt es überhaupt keine Beherrschung. Weder was Beschimpfungen noch was Hass, noch was Fremdenfeindlichkeit, Antisemitismus oder Rassismus betrifft. Es gibt überhaupt keine Grenzen. Unser Recht hinkt hinterher. Was Fernsehen, Rundfunk und Zeitungen angeht, gibt es ein ausgewogenes Recht. Von Unterlassung, Gegendarstellung bis Widerruf – aber das funktioniert bei den sozialen Medien alles nicht. Ich vertrete zum Beispiel eine Frau, über die viele Falschmeldungen von einem Mann veröffentlicht werden. Gehe mal dagegen vor! Das wirklich zu löschen, ist so schwierig, und unsere alten rechtlichen Mittel, also Ordnungsgeld oder Umwandlung in Ordnungshaft, funktionieren zum Teil nicht mehr, was ich bedauere. Also, liebe Juristinnen und Juristen, mal ein bisschen Tempo! Wir müssen einen Weg finden, um Social Media in ei-

nen besseren Rahmen zu setzen, nicht um die Freiheit einzuschränken, sondern um Hass, Beleidigungen, Verleumdung relativ rasch unterbinden zu können.

Guttenberg
Ein Rahmen, der auch ein höheres Maß an Transparenz zulässt, was das Funktionieren der Algorithmen anbelangt. Da kann wirklich sehr viel Schindluder getrieben werden. Es gibt allerdings ein paar Ausnahmen. Nicht alles ist anonym, was auf Social Media läuft. Ich veröffentliche beispielsweise sehr regelmäßig auf der Plattform LinkedIn, da muss man seinen Lebenslauf und seinen Klarnamen angeben. Dort finden vergleichsweise gesittete Diskussionen statt. Natürlich ist da auch mal ein Idiot dabei, aber der wird meistens von der sogenannten Community eingefangen. Ich finde, das sollte Schule machen. Aber prinzipiell bin ich bei dir: Wir hinken mit der Regulierung Lichtjahre hinterher.

Gysi
Das ist übrigens normal: Wenn etwas Neues entsteht, gibt es erst mal keinen rechtlichen Rahmen. Aber die Frage ist, in welchem Tempo man einen neuen Rahmen findet, korrigiert, reformiert, erweitert.
Es gab ja im Fernsehen und Rundfunk und in Zeitungen eigentlich in dem Sinne keine Anonymität, mit einer Ausnahme.

Guttenberg
Meinst du die Leserbriefe?

Gysi
Nein, Autoren. Das hing noch mit den 1920er Jahren zusammen, als du für Artikel eingesperrt werden konntest. Und da gab es zum Beispiel bei der KPD, und ich glaube, auch bei der SPD, »Sitzjournalisten«. Weißt du, was das war?

Guttenberg
Erkläre es bitte.

Gysi
Das war ein Journalist – oder es war eigentlich gar kein Journalist –, dem das nichts ausmachte, für ein paar Tage in Ordnungshaft zu gehen. Und für Artikel wurde immer sein Name verwandt, obwohl die von ganz anderen Leuten geschrieben wurden. Und dann ging er dafür in den Knast.

Guttenberg
Eine böse Zunge hat mal gesagt, lieber Gregor, die Meinungsvielfalt der Bürger reduziere sich zunehmend zu einer Meinungseinfalt der Presse. Würdest du das unterschreiben?

Gysi
Ja, da ist etwas dran. Das liegt daran, dass die Medien immer weniger Geld haben, immer weniger Zeit für gründliche Recherche. Und dadurch haben wir Agenturjournalismus. Also dpa oder andere melden etwas, und das findest du dann wörtlich in der Zeitung. Das ist nicht der Journalismus ...

Guttenberg
... den wir uns wünschen.

Gysi
Eine Agenturmeldung muss nachrecherchiert werden, es muss jemand womöglich interviewt werden. Aber dazu gibt es heute kaum noch Geld, kaum noch Zeit.

Guttenberg
Print ist für die meisten Verlage mittlerweile ein Verlustgeschäft geworden – sie kämpfen eigentlich alle. Was daraus folgt, ist eine Medienkonzentration, also dass mehr und mehr mediale Formate unter einem Dach erscheinen. Das ist einem Meinungspluralismus nicht gerade zuträglich, außer man glaubt wirklich, was gern vollmundig behauptet wird, dass es von der Spitze eines Unternehmens keine Einflussnahme gibt. Die Wahrheit ist aber oftmals eine andere. Diesbezüglich beklagt man sich gern über Springer, die eher Konservativen. Das gibt es aber auf der anderen Seite natürlich genauso.

Gysi
Ich wollte dich nach deiner Beziehung zur Bild-Zeitung fragen, die ich im engeren Sinn logischerweise erst 1990 kennengelernt habe. Es gibt ja unterschiedliche Auffassungen. Die einen sagen, es ist eben eine Boulevardpresse, die anderen sagen, dort wird Tendenzjournalismus betrieben. Wieder andere sagen, es geht nur darum, mit der Schlagzeile irgendeinen Effekt zu erzielen.
Ich kann dir von der Bild-Zeitung einige Geschichten erzählen, zum Beispiel diese: Zwei Tage vor der Wahl, am 18. März 1990 zur Volkskammer, titelte sie: »Gysi in Geheimrede: Deutsche Bank sprengen, Erfassungsstelle für SED-Unrecht sprengen ...« Das Dritte habe ich vergessen, was ich noch sprengen wollte. Drei Sachen wollte ich laut der angeblichen Geheimrede sprengen. Natürlich Schwachsinn. Ich habe mir gesagt: Wer das glaubt, glaubt es. Ich habe nichts gemacht. Und dann rief mich ein späterer Freund an, ein berühmter Medienanwalt aus Hamburg, und fragte: »Wollen Sie sich das alles bieten lassen?« Ich antwortete: »Ich habe keine Lust, ständig Prozesse zu führen.« Da sagte er: »Das geht nicht. Sie werden bald Bürger der Bundesrepublik Deutschland sein. Da muss man sich wehren. Sie können sich das nicht bieten lassen.« Auf jeden Fall hat er mich überzeugt. Und dann haben wir einen Prozess geführt, wir strebten einen Widerruf an. In erster Instanz habe ich gewonnen.
In zweiter Instanz ging es vor den hohen Senat beim Hanseatischen Oberlandesgericht, ich werde das nie vergessen. Ich sagte: »Herr Vorsitzender, darf ich mal an die Gegenseite eine Frage stellen?« Ja, sagte er. Dann packte ich meinen Terminkalender aus und sagte: »Ich habe nur eine Frage: An welchem Tag, zu welcher Uhrzeit und an welchem Ort habe ich denn die Rede gehalten?« Daraufhin antworteten die Springer-Leute, sie könnten das nicht bekannt geben, weil sie damit ihre Quelle gefährdeten. Da sagte ich: »Aber wenn ich die Rede gehalten habe, weiß ich doch sowieso, an welchem Tag, zu welcher Uhrzeit und an welchem Ort ich sie gehalten habe. Wenn dadurch die Quelle gefährdet ist, ist sie doch schon gefährdet. Die wird doch nicht zusätzlich gefährdet, wenn man mir etwas sagt, was ich ohnehin wissen müsste.« Daraufhin sagte der Vorsitzende: »Das hat Logik.« Aber die blieben dabei, wegen Quellenschutz. Und da sagte der Richter, ein sehr

vornehmer Mann: »Mit anderen Worten: Sie haben gelogen.« Ich war natürlich von dem Gericht begeistert. Da habe ich begriffen, was Bild alles macht. Später hat mir ein Journalist erzählt, er habe von denen einen Auftrag erhalten, etwas gegen mich zu finden. Da hat er angerufen und gesagt: »Ich habe nichts gefunden.« Da haben sie geantwortet: »Dann lassen wir uns etwas einfallen.«

Guttenberg
Die beste Methode, der Bild-Zeitung zu begegnen, lieber Gregor, ist es offensichtlich, sie in Grund und Boden zu reden, so wie du das bei mir gerade machst. Ich liebe deine Geschichten. Jetzt muss ich aber mal ein bisschen dagegenhalten. Von mir kommt auch eine kleine Anekdote über Bild. Man kann natürlich fragen: Ist das Tendenzjournalismus? Aber davon kann sich keine Zeitung heute freisprechen. Auf der anderen Seite des Spektrums denke man an die taz, an das Neue Deutschland, das euch von der Linken nahesteht. Also wenn man da nicht von Tendenzjournalismus spricht, von was dann? Das ist in unserem Land nun wirklich alles andere als unüblich. Kurz noch meine Geschichte. Ich war gerade zum Generalsekretär der CSU ernannt worden – das war ich genau 99 Tage lang. Es gibt eine Rubrik in der Bild-Zeitung, da werden der Gewinner und der Verlierer des Tages gekürt. Zweimal hintereinander war ich der Verlierer des Tages, ich kann mich nicht mehr erinnern, warum. Daraufhin habe ich ganz klassisch einen Brief geschrieben an den Chefredakteur und habe meinen Stolz zum Ausdruck gebracht, dass ich zweimal hintereinander zum Verlierer des Tages gekürt wurde und dass ich mich darüber gar nicht ärgere. Drei, vier Wochen später war ich plötzlich der Gewinner des Tages. Weswegen, weiß ich auch nicht mehr.

Gysi
Aber du hast nur geschrieben, weil du dich in Wirklichkeit doch ein bisschen geärgert hast. Ich hätte es auch nie zugegeben. Übrigens habe ich auch meine netten Erfahrungen mit der Bild-Zeitung gemacht. Als sie ein besseres Verhältnis zu mir hatten, haben sie auch durchaus freundlich berichtet. Das kann ich gar nicht leugnen.

Guttenberg
Lass mich dich noch mal mit einem Zitat quälen. »Früher machten die Politiker Politik, und die Medien berichteten darüber. Heute machen die Medien Politik, und die Politiker führen sie aus.« Ich habe vergessen, wer das gesagt hat. Auf jeden Fall nicht ich. Stimmt das?

Gysi
Ich würde sagen, es stimmt nicht ganz. Natürlich machen Politikerinnen und Politiker noch Politik. Aber was stimmt, ist, dass die Medien keine unwichtige Rolle spielen. Und zwar in zweifacher Hinsicht. Einmal in der Weise, dass sie ein Thema eröffnen, womit sich die Politik noch nicht beschäftigt hat. Und sie wird mit der Berichterstattung gedrängt, es zu tun. Zweitens dahingehend, dass sich Politikerinnen und Politiker überlegen: Was schreiben die Journalistinnen und Journalisten über meine Entscheidung, wenn ich nicht in der Lage bin, das entsprechend zu begründen? Das heißt, dass sie sich schon im Voraus nach den Medien richten, obwohl die noch gar nicht erschienen sind. Andererseits wiederum brauchen die Medien auch die Politikerinnen und Politiker. Stell dir vor, niemand ginge mehr in die Talkshows.

Guttenberg
Ich fände das für eine Weile großartig.

Gysi
Politikerinnen und Politiker glauben, dadurch öffentlicher, bekannter zu werden, Punkte zu machen, und sind deshalb eben auch bereit, in die politischen Talkshows zu gehen. Das ist ein gegenseitiges Abhängigkeitsverhältnis. Die Frage ist immer: Wie nah darf der Kontakt sein? Zum Beispiel hat mir der frühere Moderator von »Hart aber Fair« als mein Gast in der »Distel« erzählt ...

Guttenberg
Frank Plasberg.

Gysi

Plasberg hat mir erzählt, er habe immer vermieden, zu enge Kontakte zu Politikerinnen und Politikern zu haben, weil er befürchtete, dann nicht mehr objektiv sein zu können – dann mag er den, er kennt ihn persönlich, er war mit ihm Wein trinken ... Dann noch gegen jemanden vorzugehen, ist ja nicht leicht. Das verstehe ich. Aber das machen Journalistinnen und Journalisten natürlich trotzdem. Und Politikerinnen und Politiker machen das umgekehrt auch. Die denken immer, wenn sie eine Nähe zu Journalisten haben, dass sie dann wirklich deren Vertrauen genießen. Das ist allerdings ein schwerer Irrtum.

Guttenberg

Das ist ein Selbstbetrug.

Gysi

In den letzten Jahren ist es in meiner Partei üblich geworden, dass, immer wenn es einen Artikel gegen ein Mitglied meiner Partei gibt, die Informationen von einem anderen Mitglied meiner Partei kommen.

Guttenberg

Das ist nicht nur in deiner Partei üblich.

Gysi

Mich kotzt das an, ich mache das nicht, habe das noch nie gemacht. Deshalb werde ich auch gar nicht mehr für so etwas angefragt. Es ist nur so, dass diejenigen, die denunzieren, vergessen, dass es sie eines Tages ebenso erwischt. Und der Journalist, zu dem sie so gute Beziehungen haben, schreibt darüber dann ganz genauso.

Guttenberg

Viele wissen das nicht: dass Abmachungen getroffen werden zwischen der Politik und den Medien, wenn man miteinander spricht. Da gibt es eine Unterteilung, dass man »unter eins«, »zwei« oder »drei« redet. Wenn ein Gespräch »unter drei« stattfindet, darf über dieses Gespräch nicht berichtet werden. Wenn man »unter zwei« redet, dürfen zwar die Inhalte, aber nicht die Quelle benannt werden. Und »unter eins« darf sowohl die Quelle benannt werden als auch die Person, mit der man gesprochen hat. Das Zitat darf zugeordnet werden. Ich erinnere mich gut daran, wie sogenannte Hintergrundgespräche in Lichtgeschwindigkeit durch die Berliner Journalistenbubble geflogen sind. Man versichert: Ja, das war alles nur für den Hintergrund. Dann dauert es ein paar Wochen, und man findet die Inhalte dieses Gespräches irgendwo gedruckt. Das Zweite, was ich feststellen möchte: Man hat es bei Politikern und Medienschaffenden mit Menschen zu tun. Ich habe ganz wunderbare Charaktere kennengelernt unter den Journalisten, aber auch veritable Arschgeigen. Wie es auch unter Politikern ist und auch unter, in Anführungszeichen, normalen Menschen. Es ist bezeichnend, dass Journalistinnen und Journalisten, insbesondere Hauptstadtkorrespondenten, manchmal noch eitler sind als die Politiker selbst, so, wie Feuilletonisten manchmal noch eitler sind als die Künstler selbst. Wenn man das alles bedenkt, hat man eine größere Gelassenheit.

Gysi
Die Schwierigkeit besteht ebendarin, dass das Verhältnis von Politik und Medien kein wirklich gutes ist. Man braucht als Politiker die Gespräche »unter drei« auch. Vor allen Dingen aber brauchen die Journalistinnen und Journalisten sie. Wenn du die Hintergründe nicht erfährst, verstehst du die Zusammenhänge nicht. Es ist ein Problem, da hast du völlig recht, dass sich viele nur eine begrenzte Zeit an die vereinbarte Vertraulichkeit halten. Das ist aber nicht ungefährlich, weil man vielleicht eines Tages sagt: »Nein, ›unter drei‹ erzähle ich dir nichts mehr, wenn ich es dann doch zwei, drei Wochen später irgendwo lese.« Etwas anderes wäre es, wenn sie dich anrufen und sagen würden: »Sie haben mir das damals ›unter drei‹ erzählt. Meinen Sie nicht, dass man das jetzt öffentlich machen kann?«

Guttenberg
Aber manchmal sagen sie sich: Das Risiko gehe ich ein. Im Zweifel muss ich nie wieder mit ihm sprechen – aber an den Galgen habe ich ihn gehängt. Ein Journalist hat mal gesagt: »Wer über die Medien von der vierten Gewalt im Staate spricht, der irrt mittlerweile. Die Medien sind heute Kläger, Richter und Henker in einem.« Und manchmal tre-

ten sie auch mit diesem Gefühl auf. Aber ich will noch mal sagen, es gibt auch sehr viele verantwortungsvolle Journalistinnen und Journalisten. Die Problematik, denen heute die Medien ausgesetzt sind, sind einfach diese unfassliche Geschwindigkeit, der Wettbewerb, der Druck, einen Scoop nach dem anderen zu landen, was oftmals auf Kosten der Qualität der Recherche geht.

Gysi
Es kommt noch etwas hinzu. Wir sehen viele Bilder vom Krieg Russlands gegen die Ukraine, aber nie Bilder vom Krieg der Türkei gegen den Irak oder in Syrien, also gegen die Kurdinnen und Kurden.

Guttenberg
Oder vom Krieg Armenien gegen Aserbaidschan.

Gysi
Oder vom Krieg in Jemen, wo stellvertretend der Iran und Saudi-Arabien indirekt Krieg führten, oder jetzt vom Sudan. Ohne Bilder aber entsteht keine Solidarität, kein Mitgefühl. Es gab mal eine Hungerkatastrophe in Äthiopien, da wurde zu Spenden aufgerufen. Da kleckerte so ein bisschen etwas rein. Und dann kam ein Dokumentarfilm, und man sah die Mütter mit ihren Babys. Die Mütter hatten in den Brüsten keine Milch, die Säuglinge verhungerten in ihren Armen – die Folge waren Spenden über Spenden. Da habe ich begriffen: Bilder! Erst Bilder führen zu Mitleid und zu Solidarität. Und deshalb sage ich: Klar, ein Krieg in Europa ist uns viel näher. Da müssen wir mehr wissen, mehr sehen. Aber über die anderen muss auch berichtet werden.

Guttenberg
Du hast da vollkommen recht. Allerdings sind wir jetzt schon wieder mit großer Geschwindigkeit in einem neuen Zeitalter angekommen. Heute kann man Bilder so faken, also so herstellen, dass man damit einen Skandal provozieren kann. Dass alles echt aussieht, dass derjenige, der auf diesem Bild zu sehen ist, aber real nie so fotografiert wurde, sofort in der Defensive ist. Und im Zweifel bleibt immer irgendetwas hängen.

Gysi
Das muss man unter Strafe stellen. Das ist eine Art Betrug gegenüber einer großen Zahl von Menschen. Wenn ich absichtsvoll falsche Bilder zusammenstelle, um eine bestimmte Wirkung zu erzielen, oder wenn ich absichtsvoll eine Falschmeldung lanciere, womit jemand ruiniert werden kann – da müssen andere Grenzen gesetzt werden. Schlecht ist das Verhältnis auch in gewisser Hinsicht zwischen Medien und Justiz. Wenn den Medien ein Urteil nicht gefällt, welches auch immer, können sie das Gericht so fertigmachen, dass das nächste Gericht schon fast gezwungen ist, das Urteil zu korrigieren. Das würde es natürlich immer bestreiten, aber die Gerichte sind fast dazu gezwungen, weil die Öffentlichkeit so gegen dieses Urteil eingestellt ist. Da habe ich Sorgen. Man soll kritisch sein, man soll auch ein Urteil kritisieren dürfen, aber man darf nicht so eine Stimmung verursachen. Genau das geschieht gelegentlich.
Ich muss zum Abschied noch eine ganz kurze Geschichte von der Bild erzählen. Eine angenehme. Ich habe, als ich da war, gefragt, ob sie wissen wollen, was ich an der Bild-Zeitung liebe. Alle haben mich groß angesehen, und da habe ich gesagt: »Das Kreuzworträtsel – weil es das einzige ist, das ich vollständig lösen kann.«

Guttenberg
Gregor Gysis hohe Kunst der Koketterie. Sie gelingt ihm immer wieder.

»Wenn dich jemand hasst, darfst du nicht zurückhassen.«

Über Meinungsvielfalt

Guttenberg
Wir wollen über Meinungsvielfalt in unserem Lande reden und darüber, wie wir mit anderen Meinungen umgehen. Wir beginnen persönlich. Lieber Gregor, wie sind denn deine Erfahrungen, was Meinungsvielfalt in der Familie anbelangt? Ich gebe einen ganz kurzen Einblick in meine Familie. Zumindest eine Seite der Familie ist mit einem veritablen Klugscheißer-Gen ausgestattet, da war es um die Meinungsvielfalt nicht immer großartig bestellt, und ich selbst versuche, sehr großzügig damit umzugehen, wie viel Meinungsvielfalt ich in der Familie zulasse. Ich glaube, sehr viel – meine Töchter werden mir wahrscheinlich aber widersprechen. Wie ist und war das bei dir?

Gysi
Mein Vater war schon davon überzeugt, vieles Wesentliche selbst zu wissen, aber er konnte auch zuhören, und er strahlte immer so eine gewisse Liberalität aus, es sei denn, er wurde wütend, zornig. Das war selten der Fall, aber dann war er festgefahren. Ich erinnere mich zum Beispiel, dass er meine Schwester und mich mal beschimpft hat, weil wir einen grünen Parka trugen, und er wollte wissen, ob wir in den Vietnamkrieg ziehen wollten. Aber das Schöne war, dass er am nächsten Tag anrief und sich bei uns entschuldigte. Er selbst hatte gemerkt, er war zu weit gegangen. Ansonsten war er tolerant. Meine Mutter sowieso. Aber als meine Schwester und ich junge Leute waren, waren wir na-

türlich weniger tolerant. Wenn wir glaubten, etwas begriffen zu haben, wollten wir uns dabei nicht stören lassen.

Guttenberg
Hat sich das verändert bei dir?

Gysi
Ja! Das ist wirklich interessant: Ein bestimmter ideologisch geprägter Teil der Linken geht davon aus, sie haben die Welt verstanden, wie sie sich entwickelt hat und wie sie sich weiterentwickelt. Und wenn dann Dinge passieren, die dazu nicht passen, sind sie bereit, das entweder zu ignorieren oder neu zu interpretieren, weil sie an ihrem Gerüst nicht rütteln lassen wollen. Das Letztere verstehe ich schon. Nur: Es ist trotzdem keine Art der Reaktion.

Guttenberg
Überraschung, Überraschung: Das soll es auch unter Konservativen geben.

Gysi
Erst recht, wenn sie extrem sind. Wenn ich an meine Kinder denke: Da habe ich eigentlich immer eine ziemliche Toleranz für Meinungen gehabt. Mich stört nur, wenn sie gegeneinander argumentieren. Da bin ich wieder so harmoniesüchtig. Ich möchte, dass sie sich verstehen und nicht zanken.

Guttenberg
Ich weiß nicht, ob wir ein harmoniesüchtiges Land sind. Ich habe derzeit nicht so wirklich den Eindruck.

Gysi
Nee, ich auch nicht.

Guttenberg
Und umso wichtiger erscheint mir die Debatte darüber, wie es um unsere Meinungsvielfalt und eben auch Meinungsfreiheit bestellt

ist. Nach den Schrecken des letzten Jahrhunderts hat die im Herrenchiemseer Konvent geschaffene Verfassung die Meinungsfreiheit und damit implizit die Meinungsvielfalt sehr prominent festgehalten – im Artikel 5 des Grundgesetzes. Aber, da spreche ich mit dem Juristen in dir, Gregor: Sie ist natürlich Begrenzungen ausgesetzt. Diese Balance zu finden, ist ein steter Drahtseilakt, nicht wahr?

Gysi
Die Schwierigkeit ist folgende: Man darf eigene Rechte immer nur so lange ausüben, das ist mein Grundsatz, bis man Rechte anderer verletzt. Im gesamten Presserecht gibt es dazu eine interessante Debatte: Wenn ich etwas Negatives als Tatsache über jemanden behaupte, obwohl es nicht stimmt oder ich nicht beweisen kann, dass es stimmt, gibt es für den anderen Möglichkeiten, dagegen vorzugehen. Wenn es aber eine Bewertung ist, also eine Meinung, dann gibt es keine Möglichkeit, dagegen vorzugehen. Und sich die Rechtsprechung anzuschauen, was Meinung und Bewertung ist und was Tatsachenbehauptungen sind, das ist schon spannend. Zum Beispiel ist die ganze Verdachtsberichterstattung schwierig.

Guttenberg
Die juristische Verankerung spiegelt sich auch auf europäischer Ebene wider: Dort haben wir die Grundrechtecharta der Europäischen Union, in der dies prominent festgehalten ist, sowie die Europäische Menschenrechtskonvention. Darin sind ähnliche Schutzmechanismen gegeben, aber auch daraus erwachsende Verpflichtungen.
In Deutschland stehen wir, was die Meinungsfreiheit anbelangt, momentan eher bescheiden da. Es gibt jährlich einen Bericht von »Reporter ohne Grenzen«, und wenn man unsere Regierungsmitglieder oder andere Verantwortungsträger fragen würde, würden sie uns wahrscheinlich weit vorne sehen. Ich war ganz überrascht: Wir sind mittlerweile auf Platz 21 weltweit abgerutscht. Das ist kein Ruhmesblatt. Ganz vorne ist ein Land im Norden ...

Gysi
Ich wollte gerade sagen, bestimmt ein nordisches Land.

Guttenberg

Es ist Norwegen, das in vielen Punkten mittlerweile an der Spitze liegt. Aber vor uns auf Platz 21 ist beispielsweise Osttimor oder Samoa oder die Slowakei. Auch die Schweiz natürlich, wenn wir über deutschsprachige Nachbarn sprechen. Österreich ist wenigstens hinter uns, das sage ich jetzt ohne jeden Defätismus und Ironie. Aber Platz 21 ist nicht so doll.

Gysi

Das wundert mich nicht. Es gibt ein Mainstreamverhalten auch in unseren öffentlich-rechtlichen Medien, und da wird es kompliziert. Sowohl die Politik als auch die öffentlich-rechtlichen Medien – die privaten Medien nicht ganz so, aber auch – sind ja verpflichtet, die unterschiedlichen Meinungen widerzuspiegeln. In der Politik soll das geschehen durch unterschiedliche Parteien, zum Beispiel im Bundestag. Das ist begrenzt durch die Fünfprozenthürde, und das heißt, bestimmte Meinungen werden dort nicht vertreten. Das ist gerade noch so hinnehmbar.

Bei den öffentlich-rechtlichen Medien interessiert mich: Welche Meinung muss eigentlich vorkommen? Wenn es eine wirklich extremistische Meinung ist, muss man sie nicht unbedingt zu Wort kommen lassen. Aber wer entscheidet darüber? Das ist die nächste spannende Frage. Nehmen wir das Beispiel Pandemie. 20 Prozent der Bevölkerung wollten sich nicht impfen lassen und haben sich nicht impfen lassen. Darunter gab es natürlich die sogenannten Querdenker. Es gab darunter diejenigen, die sich in jeder Hinsicht verfolgt fühlten. Aber eigentlich wurden ja die gesamten 20 Prozent die ganze Zeit beleidigt, und sie selbst kamen nicht zu Wort. Darunter waren doch aber auch viele Menschen, die einfach Angst hatten, die nicht wussten, was mit ihnen geschieht. Warum kann man die denn nicht zu Wort kommen lassen? Es dürfen ihnen ja zwei oder drei gegenübersitzen, die eine andere Auffassung haben. Aber sie müssen doch mal wenigstens ihre Argumente erzählen dürfen. Irgendwie hatte ich den Eindruck, dass sich der Mainstream verschwört gegen die Minderheit. Aber eben nicht eine kleine Minderheit, sondern gegen eine große Minderheit.

Guttenberg
Wieder einmal sind wir uns einig – zur Überraschung vieler, die sich gelegentlich nicht ganz zu Unrecht beklagen, dass es Gysi gegen Guttenberg heißt. Aber wir legen uns nicht die Spuren im Vorfeld, wir stellen oft fest, dass wir zu einer Meinung kommen. Wie auch hier.
Zum einen müssen wir einschränken. Radikale Holzköpfe und Extremisten muss man nicht einladen. Sie vergiften eine Gesellschaft. Ich rede wirklich nur von den Extremisten – alles andere müssen wir in einer Demokratie aushalten. Wir müssen auch Empörung aushalten. Wir müssen es aushalten, dass über uns mal ein Shitstorm hinweggeht. Wir müssen es aushalten, dass Menschen aus Verunsicherung oder Unwissen einer wirklich anderen Meinung sind. Es ist dann eine Frage der Qualität und der Güte unserer eigenen Argumente, wie wir dem begegnen. Und dies ist ein Auftrag an die Politikschaffenden und die Medienschaffenden zumal: Wir müssen auf Qualität in der Argumentation auch da achten, wo man glaubt, da vertritt man eine Mehrheit. Der Minderheit das Wort zu nehmen, halte ich auch für falsch.

Gysi
In den politischen Talkshows sitzen im Wesentlichen nur Politikerinnen und Politiker und Journalistinnen und Journalisten. Gewerkschafter, Leute aus Bürgerinitiativen oder aus anderen zivilgesellschaftlichen Einrichtungen sind ungeheuer selten vertreten. Selbst Vertreterinnen und Vertreter der Kirchen sind relativ selten zu sehen. Eine Weile lang wurde ständig Karl Lauterbach eingeladen. Egal, welche Talkshow du angemacht hast, er war da.

Guttenberg
Der Gottseibeiuns der Gesundheitspolitik, nicht wahr?

Gysi
Früher wurde auch ich ja sehr viel eingeladen, will ich ja gar nicht bestreiten. Vielleicht muss man sich von dieser Einseitigkeit etwas trennen.

Guttenberg
Das war gerade ein Bewerbungssatz, wieder viel mehr eingeladen zu werden.

Gysi
Das ist ein schwerer Irrtum. Da gehe ich lieber mit dir ein Glas Weißwein oder auf deinen Wunsch auch ein Glas Rotwein trinken. Talkshows sind für mich zu anstrengend. Ich denke immer, dass ich zu kurz zu Wort gekommen bin, die anderen denken, dass ich zu lang zu Wort gekommen bin.

Guttenberg
Aber du hast recht, die Auswahl ist extrem einseitig. Man schaltet den Fernseher abends an und sieht schon wieder das verkniffene und an der eigenen Bedeutung sich verschluckende Gesicht irgendeines Hauptstadtkorrespondenten vom Spiegel, von der Welt oder einer Korrespondentin, die sich in ihrer Erhabenheit aalt. Bei den Experten aus der Spitzenpolitik, da kann man morgens schon Wetten abschließen, wer abends da eingeladen ist. Es würde wirklich guttun, wenn es dort breiter zugehen würde.
Gregor, das interessiert mich wirklich: Wie stand es aus deiner Sicht um die Meinungsvielfalt und um die Meinungsfreiheit in der DDR? Einfach um zu lernen: Was hat da die Wende, dieser Bruch, für dich bedeutet?

Gysi
Die Meinungsvielfalt war natürlich sehr viel eingeschränkter. Es gab zum Beispiel den Paragrafen der Staatsverleumdung oder der öffentlichen Herabwürdigung. Wenn du dich gegenüber der DDR mit Schimpfworten geäußert hast, dann war das eine Straftat. Aber die Dinge funktionierten anders. Mein Vater erzählte mir, als er Kulturminister war, besuchte er die Große Kunstausstellung einen Tag vor ihrer Eröffnung. Die gab es jedes Jahr in der DDR, alle Maler und Malerinnen des Landes konnten da – wie immer mit ein paar Ausnahmen – ihre Bilder ausstellen. »Also solche Bilder«, sagte er – er zeigte auf eines –, »gefallen mir eigentlich gar nicht«, und ging weiter. Am nächsten Tag war die

Eröffnung, und er stellte fest: Das Bild fehlte. Dann fragte er: »Wieso ist denn das Bild weg?« Der Zuständige antwortete: »Sie haben doch gestern gesagt, dass es Ihnen nicht gefällt.« »Mein Gott«, sagte mein Vater, »ich habe doch nicht gesagt: abhängen. Ich habe nur mal meine Meinung geäußert. Das Bild muss sofort wieder aufgehängt werden!« Ich habe darüber grundsätzlicher nachgedacht. Erstens gibt es auch bei uns Autoritäten, und wenn die sich melden, hat das immer eine andere Wirkung, als wenn sich andere melden. Darüber müssen wir uns mal Gedanken machen, das verletzt die Gleichheit vor dem Gesetz. Und was zweitens auch interessant ist: dass sich die öffentlich-rechtlichen Medien immer stärker nach dem Mainstream richten. Ihre Aufgabe besteht natürlich auch darin, über den Mainstream zu berichten, aber ebenso, die Minderheitsmeinungen angemessen, nicht überzogen, sich ausdrücken zu lassen und nicht gleich die ablehnende Bewertung vorzunehmen. Früher konnte das mal die FAZ. Die berichtete über eine Pressekonferenz von mir. So eine fantastische sachliche Zusammenfassung dessen, was ich gesagt habe, habe ich selten gelesen. Daneben stand ein Kommentar, der machte mich restlos fertig, aber im Bericht war das nicht der Fall. Und in anderen Zeitungen steht die Meinung gleich schon in der Überschrift da, und da weißt du sofort, dass du davon nichts oder viel zu halten haben sollst. Warum kann man das nicht sauberer trennen? Die Kommentierung eines Geschehens vom Bericht über das Geschehen?

Guttenberg

Mittlerweile ist eben auch die FAZ nicht mehr davor gefeit. Und es hat leider nahezu alle Zeitungen getroffen. Das bekommt seine eigene Dynamik auch dadurch, dass viele Medienberichte heute, wie man neudeutsch sagt, getriggert werden durch das, was sich in anderen Filterblasen abspielt, beziehungsweise das, was sich in den sozialen Medien abspielt. Ich höre immer wieder von Journalisten, die freimütig zugeben: Wir müssen das jetzt schreiben, weil das gerade en vogue auf Twitter ist oder weil das gerade eine Schallmauer auf Instagram durchbricht. Und dann wünscht man sich einfach, dass auch mal ein Schritt zurück gemacht und überlegt wird: Ist diese Filterblase wirklich eine, die gesellschaftlich bedeutsam ist? Oder wird sie nur aufgrund von

Skandalisierungs- und Wutelementen in die Aufmerksamkeit der Menschen gebracht?

Und ich stimme dir zu: Da haben die öffentlich-rechtlichen Rundfunkanstalten ein hohes Maß an Verantwortung, gemäß ihrem Bildungsauftrag eine ausgewogene und vielfältige Berichterstattung vorzunehmen. Das ist natürlich nicht leicht, wenn man Rundfunkräte hat, die politisch besetzt sind. Ich bin mir nicht sicher, ob das eine sehr glückliche Entscheidung ist, das so zu handhaben. Und es ist auch schon sichtbar – jetzt spricht in mir nicht der beleidigte ehemalige Konservative –, dass in manchen Sendeanstalten keine wirkliche Ausgewogenheit politischen Denkens stattfindet. Bizarrerweise höre ich öfter die Klage von Journalistinnen und Journalisten oder auch von etwas höheren Tierchen und Tieren in den Rundfunkanstalten, die sagen, wir tun uns unglaublich schwer, Konservative zu finden, die für uns noch arbeiten wollen, und wir brauchen sie eigentlich für dieses ausgewogene Bild. Jetzt kann man sich fragen: Können Konservative diesen Job einfach nicht? Sind sie möglicherweise einfach ungeeignet? Oder hat das vielleicht auch andere Gründe?

Gysi
Früher war das ja abgestimmt. Es gab Sender, die als eher konservativ und rechts galten, wie der Bayerische Rundfunk. Und dagegen gab es den Westdeutschen Rundfunk, der war wieder sehr sozialdemokratisch geprägt, und dann ging man davon aus, das schafft den Ausgleich innerhalb der ARD. Ich glaube, dass das ein leichtes Missverständnis des Grundgesetzes ist. Das Grundgesetz muss sich in jedem Sender widerspiegeln und nicht zwischen verschiedenen Sendern. Wenn sich das so einpegelt, geht das wieder, aber das stimmt ja heute nicht mehr. Das war die alte Bundesrepublik, und das ist durcheinandergeraten. Man muss nur zur Verteidigung der Journalistinnen und Journalisten sagen: Es gibt immer weniger Leute, es gibt immer weniger Geld. Die Recherchezeit wird immer kürzer, und die sozialen Medien spielen natürlich eine wachsende Rolle, sind eine große Konkurrenz.

Guttenberg

Ja, richtig. Aber Journalistinnen und Journalisten sind auch nicht nur Opfer einer Entwicklung ...

Gysi

Aber auch. Da spricht der Verteidiger in mir.

Guttenberg

Natürlich bist du auch noch öfter in Kontakt mit dieser Zunft, vor der ich im Übrigen große Achtung habe. Ich finde es bedrückend, dass der Ruf von Journalistinnen und Journalisten sich mittlerweile etwa auf dem Level von Politikerinnen und Politikern befindet und im Ansehen in der Bevölkerung ganz weit nach unten gerutscht ist. Das tut dem Zusammenhalt in unserer Gesellschaft nicht gut. Trotzdem glaube ich, hier kann schon was geschehen, und ich will mich nicht damit zufriedengeben, wenn mir gesagt wird, wir hatten nicht genügend Zeit, um sauber zu recherchieren. Dann sollen sie umso mehr sauber recherchieren und die Geschichte fünf Tage später bringen. Stattdessen fühlt man sich getrieben, weil das Thema jemand im Internet hochbläst. Und man meint, die Geschichte kann man später nicht mehr schreiben. Aber ich glaube, eine gute Geschichte, eine, die in die Tiefe geht, die sich auch den Anspruch an Fairness setzt, ist etwas Zeitloses. Da sollte man sich in den klassischen Medien nicht treiben lassen.

Gysi

Was mich sehr gestört hat, war der Umgang mit russischen Künstlerinnen und Künstlern, die mit Politik nicht so viel zu tun haben wollen. Das habe ich das erste Mal so in der Bundesrepublik erlebt: Denen wurde abverlangt, dass sie sich klar gegen Putin und den Krieg gegen die Ukraine äußern müssen, bevor sie auftreten dürfen. Das kenne ich nun aus der DDR – natürlich da im umgekehrten Sinne. Wenn sie sich heute politisch für den Krieg einsetzen, das ist etwas anderes. Da muss man sagen: Nein, dafür ist unser Opernhaus nicht geeignet. Aber wiederum das Gegenteil von ihnen zu verlangen, das darf man nicht. Die müssen sich ja sehr genau überlegen, was kann ich hier sagen, ohne dass mir dort etwas passiert? Das ging mir einfach zu weit. Da habe ich gesagt: Lasst sie zufrieden. Sie sollen sich nicht für den Krieg äußern, da bin ich auch strikt dagegen. Aber sie müssen nicht zwingend eine bestimmte Meinung äußern, bevor man sie überhaupt auftreten lässt.

Guttenberg
Ich würde gern mit Verve widersprechen. Aber nein. Allerdings bin ich schon der Meinung, dass jemand wie Valery Gergiev, der in München ein Chefdirigent war und nun wirklich zu den Putin-Apologeten zählt ...

Gysi
Der ging zu weit.

Guttenberg
... dass der seinen Job verloren hat, das war in meinen Augen richtig.

Gysi
Der hat Konzerte für den Krieg gegeben.

Guttenberg
Das sind die Grenzlinien, die gezogen werden müssen, und da kann man in meinen Augen auch nicht mit Kunstfreiheit argumentieren. Auf der anderen Seite aber müssen wir aufpassen, dass wir in solchen Lagen nicht zur Meinungsdiktatur werden.

Gysi
Die Opernsängerin Anna Netrebko hat sich gegen den Krieg geäußert. Dann haben Leute gesagt: »Das ist nicht scharf genug.« Da habe ich gesagt: Nein, das kann man nicht verlangen, das steht uns nicht zu. Sie will ja auch wieder zurück nach Russland und muss dann dort auch bestehen können. Mit anderen Worten: Man muss Grenzen ziehen. Ich kenne das ja auch von mir. Ich bestreite gar nicht, dass es in der DDR staatliches Unrecht gab. Aber ich soll gezwungen werden – das nennt man Vokabeldiktatur –, die DDR einen »Unrechtsstaat« zu nennen. Das aber mache ich aus bestimmten Gründen nicht. Ich will jetzt gar nicht mit dir darüber streiten, sondern für mich ist nur interessant: Ich muss die eine Vokabel benutzen, und wenn ich nicht die vorgegebe-

ne Vokabel benutze, gehöre ich eben nicht zum Mainstream und falle raus. Warum genügt es nicht, wenn ich es anders ausdrücke? Solche Sachen stören mich. Die kenne ich natürlich viel extremer von früher, aber das erfahre ich eben auch jetzt. Ich finde diesen Vokabelfanatismus bei uns in Deutschland daneben.

Guttenberg
Ich benutze das Wort »Unrechtsstaat«, aber ich glaube, du respektierst das, wie ich eine andere Position eben auch respektieren kann.
Denken wir noch einen Schritt weiter. Ein Aphoristiker hat mal gesagt: »Die Meinungsfreiheit zwingt mich zur Schweigepflicht.« Ich finde das einen wirklich sehr interessanten Satz. Was läuft heute unter »Meinungsfreiheit« – und wo kommt plötzlich eine Zensurglocke? Diese Zensurglocke kommt ja heute nicht mehr allein staatlicherseits, sondern auch von Bewegungen, die sich dann mit Begriffen wie »woke«, wie »Cancel Culture« belegen. Ich sage das erst mal zunächst wertfrei. Das findet einfach statt, es sind nicht wenige Fälle, in Berlin genauso wie in den USA. Es ist auch in unseren Demokratien mittlerweile angekommen, dass jemand, der eine andere Meinung vertritt, damit rechnen muss, an einer Universität nicht zum Reden zu kommen. Ich halte das für sehr fragwürdig. Ich halte es auch nicht für besonders intelligent. Solange es keine extremen Positionen sind, müssen wir das aushalten.

Gysi
Eine Dozentin durfte kürzlich an der Humboldt-Universität zu Berlin nicht sprechen, weil sie eine Auffassung hatte, die vom Mainstream nicht geteilt wurde. Sie meint, es gibt nur weiblich und männlich. Ich verstehe, dass die sogenannten Diversen sich darüber aufregen. Ich bin übrigens auch dafür, dass sie im Grundgesetz verankert werden, weil sie gleiche Grundrechte haben müssen. Dass ich mich gegen das Gendern, die Schreibweise, wende, ist wieder was anderes. Aber ich finde auch, das muss man aushalten, und man kann ja jemanden einladen, der seine Theorie dagegensetzt.
Ein Urteil des Bundesgerichtshofes finde ich sehr wichtig. Da ging es um die evangelische Kirche in der Lutherstadt Wittenberg, wo es ein

Relief mit einer »Judensau« gibt und wo beantragt worden war, dass das entfernt und ins Museum gebracht wird. Ich finde das historisch falsch. Man muss wissen, dass damals in der evangelischen Kirche so gedacht wurde, und dann muss es darunter eine Erklärung geben, weshalb das indiskutabel ist und heute gänzlich anders gesehen werden muss. Äußerungen sind immer abhängig von der Zeit, ob sie im 19., im 18., im 17. Jahrhundert gemacht wurden. Vom Vokabular, das sich heute schon durch die Verbrechen Hitlerdeutschlands verbietet, kann man nicht auf andere Zeiten schließen, als das noch nicht passiert war, als die Leute ganz anders sprachen, dachten und diskutierten. Das muss ich jungen Menschen erklären, die müssen Geschichte verstehen. Wenn ich dies alles negiere und so tue, als ob die Welt immer so war wie heute, mache ich sie geschichtslos – und damit übrigens letztlich unpolitisch.

Guttenberg
Und da treffen wir uns wieder bei der Frage, ob wir unserem Erziehungsauftrag nachkommen, ob wir genügend Kompetenz vermitteln, Dinge infrage zu stellen und Dinge auch mal in den historischen Kontext zu setzen.

Gysi
Ich muss deshalb lächeln, weil ich gerade ein Streitgespräch mit Eberhard Diepgen hatte, dem ehemaligen Regierenden Bürgermeister von Berlin, Mitglied der CDU. Und der sagte: In der DDR wurde in den Schulen viel erzogen, bei uns gar nicht. Wir hätten eine Vereinigung in der Mitte gebraucht, weniger als in der DDR, aber mehr als bei uns. Das stimmt. Man muss auch in Schulen erziehen – aber nicht im Fernsehen. Das Fernsehen hat keinen pädagogischen Auftrag. Einen Bildungsauftrag, ja. Einen Informationsauftrag, ja.

Guttenberg
Ein pädagogischer Auftrag wäre, den Menschen heute schlichtweg Medienkompetenz mitzugeben. Da fehlt es an allen Ecken und Enden. Eine Medienkompetenz, die es nicht nur darauf anlegt, abends das Sandmännchen zu verstehen, sondern da geht es darum: Wie gehen

wir heute mit sozialen Medien um, wie gehen wir mit Hetze um? Wie gehen wir mit diesen Filterbubbles um? Und da fehlt es überall.

Gysi

Wo erkundige ich mich, ob etwas Fake News ist oder stimmt? Woher sollen die Leute das noch wissen? Das muss man in den Schulen unterrichten.

Dazu fällt mir eine hübsche Geschichte zur Vereinigung ein, ich hoffe, dass sie dich etwas ärgert. Es gab ja in der DDR ein Jahr Astronomieunterricht, und der Chef der Sternwarte in Treptow hat mir erzählt, dass er nach der Vereinigung zum Bildungssenator gegangen ist und gesagt hat: Ich finde das gut, wenn die jungen Menschen etwas von der Sonne und den Planeten und den Monden verstehen. Und da sagte der Bildungssenator zu ihm: »Seid ihr unserem Grundgesetz beigetreten oder wir eurer Verfassung? Der Astronomieunterricht bei euch ist gestrichen.« Ich verstehe diese Arroganz nicht. Ich hätte darüber nachgedacht. Er hätte sagen können: Muss ich mir mal überlegen, ob wir Astronomie anbieten können, haben wir dafür überhaupt Lehrerinnen und Lehrer? Stattdessen: einfach so weggewischt. In anderen Bundesländern war es anders, aber so war es in Berlin.

Guttenberg

Arroganz ist selten ein guter Ratgeber.

Wir wollen aus unserer eigenen Erfahrung heraus noch etwas mitgeben. Wir sind ja nicht unerfahren darin, was es heißt, auch mal Beleidigungen oder einen Shitstorm auszuhalten, wüst beschimpft zu werden, eine über die Rübe zu bekommen. All das gehört irgendwie dazu. Wie wettert man so einen Shitstorm ab? Man kann sagen, mit Humor, Gelassenheit, mit einem gewissen Langmut. Ich habe dazu zwei Tipps, die haben sich bei mir wirklich ausgezahlt. Das Erste, wenn's einem im Netz so richtig um die Ohren fliegt, ist: Schalten Sie Google Alert aus. Oder wenn Sie es nicht ausschalten: Delegieren Sie es an jemanden, der es für Sie sichtet und Ihnen nur das sagt, was wirklich wichtig ist, und Sie im Zweifel tröstet. Das Zweite: Sparen Sie sich jeden Kommentar, den Sie irgendwo lesen, wenn jemand anonymisiert auftritt. Kunstnamen sind ja auch so eine Unsitte der heutigen Tage geworden. Wenn dann »Dickmops 732« sich austauscht mit »Spandauer Wattebäuschchen« und »Sesselpupsi XXL« und die sich über Sie empören, da brauchen Sie nicht mitzugehen. Die Frustration dieser Menschen muss man nicht selbst in seinem Herzen tragen. Wie steht es bei dir?

Gysi
Ich habe folgendes Spiel getrieben, das half, wenn ich früher im Bundestag gesprochen habe und alle danach über mich herfielen. Da habe ich mir überlegt, was ich gegen mich gesagt hätte – und da sind mir manchmal bessere Argumente eingefallen. Dann nimmst du das Ganze nicht mehr wirklich ernst. Ganz wichtig: Wenn dich jemand hasst, darfst du nicht zurückhassen. Wie schafft man das? Indem man sich überlegt, warum derjenige einen hasst. Im Bundestag gab es einen Teil der Abgeordneten, die mich wirklich hassten. Dann habe ich mir überlegt: Gut, die wissen ja nur wenig über dich. Die haben nur das und das gelesen, davon gehen die aus. Wenn man versteht, wie es dazu gekommen ist, geht man milder damit um. Und wenn man nicht zurückhasst, verliert man seine Souveränität nicht. Du wirst dich wundern, ich habe mich ein bisschen nach der Bergpredigt gerichtet, weil Jesus Christus sagt, wir sollen unsere Gegner lieben. Nur, das kann ich auch nicht. Aber immerhin wenigstens nicht zurückhassen.

»Bei der fünften Kundgebung war ich plötzlich nicht mehr sicher: Hattest du schon über Arbeitslosigkeit gesprochen, oder war das bei der vorhergehenden Kundgebung?«

Wahlkampf

Guttenberg
Lieber Gregor, heute sprechen wir über etwas, das dein Leben immer noch prägt und meines über viele Jahre auch beeinflusst hat. Wir sprechen über das, was manche nicht das organisierte Verbrechen, sondern das organisierte Versprechen nennen – nämlich Wahlkämpfe. Wie sich Wahlkämpfe gestalten, wie sie geführt werden, was sie aus Wahlkämpfenden machen.

Gysi
Seit 1990 bin ich in Wahlkämpfe verwickelt, mit einer gewissen Pause. Das ist schon anstrengend. Am Anfang macht es Spaß. Man bastelt an seiner Rede herum, lernt Leute kennen, auch die Konkurrentinnen und Konkurrenten der anderen Parteien. Es gibt Fernsehsendungen, es gibt Kundgebungen, es gibt Podiumsgespräche, doch irgendwann – mir geht es zumindest so – fängt der Wahlkampf an, mich zu langweilen. Dann habe ich schon 17 Mal meine Rede gehört und habe die Furcht, sie zum 18. Mal anhören zu müssen. Man ermüdet etwas. Es

gibt Wahlkämpferinnen und Wahlkämpfer, die in die letzten Veranstaltungen ganz viel Kraft hineinstecken, um doch noch das Steuer herumzureißen. Aber welchen Einfluss hat eigentlich der Wahlkampf auf die Abgabe von Stimmen von Wählerinnen und Wählern?

Guttenberg
Er spielt schon eine große Rolle. Je schlechter ein Wahlkampf geführt wird, desto größer wird die Zahl der Nichtwähler in unserem Land, die sich ohnehin auf bedenklichem Niveau bewegt. Mein letzter wirklicher Wahlkampf für ein politisches Amt ist mehr als zwölf Jahre her. 2017 habe ich mich noch mal in ein paar Bierzelte gestellt, weil ich damals angefragt wurde. Man kann mit einem klugen – und nicht nur Allgemeinplätzen folgenden – Wahlkampf etwas bewegen. Allerdings stößt man die Menschen ab, wenn sie den Eindruck haben, dass man sich als gewählter Abgeordneter lediglich vor einem Wahltag ins Zeug legt und sich den Rest der Zeit so gut wie nie blicken lässt, sondern sich als Bundestagsabgeordneter mit Lachshäppchen und Champagner auf Lobbyabenden in Berlin herumtreibt. Aber wenn der Wahlkampf organisch in die Tätigkeit mit einfließt, die man ohnehin über die Jahre für die Menschen zu Hause betreibt, kann das große Bedeutung haben. Zumal wenn dieser Wahlkampf nicht nur darin besteht, dass man Parteiprogramme nachbetet, ohne sie auch mal kritisch infrage zu stellen. Die Wirkung von Wahlkampf hängt sehr von der Qualität der Arbeit und der Ehrlichkeit der Wahlkämpfer ab.

Gysi
So kommt der Spruch mit dem organisierten Versprechen zustande. Es gibt immer wieder Politikerinnen und Politiker, die vor der Wahl etwas erklären und dann das Gegenteil machen. Das zerstört das Vertrauensverhältnis. Ist zwar nicht strafrechtlich relevant, wie manche Bürgerinnen und Bürger denken, denn ein Wahlversprechen ist kein juristischer Vorgang. Aber politisch ist das sehr bedenklich. Natürlich gibt es in einer Koalition Kompromisse, das ist etwas anderes. Aber wenn man selbst das Wort bricht, verzeihen das die Leute in aller Regel nicht.
Wie wichtig ein Wahlprogramm ist? Wir Linke haben ja schon immer ein umfassendes Wahlprogramm, zig Seiten. Und das stellten wir frü-

her in gedruckter Form vielleicht 40 Mal her, das reichte. Nur als PDS und WASG zur Linken zusammengegangen sind, war das lange Wahlprogramm ungeheuer gefragt. Wir mussten nachdrucken, was das Zeug hielt. Plötzlich wollten alle wissen: Was machen die jetzt eigentlich, beide zusammen? Bei den nächsten Wahlkämpfen war es wieder so wie vorher.

Guttenberg

Das ist ein Sonderfall. Mein Eindruck war immer der, dass diese Hochglanzprodukte, die wir über viele Seiten produziert haben, eigentlich kein Schwein interessiert haben, sondern dass sie im Wesentlichen von Journalisten auf Versatzstücke überprüft wurden, die für den medialen Streit geeignet waren. Das Programm war auch alles andere als ein Schlager an den Wahlständen. Und natürlich war es auch oft so, dass viele der Kolleginnen und Kollegen das eigene Wahlprogramm nicht gelesen hatten, sondern sich darauf verließen, dass eine Parteizentrale ihnen Versatzstücke häppchenweise so zurechtzimmerte, dass die sich für eine Wahlkampfrede nutzen ließen.

Dich zeichnet ja auch aus, dass du die freie Rede schätzt. Das war für mich der Rettungsanker und hat mich davor geschützt, mich bei monatelangen Wahlkämpfen selbst zu langweilen. Ich habe versucht, das immer zu vermeiden, obwohl frei zu reden mich natürlich manchmal in Teufels Küche gebracht hat. Aber so schleift man selbst nicht ab und wird nicht nur zum Sprachrohr von Gedanken anderer, sondern bringt die eigenen Ideen ein.

Zu den Wahlversprechen: Man muss sich bewusst machen, dass man im Wahlkampf »die reine Lehre« vertritt, das, was man in einer Partei ausgearbeitet hat – wenn auch in individuellen Ausprägungen. Dass man enttäuschen muss, liegt in der Natur der Sache, weil nach der Wahl Koalitionen zu bilden sind. Der Wahlkampf steuert also auf eine absehbare Enttäuschung vieler Menschen hin, die sich für die Linke oder die CSU aus einem bestimmten Grund entschieden haben. Am Ende finden sich Parteien aber in einer Koalition wieder und müssen Kompromisse schließen. Und dann sagen die Leute: Wir sind aber veräppelt worden. Denn der Kompromiss hat mit der reinen Lehre nicht mehr viel zu tun. Das ist für euch ein bisschen leichter, Gregor, weil ihr ja die meiste Zeit in der Opposition seid. Da kann man die reine Lehre nach der Wahl einfach weiter vertreten.

Gysi
Aber nicht in den Ländern! Da waren und sind wir in Regierungen, und da standen wir vor demselben Problem. Politikerinnen und Politiker müssen das klug machen. Du musst erklären, warum es zu diesem oder jenem Kompromiss gekommen ist. Das ist das Wichtigste. Aber ich meine einen anderen Fall. Wenn Gerhard Schröder vor der Wahl sagt, er wird die Rentenkürzung der Union zurücknehmen, und das dann tut, nur um eine noch schlimmere Rentenkürzung vorzunehmen und sich auch noch für die Rücknahme bei der Union und der FDP zu entschuldigen, dann sind die Leute wirklich enttäuscht. Das nehmen sie übel, denn das war ja nicht erzwungen in einem Kompromiss der Koalition. Ich glaube, dass die Leute unterscheiden können.

Guttenberg
Das denke ich auch.

Gysi
Ich sage ja immer, erwachsen wird man erst mit 50, denn mit 49 kann dir passieren, dass einer sagt: Das lernt er noch. Aber ab 50 sagt das keiner mehr, und ab 60 beginnen, ganz vorsichtig, die Privilegien des Alters. Zwischen 50 und 60 kannst du auf keine Rücksicht zählen. Ich weiß noch, als meine Partei für mich fünf Kundgebungen an einem Tag festgeschrieben hatte. Die jagten mich von Rede zu Rede, und dafür hatte ich meine Themenblöcke, die ich wechselte. Einmal, bei der fünften Kundgebung, war ich plötzlich nicht mehr sicher: Hast du schon über Arbeitslosigkeit gesprochen, oder war das bei der vorhergehenden Kundgebung?
Was mich bei alldem wirklich interessiert: Mir hat André Brie mal Folgendes gesagt: »Gregor, ein Wahlplakat bringt keine einzige Stimme. Aber kein Wahlplakat kostet viele Stimmen.« Ich will dir ein Beispiel erzählen. Ich war in Hamburg zum Wahlkampf, und der Taxifahrer fragte mich: »Was machen Sie denn hier?« »Na ja, schauen Sie mal auf die Straße.« Da sagt er: »Was ist denn da?« »Sehen Sie nicht die

Wahlplakate?« »Ja«, sagt er, »jetzt, wo Sie es sagen, sehe ich die auch.« Das heißt, dem war bis dahin gar nicht aufgefallen, dass Wahlen stattfinden. Jemand anderes hat mir erklärt: Wenn du keine Wahlplakate klebst, wissen die Leute gar nicht, dass du antrittst. Die wissen auch nicht, dass deine Partei antritt. Dann wirst du nicht gewählt, denn in der Wahlkabine ist es zu spät. Das heißt, der Zweck eines Wahlplakates besteht darin, zu sagen, diese Partei tritt an oder diese Person ist direkt zu wählen, damit man sich Gedanken hinsichtlich seines Wahlverhaltens macht. Und wenn du möchtest, dass man sich ein Wahlplakat merkt, musst du dir etwas einfallen lassen. Du kannst mich gern fragen, ob mir mal etwas eingefallen ist.

Guttenberg

Ich glaube, dass Plakate heute überschätzt werden oder, wie du richtig sagst, langweilig sind, sodass sie überhaupt keine Reaktion mehr auslösen. Ein grinsendes Gesicht eines bekannten Kopfes reicht heute nicht mehr, um etwas bei den Menschen auszulösen. Was noch hinzukommt: Es gibt Jahre, da gibt es drei Wahlkämpfe. Im Grunde werden die Plakate nur umgehängt, oder es werden Gesichter ausgetauscht. Es tritt eine gewisse Erschöpfung ein in Jahren, in denen eine Europawahl, eine Bundestagswahl, eine Kommunalwahl stattfindet. Da entsteht ein »Overkill«. Ein Wahlplakat ist heute nicht mehr das maßgebliche Instrument neben dem Fernsehen, um Menschen auf die Wahl hinzuweisen: Es hat sich unglaublich viel in die neuen Medien verlagert.
So, und nun erzähl: Was für ein Wahlplakat hast du dir einfallen lassen, dass die Menschen gesagt haben: »Meine Herren, ich muss den Gregor Gysi wählen!«

Gysi

Einmal, da hat man mich gar nicht gefragt, gab es ein Plakat, da stand PDS drauf, und nur meine Brille war zu sehen, nichts anderes. Kein Wort. Das haben die Leute gesammelt.
Ich selbst hatte mal eine Idee, die ich gut fand – andere fanden sie gar nicht gut. Die wollten, dass unter meinen Plakaten so Sachen stehen wie: Ich bin für sozialen Wohnungsbau und so weiter. Aber das wissen die Leute doch sowieso, das lesen sie, und dann ist es weg. Und da habe

ich ein Plakat entwerfen lassen: »Reichtum für alle«. Das war eine kleine Sensation. Es gab keine Rundfunk-, keine Fernsehsendung, in der ich nicht vor allen anderen zehn Minuten lang zu dem Plakat befragt wurde. Ich habe immer unterschiedlich geantwortet. »Sie sind für Armut für alle?« »Nein, natürlich nicht.« »Aha«, sage ich, »dann sind Sie für Reichtum für wenige und für Armut für viele?« Oder ich habe gesagt: »Wie kommen Sie denn darauf, dass ich materiellen Reichtum meine? Ich meine den Reichtum an Gesundheit, an Bildung, an Kunst und Kultur.« Das war ein Plakat, das sich die Leute gemerkt haben, auf das hin sie E-Mails geschrieben haben. Das entscheidet nicht über die Stimmabgabe, aber es politisiert und sorgt dafür, dass man sich etwas merkt. Manchmal erreichst du auch mit einer Frechheit, mit einer Art Witz irgendetwas. Ich bin dagegen, im Wahlkampf den Humor zu streichen.

Guttenberg
Das war mir auch ganz wichtig. Man muss witzig provozieren können. Das aber können die wenigsten. Meistens ist es so, dass eine Parteizentrale eine Agentur beauftragt. Viele davon sind auch nicht mit Humor gesegnet, und am Ende kommen langweilige Blaupausen heraus. Mir ging es auch immer darum, eher mal zu provozieren, ein Nachdenken auszulösen oder eine Reaktion zu bekommen, anstatt in dem Brei der gleichen Darstellung politischer Aussagen abzusaufen. Damals war ich viel in ganz Deutschland unterwegs, weil mich Kollegen baten, in ihren Wahlkreis zu kommen. Die können nicht liebevoll genug sein, wenn sie einen bitten, dass man bei ihnen zum Wahlkampfauftritt kommt.

Gysi
Das kenne ich. Da hat man einen Grad an Beliebtheit, den ich sonst nie in meiner Partei erlebe.

Guttenberg
So ist es, und wenn dann der Wahlkampf vorbei ist, hört man meistens von den Leuten nichts mehr.
Ich habe mich nie einer vorgestanzten Rede bedient. Natürlich gibt es Versatzstücke, die man immer wieder nutzt. Aber was mir wichtig war,

egal, wo ich hinkam, ob das ein kleiner Weiler in meinem sehr ländlich geprägten Oberfranken war oder ein Stadtteil von Mannheim: dass man sich davor genau informiert. Was sind die Themen, die emotional vor Ort wirklich eine Rolle spielen? Wer sind die wichtigsten Köpfe, die dort dafür sorgen, dass es einen Zusammenhalt gibt? Und das sind, ganz ehrlich, meistens nicht die, die in der Wahlkampfveranstaltung ganz vorne sitzen, die Honorablen, die auf ihren Hintern herumrutschen und sehnsüchtig nach oben schauen, damit sie von dir begrüßt werden. Sondern das ist ein Feuerwehrkommandeur, das ist eine Vorsitzende der Arbeiterwohlfahrt, das sind diejenigen, die ehrenamtlich viel zustande bringen. Und deswegen habe ich als Erstes und am intensivsten genau diese Menschen nicht nur begrüßt, sondern auch hervorgehoben. Der örtliche Kandidat wurde schon auch in die Rede eingebaut und begrüßt. Das war immer wahnsinnig komisch zu sehen, wie geguckt wurde: Wann werde ich genannt, wann werde ich genannt, wann werde ich endlich, endlich vom Redner hervorgehoben?
Und ebenso wichtig war es, sich zu fragen: vielleicht jetzt nicht die siebte Abhandlung über die Wärmepumpe – das wäre heute ein aktuelles Thema –, sondern über eine Umgehungsstraße? Dort, wo die Emotionen liegen. Da muss man sich so gut informiert haben, dass man ein solches Thema auch ansprechen kann.

Gysi
Ja, das funktioniert, wenn du ein, zwei Wahlveranstaltungen am Tag hast. Das wäre heute bei mir auch so. Aber früher, wenn ich vier, fünf hatte, hätte ich das gar nicht geschafft. Mich vorher so zu informieren, dass ich das größte Problem vor Ort kenne.

Guttenberg
Natürlich schafft man das nicht selbst, das macht ein Mitarbeiter.

Gysi
Aber der, der mich begleitete, wäre damit auch überfordert gewesen. Es kommt noch etwas anderes hinzu. Ich mache das auch gern, dass ich den Feuerwehrmann oder andere hervorhebe, aber man muss aufpassen. Es kann auch aufgezogen wirken. Dass die Leute sagen: Das

macht er bloß, um noch ein paar Stimmen zu sammeln. Der Tonfall, in dem man das bringt, kann da ganz wichtig sein.

1990, schon vor dem ersten Tag des Wahlkampfes der PDS, stand fest, wer uns auf jeden Fall wählt, und es stand auch fest, wer uns auf jeden Fall nicht wählt. Da war Wahlkampf eine Sache des Mutes: unter die Leute zu gehen, sich beschimpfen zu lassen, zu versuchen zu erklären. Inzwischen ist meine Partei insofern normalisiert, dass sie Stimmen gewinnen und verlieren kann.

Selbstlob war immer schwer für mich. Ich konnte nie, wenn ich eine Rede gehalten habe, so etwas sagen wie: »Ich bin super auf folgenden Gebieten.« Übrigens habe ich bei Bewerbungen, die ich früher als Fraktionsvorsitzender bekam, festgestellt, dass ich immer zwischen West und Ost unterscheiden konnte. In Westbewerbungen stand drin: »Ich bin super auf folgenden zehn Gebieten«, und in Ostbewerbungen stand eher: »Ich glaube nicht ganz schlecht zu sein auf folgenden Gebieten.« Wir kannten in der DDR Bewerbungen kaum. Andere haben entschieden, ob du Abteilungsleiter wirst oder nicht. Deshalb fällt mir das schwer. Heute kommt, glaube ich, viel besser an, wenn ich sage: »Passen Sie auf, ich stehe dafür, stehe dafür, stehe dafür. Und das müssen wir erreichen, und das haben wir schon erreicht, aber das reicht nicht aus.« Das ist angenehmer, als wenn ich anfangen würde, meine Eigenschaften zu preisen oder auch das Gegenteil zu betreiben, wenn ich sagte: »Ich habe sehr unangenehme Eigenschaften, aber das soll Sie nicht stören.« Wobei ich dafür der Typ wäre, dass ich solche Bemerkungen machte.

Guttenberg
Die negativen Eigenschaften heben aber schon andere für einen hervor, darauf kann man sich verlassen.

In der damaligen Zeit in meinem Wahlkreis, das soll jetzt nicht hochmütig klingen, habe ich sehr hohe Wahlergebnisse bekommen. In einem früher nicht unbedingt tiefschwarzen ländlichen Wahlkreis habe ich zuletzt 68 Prozent geholt, das war, glaube ich, sogar das beste Ergebnis in Deutschland. Aber ich habe festgestellt, das hatte sehr wenig mit Wahlkampf zu tun, sondern damit, dass man die Menschen nicht nur vor dem Wahltag ernst nimmt, sondern vier Jahre lang wirklich nonstop in diesem Wahlkreis unterwegs ist und es einem scheißegal ist, ob man es mit einem roten, gelben, grünen, wie auch immer gefärbten Bürgermeister oder Gemeinderat zu tun hat. Dass man jede Gemeinde – bei mir waren es etwa 60 politische Gemeinden – mindestens einmal im Jahr besucht und sich einmal im Jahr überprüfen lässt, ob man seine Hausaufgaben gemacht hat. Und dann war es für mich ein Anliegen, von den eigenen Überzeugungen zu sprechen. Das hat mir nicht immer nur Freunde im eigenen Laden eingebracht, weil ich mich ungern an die Vorgaben gehalten habe, wenn ich das Gefühl hatte, das ist zu viel versprochen, das ist etwas, das wird man im Zweifel nicht einhalten können.

Aber irgendwann kommt der Wahlabend. Ein Wahlabend ist ja etwas Erstaunliches, nicht wahr, Gregor? Man arbeitet über Monate auf diesen Moment hin, und dann entsteht eine riesige Theaterbühne für alle Parteien. Viele Menschen wissen gar nicht, dass bereits am Nachmittag die Parteispitzen und die Parteizentralen sowie die großen Redaktionen die Prognose bekommen, die erst um 18 Uhr veröffentlicht wird – wo dann alle wahnsinnig überrascht tun. Der Wahlabend selbst ist ein ganz eigenes Fegefeuer der Eitelkeiten. Eines, an dem sich die erstaunlichsten Charaktere zeigen. Wie ergeht es dir da?

Gysi

Erzähl ich dir gleich, aber vorher noch kurz eine andere erstaunliche Geschichte. Da war ich erst in München und dann in Lübeck, in Schleswig-Holstein. Und ich merkte, die Leute dort gehen überhaupt nicht mit. Das funktioniert nicht. Ich habe nach der Hälfte meiner Rede aufgehört und sagte zu dem Mitarbeiter: »Die Leute gehen nicht mit. Muss ich mal drüber nachdenken, was ich da falsch gemacht habe.« Sagt der: »Wieso? Die waren doch begeistert.« Ich hatte den Unterschied zwischen der Südmentalität und der Nordmentalität unterschätzt. Begeisterung in Lübeck zeigt sich anders als in München.

Guttenberg

Die zeigt sich schon manchmal im Vorort von München anders als in München. Irgendwo rockt man ein Bierzelt, und zwei, drei Kilometer weiter, zwei Wochen später in der Nachbargemeinde schläft das Dorf auf den Tischen ein. Das kann alles passieren.

Gysi
Ich brauche beide Mentalitäten. Ich bin gern in München, und ich bin gern in Lübeck. Der Norden beruhigt mich – ganz wichtig!
So, jetzt aber zu deiner Frage. Für mich war der spannendste Wahlabend folgender: 1990 hat das Bundesverfassungsgericht gegen den Willen der SPD ja die Wahlgebiete getrennt. Wenn man entweder in der früheren DDR oder in der früheren Bundesrepublik fünf Prozent erreicht hat, war man im Bundestag. Weil wir das in der ehemaligen DDR geschafft haben, waren wir drin, genauso das Bündnis 90/Die Grünen. Doch dann mussten wir bei der nächsten Wahl bundesweit fünf Prozent erreichen. Mir war völlig klar: Das schaffen wir nicht. Wir hatten beim ersten Mal 2,4 Prozent. Wir sind am Ende 1994 auf über vier Prozent gekommen, das war schon ganz gut, aber eben keine fünf Prozent. Daher habe ich vorher erklärt: Wir setzen auf die Drei-Direktmandate-Regel. Da war ich den Zeitungen dankbar, auch der FAZ, weil sie geschrieben haben – und das habe ich ihnen natürlich auch immer wieder gesagt –, dass, wenn wir drei Direktmandate erreichen, alle Zweitstimmen gelten. Das heißt, die wenigen Wählerinnen und Wähler, die wir in Bayern hatten, wussten, dass dann ihre Stimme für die Zahl der Sitze zählt, die wir im Bundestag bekommen, wenn wir die drei Direktmandate irgendwo in Deutschland erreichen. Daraufhin habe ich eine umfassende Informationskampagne in Ostberlin, in Rostock, in Potsdam begonnen und unterschieden zwischen Erst- und Zweitstimme. Wie aber schreibst du einen Brief an Bürgerinnen und Bürger, die zum Teil entschlossen sind, CDU zu wählen? So einer liest PDS und Gysi, und das Ding geht doch gleich in die Mülltonne. Also musste ich einen Anfang finden, der ihn reizt. Und mein Anfang lautete: »Wenn Sie die PDS nicht – »nicht« dick schwarz – wählen wollen, was ich natürlich bedauerte, dann ...«. Und dann habe ich den Unterschied erklärt. 1990 kamen wir auf ein Direktmandat, 1994 haben wir vier Direktmandate erzielt, und so zogen wir wieder in den Bundestag ein.
Nun zum Wahlabend: Die Meldung kam: »Gregor Gysi hat es erneut geschafft, sein Direktmandat zu bestätigen.« Der Beifall bei uns war ... lahm. Dann kam die Meldung. »Christa Luft hat es auch geschafft. Sie hat erstmalig den Wahlkreis ...« Also da war schon deutlich mehr Stimmung. Und dann kam: »Stefan Heym hat es auch geschafft. Er hat

Wolfgang Thierse besiegt, Wahlkreis Mitte, Prenzlauer Berg.« Der Saal tobte, als ob wir das Grundgesetz neu verabschiedet hätten. So etwas hatte ich noch nicht erlebt. Das war eine Begeisterung! Sagenhaft! Weil keiner daran geglaubt hat, dass wir das mit der Drei-Direktmandate-Regel schaffen. Und dann kam noch ein viertes Direktmandat, und da herrschte richtig Glück. So, und dann wiederum kenne ich Wahlkämpfe der Enttäuschung. Boah, da machten die ein Gesicht ...

Guttenberg
Auf der anderen Seite tritt Enttäuschung bei manchen am Wahlabend Begeisterten am nächsten Morgen ein. Denn da geht es langsam an die Postenverteilungen ...

Gysi
Oh ja!

Guttenberg
... und die Aufarbeitung des Wahlkampfes. Und unter denen, die am Abend mitgejubelt haben, sind immer welche dabei, die das Messer schon in der Tasche aufgeklappt haben. Ich bin gottfroh, dass ich nur noch Beobachter bin. Ich beneide dich nicht, dass du das weiterhin betreibst. Nach einem langen, intensiven Wahlkampf habe ich am Wahltag selbst schon eine ganz tiefe Leere empfunden. Das hatte mit Erschöpfung zu tun, aber auch damit, dass man wusste: Nach dem Ergebnis geht der Wahnsinn gleich wieder weiter. Und alles, was Politik auch im Negativen ausmacht, schlägt auch an diesem Abend über dir zusammen. Da werden Ergebnisse schöngeredet. Es wird wieder auf den politischen Gegner eingeschlagen. Es wird ja nicht freundlicher, netter, umgänglicher, sondern man atmet für einige Stunden durch, wenn so ein Wahlkampf endet, was ja in einer Demokratie etwas Wunderbares, auch was Beruhigendes mit sich bringt. Aber es ist nur ein ganz kurzes Durchatmen. Das Hamsterrad drehte sich bei mir trotzdem immer schneller und härter.

Gysi
Ich war insofern immer ein bisschen privilegiert, als es eigentlich nie Debatten um mich gab. Es gab aber immer die Frage: Wer darf Stellvertreter werden, wer darf daneben? Da war es genauso wie in allen anderen Parteien auch. Und das nahm auch von Wahl zu Wahl zu und wurde immer unangenehmer.
Aber worüber wir uns noch gar nicht unterhalten haben: Welche Rolle spielt denn heute das Internet? Was glaubst du denn, was das für Veränderungen im Wahlkampf nach sich zieht?

Guttenberg
Das hat schon große Veränderungen nach sich gezogen. Über Jahre hinweg zeigte sich das bereits in den USA, die in der Hinsicht nicht nur glücklicher Vorreiter sind. Da zählt eine längere politische Rede vor einem größeren Publikum – was man größeres Publikum nannte, wenn einem 2000 oder 3000 zugehört haben – gar nicht so sehr wie ein acht Sekunden oder zehn Sekunden langer Ausschnitt irgendeiner Aussage, einer Provokation, die dann viral geht und die Millionen sehen. Hinzu kommt noch etwas, dass Parteien sich heute genau Gedanken machen, wie man mit neuen Technologien gezielt auch über Algorithmen gewisse Wählergruppen anspricht, deren Daten man hat.
Das alles macht es auch nicht billiger, darüber haben wir noch nicht gesprochen. Was kostet heute eigentlich ein Wahlkampf? Zu meinen Zeiten, bis vor zwölf Jahren, konnte man einen Bundestagswahlkampf noch mit ein paar Zehntausend Euro bestreiten. Das ist heute gar nicht mehr so leicht. In den USA müssen sie Millionen ausgeben. Stell dir vor, Gregor, wir wären ein Repräsentantenhausabgeordneter, der sich alle zwei Jahre wiederwählen lassen muss, der immer wieder Millionen einsammeln muss, um tatsächlich seinen Wahlkampf zu führen, in denen es oft nur darum geht, wie man am produktivsten mit Dreck um sich schmeißt. So weit sind wir noch nicht. Ich kann nur hoffen, dass wir bei uns weiter mit kleineren Beträgen auskommen, weil man sich sonst von den Einflüssen anderer abhängig macht.

Gysi

Wahlkampf ist teuer, so ist das, und daher bin ich sehr zufrieden mit der Wahlkampfkostenerstattung. Weil dadurch bei uns alle kandidieren können. Wenn ich als ganz unbekannter Einzelkandidat kandidiere, brauche ich zehn Prozent der gültigen Stimmen in meinem Wahlkreis, um eine Wahlkampfkostenerstattung zu erhalten. Das ist in den USA völlig anders. Woher kriegt ein Herr Obama Millionen, um überhaupt den Wahlkampf als Präsidentschaftskandidat führen zu können? Als Schlussfolgerungen aus der Weimarer Republik und vor allen Dingen der Nazidiktatur hat man das in der Bundesrepublik anders organisiert und geregelt – das finde ich sehr vernünftig. Aber du hast völlig recht, es wird alles immer teurer, alles immer schwieriger, und wir können ja auch nicht unermesslich Wahlkampfkostenerstattung bezahlen.

Ich finde auch die Bezahlung von Parteien nicht unwichtig, damit ärmere Leute ebenfalls die Chance haben, eine Partei zu bilden. Aber ich finde unsere Regelung über die Höhe falsch. Die Höhe der Finanzierung richtet sich nach der Zahl deiner Stimmen, okay, dann nach der Höhe deiner Beiträge, das ist schon ein bisschen schwieriger, aber das Letzte ist: Sie ist von der Höhe der Spenden abhängig. Das heißt, wenn eine Partei von der Deutschen Bank eine große Spende bekommt, bekommt sie auch vom Staat mehr Geld. Da wir natürlich von der Deutschen Bank nie eine Spende bekommen und die ja auch gar nicht annehmen dürften laut einem Beschluss unseres Parteitages – ob das so schlau ist, weiß ich nicht, ist aber auch egal –, bekommen wir dann weniger. Das würde ich ändern und gerechter gestalten.

Guttenberg

Ein guter Punkt. Ich habe am Anfang von organisiertem Versprechen gesprochen. Irgendeine böse Zunge hat mal gesagt: »Wahlkampf ist nichts anderes als die Manipulation des schlechten Gedächtnisses der Wahlbürger.« Rückblickend bin ich froh, diese Erfahrung gemacht zu haben. Aber ich möchte sie nicht mehr machen müssen.

»Ich weiß gar nicht, wo das alles endet.«

Israel und Gaza

Gysi
Ich möchte mit dem Freiherrn zu Guttenberg über den Überfall der Hamas auf Israel und damit auch über den Nahen Osten sprechen. Wir sind alle bestürzt über das, was wir erleben müssen. Ich fange an mit einer Aussage: Der Überfall der Hamas auf Israel war der schlimmste seit dem Jom-Kippur-Krieg. Die Israelis mussten feststellen, dass es so viele jüdische Tote gab an einem Tag, wie das letztmalig während des Holocaust vor 1945 geschehen ist. Das ist schlimm. Und ich frage dich, wie du das empfunden hast?

Guttenberg
Mit einem unglaublichen Entsetzen. Es wurden Menschen auf bestialische Weise niedergemetzelt. Ich glaube, keiner der Vergleiche greift. Manche sagen, dieser Terrorangriff sei das 9/11 Israels. Andere sagen, das sei eine Wiederkehr des Jom-Kippur-Kriegs von 1973. Der 7. Oktober 2023 aber steht für sich in seiner Einzigartigkeit. Ich habe am Abend vorher noch mit Freunden in Israel telefoniert, keiner hat mit so etwas gerechnet.
Lass uns den großen Bogen schlagen, denn von den Ereignissen werden wir stündlich überholt. Es sind globale Auswirkungen, über die wir hier sprechen müssen. Zunächst mal sind unsere Gedanken natürlich bei den unzähligen zivilen Opfern. Aber auch bei jenen, die voraussichtlich noch Opfer werden. Eine ohnehin schon komplexe Lage in diesem Raum wird noch schwieriger. Du beschäftigst dich seit vielen Jahren mit der Thematik und hast eine sehr eigenständige Stimme entwickelt. Wohin geht die Reise?

Gysi

Netanjahu hat gesagt, der Nahe Osten wird danach völlig anders aussehen als vorher. Ich weiß nicht, was er damit meint, aber das macht mir Sorge. Es ist absurd, aber es ist so: Die Welt war während des Kalten Krieges stabiler als heute. Zuerst dieser Angriffskrieg von Russland auf die Ukraine, jetzt dieser einzigartige verbrecherische Angriff der Hamas auf Israel. Dazu die verbrecherischen Geiselnahmen. Auf der anderen Seite die Tatsache, dass die gegenwärtige israelische Regierung gar nicht an einer politischen Lösung interessiert ist, ebenso wenig die Hamas. Eigentlich will nur die Fatah-Regierung im Westjordanland eine. Die Tatsache, dass die USA sich auch nicht mehr zurechtfinden, nicht mal im Innern: dass in einer solchen Zeit der Präsident des Kongresses abgewählt wird, dass Biden einen überforderten Eindruck macht, dass Trump schon wieder versucht mitzumischen – mein Gott, wo leben wir eigentlich?

Ich gebe zu, ich fühle mich manchmal auch etwas überfordert. Ich weiß gar nicht, wo das alles endet. Das Einzige, was wir auf jeden Fall verhindern müssen, ist ein Dritter Weltkrieg.

Guttenberg

Da bin ich bei dir. Es bilden sich auf dieser Welt gerade neue Machtzentren heraus. Du hast den Kalten Krieg genannt. Da gab es natürlich eine Stabilität, die irgendwann enden musste. Es war eine Bipolarität, es standen sich zwei Blöcke gegenüber. Viele Staaten auf dieser Erde hatten sich für einen der Blöcke entschieden.

Gysi

Manche haben auch von beiden genommen.

Guttenberg

Und jetzt haben wir eine große Unruhe auf dieser Welt, die in Nationalismen zurückdriftet. Neue Gruppierungen bilden sich heraus, die sich distanzieren von der lange vorherrschenden, weltumfassenden Einflussnahme der USA, die ja nicht nur schlimme Sachen hervorgebracht hat. Im Gegenteil. Aber manche Dinge wie der Irakkrieg oder Vietnam sind natürlich dramatisch schiefgelaufen, und die werden aus den Schubladen gezogen.

Wenn wir uns Israel, den Gazastreifen, Palästina, diesen gesamten Raum ansehen, muss man konstatieren: Es ist nicht das erste Mal, dass es Terrorangriffe auf Israel gibt. Wir stehen vor dem fünften Krieg mit Gaza. Die Hamas ist 1988 gegründet worden und hat sich die Vernichtung Israels auf die Fahne geschrieben. Und sie hat sich das immer wieder selbst geschworen, auch dass man einen Genozid vollführen wollte.

Gysi
Diktatorische Strukturen missbrauchen oft die eigene Bevölkerung und opfern sie mit. Die Hamas rechnet damit, dass Israel in den Gazastreifen einmarschiert. Israel will die Hamas auslöschen. Das halte ich für eine Illusion, weil bei den Zivilisten neuer Hass entsteht.

Guttenberg
Genau damit kalkuliert die Hamas.

Gysi
Ja, und ich ärgere mich über die »Schlauheit« von Geheimdiensten. Denn wegen der Fatah hat der israelische Geheimdienst die Gründung der Hamas unterstützt, weil sie dachten, das sei eine schöne Konkurrenz. Großartig, kann ich da nur sagen. Es gab mit Jitzchak Rabin einen Mann, der um eine politische Lösung des ganzen Nahostkonflikts gekämpft hat. Dann ist er ermordet worden. Wir Linken sagen immer: Eine Person spielt in der Geschichte nicht die entscheidende Rolle. Das kann auch ein schwerer Irrtum sein. Hier zum Beispiel hat diese eine Person eine ganz gewichtige Rolle gespielt. Es gab noch einen Ministerpräsidenten, Ehud Barak, der mit Jassir Arafat bei Bill Clinton war. Die sind vor allem an der Flüchtlingsfrage und der Hauptstadtfrage um Jerusalem gescheitert. Und seitdem habe ich keine Regierung mehr in Israel erlebt, die wirklich eine politische Lösung wollte.
Trump hat mal einen Vorschlag gemacht, der war aber ziemlich absurd und wurde natürlich von den Palästinenserinnen und Palästinensern abgelehnt. Auch unsere Regierung muss bedenken: Wenn wir die Regierung von Mahmud Abbas im Westjordanland nicht unterstützen, wenn er keine Erfolge zu verzeichnen hat, würde bei Wahlen im Westjordanland die Hamas gewinnen. Wenn allerdings im Gazastreifen

wieder gewählt werden würde, würde dort die Fatah gewinnen, nicht mehr die Hamas. Und deshalb habe ich mal kritisch in einer Rede gegenüber Netanjahu, aber auch gegenüber meiner Regierung und anderen Regierungen gesagt: Wir müssen dem Abbas Erfolgserlebnisse organisieren, damit es seiner Bevölkerung besser geht und sie ihn wiederwählen würden.

Guttenberg
Nun wissen wir aber, dass Abbas alles andere als unumstritten ist. Er ist auch nicht frei von Zynismus und hat oftmals extrem erratisch gehandelt.

Gysi
Damit du mich nicht falsch verstehst: Ich bin kein begeisterter Anhänger von Abbas, aber er ist im Vergleich zur Hamas die friedliche Variante. Wir müssen der friedlichen Seite Erfolgserlebnisse verschaffen, was viel zu wenig geschehen ist.

Guttenberg
Dass auf allen Seiten Fehler begangen wurden, ist unbestreitbar. Es gibt aber auch hier bei uns viele, die derzeit vor Häme kaum laufen können. Da geht mir die Galle hoch, ganz ehrlich. Wenn angesichts dieser bestialischen Morde die ersten Stimmen sagen: Die Israelis haben aber ... Im Englischen nennt man das Whataboutism. In dem Sinne: Es mag ja schon richtig sein, dass da etwas Schreckliches stattgefunden hat, aber die Israelis sind selbst schuld. Das ist an Widerwärtigkeit kaum zu übertreffen. Wir bilden uns im bequemen Sessel aus der Distanz heraus unsere Urteile, und dabei vergessen wir ganz: Wir sprechen über eine Nation Israel, die sehr wohl extrem kritisch gegenüber ihren jeweiligen Regierungen ist, die einen sehr kritischen Medienapparat hat, die selbst in diesen Tagen sich immer wieder auch die Frage stellt: Haben wir außenpolitisch alles richtig gemacht?
Das Bittere an der Situation derzeit ist, dass es im Nahen Osten in den letzten eineinhalb, zwei Jahren vielversprechende Annäherungen gab. Einmal – fast absurderweise – initiiert von Donald Trump bzw. im Wesentlichen von seinem auch etwas schrägen Schwiegersohn Jared

Kushner, der die »Abraham Accords« auf den Weg gebracht hat. Wir hatten plötzlich diplomatische Beziehungen zwischen den Arabischen Emiraten, Bahrain, Marokko und Israel. Das war natürlich denjenigen ein Dorn im Auge, die die Vernichtung Israels wollten. Zum Zweiten hatten wir in den letzten Monaten die Aussicht auf eine wirkliche Annäherung zwischen Saudi-Arabien und Israel. Wir hatten gleichzeitig eine Annäherung zwischen Saudi-Arabien und Iran, initiiert durch China. Es bestand die Hoffnung, es könnte etwas Stabilität in der Region entstehen, aber das wäre natürlich lebensbedrohlich gewesen für die perfide Ideologie der Hamas und auch für eine perfide Ideologie, die aus dem Iran heraus gespeist wird. Und das war wahrscheinlich einer der Zündknöpfe für die entsetzlichen Dinge, die wir derzeit sehen.

Gysi
Hisbollah kommt noch hinzu. Die machen den Libanon kaputt. Und deshalb sage ich, wenn man Beziehungen knüpft zu den Vereinigten Arabischen Emiraten und Bahrain und Beziehungen zu Saudi-Arabien, müsste man bedenken: Was machen wir mit den Palästinenserinnen und Palästinensern im Westjordanland, vielleicht auch im Gazastreifen? Nicht mit der Hamas, aber mit der Bevölkerung? Das ist mir viel zu wenig geschehen, das ist außenpolitisch nicht klug durchdacht. Wenn ich auf der einen Seite einen Prozess einleite, der vielversprechend ist, muss ich mir immer überlegen, wie ich die Gegner des Prozesses zumindest neutralisiere.
Der Nahe Osten ist aus unserer Sicht ja ein besonders heißes Feld, weil das alles etwas mit der deutschen Geschichte zu tun hat. Das dürfen wir nicht vergessen. Sechs Millionen Jüdinnen und Juden sind von den Nazis ermordet worden. Ich glaube, dass das mit ein Grund war, dass sich damals eine Mehrheit der UNO-Staaten für die Bildung des Staates Israel ausgesprochen hat. Die arabische Welt war darauf nicht vorbereitet und entsetzt, man führte gleich einen Krieg gegen Israel. Israel musste sich sofort verteidigen, sonst wäre es zusammengebrochen – damals noch mithilfe der Sowjetunion über die Tschechoslowakei, das kann man sich heute auch nicht mehr vorstellen. So nahm die ganze Entwicklung ihren Lauf. Und nach Oslo, nachdem also die Palästinenser, zumindest die unter Arafat, verstanden hatten, dass sie Israel als

Staat zu akzeptieren haben, war die Bereitschaft, zu einer wirklichen politischen Lösung zu kommen, viel zu gering. Das bedauere ich, weil es jetzt noch schwerer wird, eine solche Lösung zu finden.

Wahrscheinlich wird Israel sich überlegen, wie man die Hamas auslöschen kann. Ich glaube, dass das letztlich nicht funktionieren wird. Vor allen Dingen rechnet die Hamas mit etwas ganz anderem. Jetzt gehen um die Welt noch die Bilder der toten Israelis, und es gibt viel Solidarität mit Israel, obwohl es schon wieder die anderen Stimmen gibt. Aber wenn es nachher viele tote Palästinenser gibt und man diese Bilder sieht, so hofft die Hamas, wird die Stimmung kippen. Für die arabische Welt ist das alles schwer. Es gibt natürlich Vertreter dort, die den Angriff der Hamas verurteilen. Aber mit Rücksicht auf die Stimmung in ihrer Bevölkerung müssen sie bei der Verurteilung bestimmte Grenzen wahren. Das macht alles furchtbar.

Guttenberg

Du sprichst einen sehr richtigen Punkt an, weil die Hamas mit dieser Strategie in schrecklicher Weise Terror in zwei Richtungen betreibt, natürlich gegenüber Israel. Aber sie schafft den Terror vor allem auch gegen die eigene Bevölkerung. Und in der Begleitung der nächsten Monate, in denen diese Bilder kommen, darf dieser Hinweis nie fehlen. Eine Korrektur habe ich aus meiner Sicht – und zwar bei deinem Punkt, das Anliegen der Palästinenser sei doch sehr vernachlässigt worden bei den Annäherungen zwischen Saudi-Arabien und Israel und der Emirate und Israel. Ich sehe das ein bisschen anders. Ich glaube, dass genau diese Annäherung eine Brücke sein könnte, um für das, was man als berechtigte palästinensische Anliegen diskutieren müsste, einen Weg zu ebnen. Natürlich braucht das Zeit. Aber die Saudis und auch diejenigen, die in den Emiraten Macht haben, haben ein Interesse daran, dass hier Lösungen gefunden werden.

Gysi

Dann habe ich mich falsch ausgedrückt, oder du hast mich falsch verstanden. Ich habe ja die diplomatischen Beziehungen zwischen den Vereinigten Arabischen Emiraten und Israel sowie Bahrain und Israel gewürdigt. Dafür wurde ich zum Teil aus meiner Partei kritisiert, weil die gesagt haben: Anerkennung erst, wenn die Palästinafrage gelöst ist. Hat diese Forderung, die vor 50 Jahren aufgestellt wurde, je zum Erfolg geführt? Nein! Deshalb bin ich dafür, dass es Beziehungen zwischen den arabischen Staaten und Israel gibt, damit die arabischen Staaten dann Einfluss nehmen können auf die Lösung der Palästinafrage. Was ich meinte, ist, dass Netanjahu in dieser Zeit keine Gesten eingefallen sind, um den Palästinenserinnen und Palästinensern gerade im Westjordanland zu zeigen, dass das ja nicht gegen sie gerichtet ist, sondern letztlich auch ihnen nützt.

Guttenberg
Und gleichzeitig hat sich Netanjahu eine Koalition geschaffen mit ganz Rechten, die überhaupt kein Interesse haben, in irgendeiner Form konstruktiv zu sein. Dafür wird er in Israel schwer kritisiert. Es gab dort heftigste Demonstrationen über die letzten Monate – im Übrigen ein Ausdruck demokratischen Handelns.
Aber wir wollen einen Schritt weiter gehen: Was hat die momentane Situation für Implikationen? Die gehen sehr viel weiter als über diesen Raum hinaus. Ein saudisch-israelisches Abkommen liegt mindestens auf Eis. Möglicherweise scheitert es auch komplett. Wir haben gleichzeitig sehr fragwürdige Reaktionen im UN-Sicherheitsrat von chinesischer und russischer Seite gehört. Hier wird eine neue, auch geopolitische globale Note gesetzt. In Russland schaut man sich das Ganze derzeit an und sagt: Das spielt uns eigentlich in die Hände, weil sich die Aufmerksamkeit weg von unserem eigenen Krieg, mit dem wir gerade die Ukraine überzogen haben, Richtung Nahen Osten wendet. Die Hauptgeber der Ukraine im militärischen und finanziellen Sinne, die USA, befinden sich bereits im Vorwahlkampf und werden jetzt zusätzlich noch »abgelenkt« mit einem Krieg im Nahen Osten. Das kommt uns doch in Moskau nur zugute. Ich glaube, dass gerade Schockwellen durch Kiew ziehen wegen dem, was sich hier abspielt. Mit der Konsequenz, dass sehr viel mehr Verantwortung, was den Krieg in der Ukraine betrifft, bei uns Europäern landen wird. Das ist nur ein Aspekt von vielen. Wir haben ein brodelndes Kosovo, wir haben immer noch das Spannungsfeld China und Taiwan. Wir haben so viele Brandherde auf dieser Welt.

Die Fokussierung auf Israel ist notwendig und auf das, was jetzt in Gaza geschehen wird. Möglicherweise haben wir sogar bald einen Fünffrontenkrieg – es kann ja passieren, dass der Libanon eingreift, dass der Iran sich genötigt fühlt, noch einzugreifen. Ein Israeli hat das als potenzielles Armageddon bezeichnet, was uns da blüht. Das sind globale Implikationen.

Gysi

Die USA steuern langsam auf eine Überforderungssituation zu, das stimmt. Auf die Auswirkungen gerade für den Krieg Russlands gegen die Ukraine habe ich auch hingewiesen. Immer wenn eine solche Katastrophe passiert, wie sie jetzt in Israel passiert, lenkt das ab. Das Problem ist, dass die Bilder weniger werden. Sobald die Bilder weniger werden, nimmt auch die Solidarität ab. Nimmt das Mitgefühl ab.

An den Konflikten allerdings nicht beteiligt ist ein weltpolitisch bedeutendes Land: China. So wie China bei der Annäherung von Iran und Saudi-Arabien eher eine positive Rolle spielt, wird sich die chinesische Führung überlegen, bei welchen anderen Konflikten sie eine eher positive Rolle spielen kann. Die USA sind auf Taiwan angewiesen wegen der Halbleiterherstellung – und jetzt bauen sie Fabriken in den USA und bei Magdeburg. Warum? Weil für den Fall eines militärischen Konflikts von China im Verhältnis zu Taiwan sie nicht gezwungen sein wollen, eingreifen zu müssen – was im Augenblick der Fall wäre, weil ansonsten ihre ganze Halbleiterversorgung zusammenbräche. Das heißt, sie wollen unabhängiger werden. Das wiederum muss die Regierung in Taiwan beunruhigen.

Es ist alles kompliziert. Militärs erklären mir, dass sie befürchten, dass Russland jetzt all ihre Waffen kennenlernt, die sie bisher nicht kannten. Die brauchen gar keine Spione mehr, die werden ihnen ja direkt vorgeführt. All das führt zu Verschiebungen. Aus dem ganzen Vorgang wird Russland geschwächt hervorgehen, werden aber auch die USA geschwächt hervorgehen – und China gestärkt.

Guttenberg

Ich bin mir nicht sicher, ob Russland geschwächt aus der derzeitigen Situation hervorgeht. Insgesamt ja, was die globale Relevanz anbelangt. Die momentane Situation aber entwickelt sich zugunsten Russlands. Sie versuchen auf Zeit zu spielen, und die Ukraine befürchtet, in eine Situation zu kommen, wo sich keinen Millimeter mehr irgendetwas fortbewegt, weil die Mittel und die Unterstützung fehlen. Das ist das, was Putin im Kopf hat.

Gysi
Übrigens hat Selenskyi gesagt: Russland und Hamas ist dasselbe. Egal, ob das stimmt oder nicht, die Sorge ...

Guttenberg
... seine Sorge wird dadurch erkennbar, ja. Ich sehe es wie du, Gregor, China kann ein großer Profiteur dieser Gesamtlage werden. Ich bin aber bedingt der Ansicht, dass China eine wirklich positive Rolle spielt. Ich fand es interessant und begrüßenswert, dass eine Annäherung zwischen Saudi-Arabien und Iran zumindest versucht wurde, was lange unmöglich schien. Damit haben die Amerikaner nicht gerechnet, auch die Europäer nicht. Das mag man positiv sehen. China hat aber auch über Jahre eine bigotte Rolle im UN-Sicherheitsrat gespielt. Die Volksrepublik ist mittlerweile präsenter auf dem afrikanischen Kontinent und in Lateinamerika als jede andere Großmacht dieser Erde. Und auch dort wird nicht immer nur mit sauberen Mitteln gespielt. Wir wissen, es geht natürlich darum, sich global zu positionieren und den Westen auseinanderzudividieren. Wie das funktionieren kann, konnte man sich lange in Energiefragen bei Russland abgucken.

Gysi
Chinas Rolle ist sehr auf sich bezogen, das gilt für andere aber auch. Was mich stört – dich vielleicht nicht, aber mich: dass es Friedensinitiativen für Russland und die Ukraine aus Südafrika, aus Brasilien, selbst aus China gibt und keine einzige aus dem Westen.

Guttenberg
Lass uns noch mal ein anderes Thema ansprechen, weil das auch eine Folgewirkung ist. Du wirst wie ich verstört – ich muss sogar sagen, ich war entsetzt – jene Demonstrationen beobachtet haben, die sich in

Berlin und andernorts abgespielt haben, wo am Tage des Gemetzels in Israel jubelnde, applaudierende Gruppen unter dem Deckmantel »Pro Palästina« auf den Straßen marschiert sind und mit einer unfasslichen Häme dem Schicksal Israels begegnet sind. Worauf ich hinauswill, ist: Wir haben eine Problematik, dass es nicht wenige junge Menschen in unserem Lande gibt, die mit einem sehr verstörenden Bild Israels und israelischer Bürger aufwachsen und die durch die sozialen Medien leicht zu beeinflussen sind. Selbst Antisemitismus ist zu vielen nicht fremd. Hieraus erwächst ein ganz eigener Auftrag, sei es der Bildung, sei es der Wahrheitsvermittlung, an dem wir gescheitert sind. Das besorgt mich. Wie wollen wir dem begegnen?

Gysi
Der größte Fehler bei den sogenannten Gastarbeitern bestand darin zu glauben, dass die alle wieder gehen – und sie deshalb geschlossen unterzubringen. Dadurch sind Parallelgesellschaften entstanden. Das hätte man nicht zulassen dürfen. Man hätte auf Integration setzen müssen. Das heißt, zwei Familien ziehen in diesen Neubaublock, vier Kilometer entfernt vielleicht zwei Familien in den nächsten Block, sodass sie sich mit ihren deutschen Nachbarinnen und Nachbarn versuchen müssen zu verständigen und die natürlich auch mit ihnen. Nur so kann eine Integration erfolgreich gestaltet werden. So wie die Menschen aber angesiedelt wurden, hat sich etwas herauskristallisiert, das sehr schwer zu bekämpfen ist, nämlich Machtverhältnisse innerhalb dieser Parallelgesellschaften, an denen du als junger Mensch auch gar nicht so ohne Weiteres zweifeln kannst. Da gibt es junge Männer, die haben mehr Angst vor ihrem Clanchef oder vor ihrem Vater als vor ihrem Staat, nämlich dem deutschen Staat. Deshalb hat ja auch eine Mehrheit der Türkinnen und Türken in Deutschland Erdoğan gewählt und nicht den Oppositionsführer. Diese Parallelgesellschaften kriegst du nicht aufgelöst, weil du jetzt nicht mehr sagen kannst, ihr müsst alle umziehen.
Die Frage ist: Wie unterrichten wir zur Demokratie und zur Freiheit, wie unterrichten wir über die Geschichte? Gerade was Jüdinnen und Juden betrifft, die ja über Jahrtausende benachteiligt, verfolgt, auch gedemütigt wurden und erst nach 1945 einen eigenen Staat bekommen

haben, sodass es den Jüdinnen und Juden weltweit eigentlich besser geht, trotz dieses schrecklichen Angriffs, weil es eben einen Staat gibt, der sie schützt. Übrigens gibt es keinen Staat für Kurdinnen und Kurden. Das hat Folgen. Es gibt auch keinen Staat für Sinti und Roma, das hat auch Folgen. Ich weiß nicht, wie wir jetzt so spät versuchen können, in die Strukturen der Parallelgesellschaften einzugreifen.

Guttenberg
Aber wir müssen.

Gysi
Vielleicht sollte man die deutsche Jugend dafür gewinnen – nicht wir Alten, das bringt wenig, wobei, du bist ja viel jünger als ich –, dass unsere Jugend dort eindringt und sagt, wir müssen mit denen zusammen Sport machen, Kultur machen, über Politik, über Demokratie, über Freiheit sprechen. Dass wir versuchen hineinzukommen in diese Parallelgesellschaften. Wenn wir sie so belassen, wird sich an dem, was du gerade zu Recht negativ beschrieben hast, leider nichts ändern.

Guttenberg
Eine Einschätzung, die ich teile.
Wir werden heute den Konflikt nicht annähernd lösen können, und wahrscheinlich wird sich die Weltgemeinschaft schwertun, ihn zu lösen. So wie wir uns über Jahrzehnte hinweg extrem schwergetan haben, überhaupt einen Schritt näher zu einem akzeptablen Frieden in dieser Region zu machen. Er ist wieder in weite Ferne gerückt. Die Auswirkungen werden uns lange begleiten. Man kann nur hoffen, dass Europa eine Rolle findet, die verantwortungsvoll ist. Man kann auch nur hoffen, dass unsere Regierung eine Rolle findet, die verantwortungsvoll ist und sich ein bisschen weniger nur mit sich selbst beschäftigt.

Gysi
Das ist nicht gerade ihre Stärke.

Guttenberg
Aber auch nicht immer die Stärke der Opposition.

Gysi
Nein, auch nicht.

Guttenberg
Darüber könnten wir auch vieles erzählen.

Gysi
Lass mich noch eine Sache sagen: Bei allem Schrecklichen, das man sieht, wird doch ganz deutlich, dass wir eine Lösung der Nahostfrage benötigen. Irgendwie muss es einen Staat für Palästinenserinnen und Palästinenser geben – schon weil dann die Auseinandersetzungen dort innere werden und nicht mehr nach außen getragen werden. Ehrlich gesagt, die Auseinandersetzung zwischen den palästinensischen Kräften innerhalb eines eigenen Staates wären viel erträglicher, als wenn sie die Auseinandersetzung so wie jetzt führen. Aber im Augenblick sind wir davon meilenweit entfernt. Ich wollte nur sagen: Ich komme von der Idee der Zweistaatenlösung nicht weg.

Guttenberg
Diese Idee ist ja lange bei uns auch parteiübergreifend sehr zustimmend diskutiert worden. Wir müssen nur wahnsinnig aufpassen, wenn in den nächsten Wochen sich absehbar der Zeigefinger – kalkuliert von der Hamas – Richtung Israel wendet, dass wir nicht ein Jota abweichen vom Existenzrecht Israels …

Gysi
Richtig.

Guttenberg
… und kein Jota abweichen davon, dass wir eine besondere Verantwortung für den Schutz der jüdischen Bevölkerung haben und uns nicht überwältigen lassen von geschickt gesetzten Bildern und Narrativen.

Gysi
Ich will den jungen Leuten nur sagen: Sie tragen keinerlei Verantwortung für die Verbrechen des Naziregimes. Aber seiner Geschichte

gegenüber bleibt man immer verantwortlich. Auch wenn man selbst nichts damit zu tun hatte, darf man diese Verantwortung aus der Geschichte nie vergessen. Und die haben wir gegenüber der israelischen Bevölkerung, gegenüber allen Jüdinnen und Juden.

»Angela Merkel war sicherlich zuweilen eine brillante Politikerin des Tagesgeschehens.«

Die Kraft des Neuanfangs

Gysi
Karl-Theodor, du bist ja viel jünger als ich, aber wir sind beide in einem Alter, in dem man über Neuanfänge nachdenken sollte. Nähern wir uns dem Thema mal über gute Vorsätze anlässlich Silvester. Warum brauchen wir den Anlass? Man kann doch einfach auch am 24. November sagen: Ich höre auf zu rauchen. Warum brauchen wir ein Silvesterfest, um solche Entscheidungen zu treffen?

Guttenberg
Ich finde den Silvestervorsatz idiotisch, aber das liegt wahrscheinlich an mir selbst, weil ich mich nicht an einem Stichtag an etwas halten will, das ich zehn Tage später sowieso wieder ad absurdum führe. Die Frage ist für mich, ob ein Neuanfang etwas ist, das mit einem wirklichen Lebensbruch zusammenhängen muss. Ist als Auslöser zwingend ein hartes Ereignis nötig?
Was ich lernen durfte über die letzten Jahre: dass eigentlich jeder Moment des Tages ein Neuanfang ist. Wenn man mit diesem Verständnis an die im Leben immer wieder notwendigen Neujustierungen herangeht, nimmt das dem Vorsatz die Schwere und die Wucht. Und man behält sich auch die Neugierde und Freude für Veränderungen. Und wenn dann schwere Momente kommen, erscheinen sie nicht mehr als

ganz so harte und überraschende Wenden. Das ist zumindest meine Erfahrung. Geht's dir da ähnlich?

Gysi
In gewisser Hinsicht stimmt das. Trotzdem gibt es ja Umbrüche, durch die man sich von einem Augenblick auf den anderen in einer ganz anderen Situation wiederfindet. Du entscheidest dich zum Beispiel zu heiraten, du ziehst mit einer Frau zusammen, dann kommen Kinder zur Welt. Schon das verändert das Leben vollständig. Oder du trennst dich von dieser Frau, baust eine neue Beziehung auf.
Ich will dir mal etwas erzählen. Ein Mitarbeiter der Abteilung Staat und Recht im ZK der SED fragte mich mal zu DDR-Zeiten, warum es so viele Ehescheidungen in der DDR gebe. Und da habe ich ihm geantwortet: »Weil es die einzige Abwechslung ist.« Da guckte er mich mit großen Augen an: »Wie meinst du denn das?« Da sagte ich: »Guck mal, wenn du in Suhl lebst und verheiratet bist – du kannst ja nicht mal ohne Genehmigung nach Berlin ziehen, selbst wenn du da Arbeit findest, hast du noch keine Wohnung. Du kannst auch nicht zu deiner Frau sagen: ›Weißt du was? Ich habe jetzt die Schnauze voll, ich ziehe für einen Monat ins Hotel.‹« Das wäre zwar in einem Hotel in einer anderen Stadt möglich gewesen, nicht in der Stadt, in der man lebte. Und du konntest schon gar nicht mal nach Paris fahren. Das heißt, die Möglichkeiten für Abwechslung waren begrenzt. Das Angenehme daran war, dass Kündigungen sehr, sehr selten waren, ebenso Zwangsräumungen. Es gab also auch weniger unangenehme Veränderungen. Deshalb habe ich dem besagten Mitarbeiter erklärt: »Die einzige Entscheidung, nach der man wirklich ein neues Leben führt, ist, wenn man sich scheiden lässt, mit jemand anderem zusammenzieht. Es wird anders gefrühstückt, es wird anders zu Abend gegessen, es gibt andere Gespräche, man sieht sich andere Fernsehsendungen an ...« Was ich damit sagen will, ist: Gesellschaftliche Verhältnisse leisten ihren Beitrag dazu, dass man entweder bestimmte Abwechslungen sucht oder ob man eher auf Beständigkeit aus ist, um den Wirrwarr um sich herum möglichst in Grenzen zu halten.

Guttenberg

Ich staune auch, ähnlich wie dein damaliger Gesprächspartner. Aber die Verbindung, die du ziehst, ist sicher richtig. Auf der anderen Seite wünscht man manchen Menschen die Kraft zum Neuanfang. Solchen, die sich, gerade aufgrund der Komplexitäten und all der Ängste in ihrer Komfortzone einrichten und lethargisch werden. Denen wünsche ich, dass noch ein kleines Feuer irgendwo in ihnen glimmt und sie sich nicht nur mit allem abfinden.

Bei mir hat das Thema Neuanfang immer wieder eine wichtige Rolle gespielt. Nicht immer nur freiwillig, aber auch dann mit einer gewissen Neugier. Bei mir war es immer so, dass ich, wenn ich den Neuanfang einmal akzeptiert hatte, auch neu anfangen wollte. Wenn man das mit einer Grundfröhlichkeit angeht, ist schon viel gewonnen. Aber das Allerwichtigste am Neuanfang, sagte mir mal jemand, ist Versöhnung. Die Versöhnung gilt nicht nur den anderen, die möglicherweise den Neuanfang mit verursacht haben, sondern auch der Situation. Vor allem geht es aber um eine Versöhnung mit sich selbst, die ist in meinen Augen entscheidend.

Gysi

Es gibt Neuanfänge, die extrem schwerfallen. Menschen etwa, die alkoholabhängig sind und sich wirklich vornehmen, das zu überwinden. Sie werden es allein nicht schaffen, sie brauchen dabei Hilfe, von Fachleuten, von der Familie. Wenn sie es schaffen, sind sie wahnsinnig stolz auf sich. Das Problem ist nur: Wenn sie es nicht schaffen, ist die Enttäuschung so tief, dass sie kaum noch den Mut finden, es erneut zu versuchen. Ich hatte Mandanten, die alkoholabhängig waren, und den meisten, muss ich ehrlicherweise sagen, ist der Neuanfang nicht gelungen. Der zweite Neuanfang, den ich kenne, das ist, dass eine Ehe nicht funktioniert oder eine Beziehung kaputtgeht. Was kaum jemand weiß: Die Mehrheit der Ehen halten ein Leben lang, immerhin 60 Prozent. Wir sind beide keine leuchtenden Beispiele dafür, das weiß ich. Mein Punkt ist: Menschen, deren Ehen lebenslang halten, brauchen eine bestimmte Art von Abwechslung offensichtlich nicht, obwohl die sich ja auch streiten und zanken. Aber die Grundsolidarität bleibt erhalten bis ins hohe Alter.

Außerdem gibt es einen Neuanfang bei schweren Krankheiten, die Ärztinnen und Ärzte weisen dir nach, dass du falsch gelebt hast. Und dann gibt es zwei Fehlentscheidungen. Die eine kann darin bestehen, das nicht zur Kenntnis zu nehmen, zu sagen: Ich mache einfach so weiter. Die andere kann darin bestehen, es zu sehr zur Kenntnis zu nehmen, das heißt sein Leben nicht mehr zu genießen, sondern einspurig zu verbringen, nur noch nach bestimmten Vorbehalten beim Essen, beim Trinken, beim Bewegen, beim Schlafen, sodass du am Leben kein Vergnügen mehr hast.

Guttenberg
Beide Wege haben eines gemeinsam, sie führen konsequenterweise zum Tod. Der eine etwas früher, der andere etwas später.

Gysi
Zum Tod führt konsequenterweise immer alles. Aber trotzdem finde ich interessant – man muss das richtige Gefühl entwickeln: neu anfangen ja, aber nicht überziehen. Den Genuss nicht vergessen!
So, jetzt würde ich dich gern nach der Politik fragen. Manche Politiker sind voll im Stress und trotzdem belastbar, sie können nicht aufhören, weil sie Angst vor dem Bedeutungsverlust haben. Dann werden sie abgewählt, scheiden aus der Politik aus – und werden krank. Ich verstehe das nicht. Das war nicht nur bei Helmut Kohl so, ich kenne noch viele andere. Jetzt könntest du sagen: Du kannst ja auch nicht aufhören! Das stimmt nicht. Ich konnte als Parteivorsitzender aufhören, als Fraktionsvorsitzender aufhören. Und irgendwann höre ich auch als Bundestagsabgeordneter auf.

Guttenberg
Irgendwann!

Gysi
Ja! Wobei ich dir noch nicht sage, wann. Wieso tun wir Politikerinnen und Politiker uns mit dem Aufhören so schwer? Und wieso werden viele krank, wenn sie aufhören?

Guttenberg

Ich wurde nicht körperlich krank. Aber ich hatte über Jahre hinweg mit psychischen Problemen zu kämpfen, und sich das einzugestehen, ist in unserer Gesellschaft nicht einfach. Trotzdem war es ganz wichtig, das zuzulassen. Außerdem hatte ich persönlich kein Problem – und das soll jetzt nicht kokett klingen – mit dem Bedeutungsverlust. Aber bei vielen ehemaligen Kollegen ist das wahrscheinlich die maßgebliche Komponente, das zehrt nicht nur an der Seele, sondern kann auch körperliche Auswirkungen haben.

Bei mir war es so, dass ich bereits 2010 mit meiner Familie die Abmachung getroffen hatte, 2013 mit der Politik aufzuhören. Dieser Beschluss war innerlich gefestigt. Dann kam der Schritt dummerweise ein bisschen früher, aber so schlimm war das gar nicht, sondern es tat mir rückblickend enorm gut. Für mich war es ganz wichtig, nachdem ich einen vollkommen bizarren Höhenflug erlebt hatte, wieder geerdet zu werden und in einem jungen Alter festzustellen, dass es bedeutsamere Dinge gibt als das Scheinwerferlicht. Das im Zweifel nur bedeutet, überschätzt zu werden und sich einem Druck auszusetzen, der unnatürlich ist. Für mich hatte das was Befreiendes.

Aber nochmals zu dem körperlichen Aspekt, den du genannt hast. Du bist jemand, der sehr viel einfacher mit den Belastungen umzugehen scheint – ich habe über Jahre hinweg maximal fünf Stunden geschlafen, meistens weniger. Man sieht seine Familie kaum. Man wird nur vom Adrenalin gesteuert. Als plötzlich der Rücktritt kam, war ich vollkommen platt geschossen. Ich habe Monate gebraucht, um meinen Körper wieder an einen normalen Rhythmus zu gewöhnen. Was wir in der Politik betreiben, ist Raubbau. Wenn einen nur noch das Adrenalin treibt, läuft der Körper zwar weiter, aber der Geist beginnt irgendwann zu leiden. Dann ist man auf einer sehr gefährlichen Spur. Gott sei Dank musste und konnte ich die Reißleine ziehen.

Gysi

Als ich 2002 für ein paar Jahre aus der Politik ausschied, haben mir – entgegen allen Vorhersagen – die Medien überhaupt nicht gefehlt, ich litt nicht darunter, dass die sich kaum noch für mich interessierten. Ich liebte es sogar, mich ganz auf den Rechtsanwaltsberuf konzent-

rieren zu können. Was alle befürchtet haben, den Bedeutungsverlust, darunter habe ich nicht gelitten. Und wenn mich nicht Oskar Lafontaine in einem positiven Sinne genötigt hätte – weil er sagte, er stellt sich zur Verfügung, um die WASG und die PDS zu vereinigen, aber nur unter der Bedingung, dass ich zurückkomme –, ich wäre weggeblieben. Krank wurde ich nach der Politik in der Zwischenzeit: 2004 hatte ich ein schreckliches Jahr. Drei Infarkte, ein Aneurysma am Gehirn, das operiert werden musste ... Da lässt der Stress radikal nach, und der Körper meldet sich: So, jetzt kriegst du die Rechnung.
Nach einer solchen Operation fehlen dir Vokabeln. Du setzt auch mal Fremdworte falsch ein.

Guttenberg
Das kann ich mir nicht vorstellen, einen Moment, in dem dir Worte fehlten.

Gysi
Den erlebst du nicht mehr.
Reden wir von den politischen Neuanfängen. Für alle Ostdeutschen waren das Ende der DDR und der Beginn als Bürgerinnen und Bürger der Bundesrepublik Deutschland natürlich ein Neuanfang in jeder Hinsicht. Schon vorher der Rücktritt von Honecker, das Zusammenbrechen der DDR, die frei konvertierbare Währung. All das hat auch viele überfordert. Jeden Tag passierte etwas, was du am Vortag noch für ausgeschlossen gehalten hattest. Aber es passierte. Und da habe ich erlebt, wie anstrengend solche Neuanfänge sein können, vor allem wenn gar nichts mehr gilt.
Ein Beispiel: Jede Gesellschaftsstruktur entwickelt ihre Instrumente, durch die Unzufriedenheit artikuliert werden kann. Ein wichtiges Instrument, um deutlich zu machen, dass du mit irgendwas nicht einverstanden warst, war in der DDR die Eingabe an den Staatsrat, das oberste Organ der DDR. Und in vielen Fällen wurde tatsächlich geholfen und nachgegeben, in vielen Fällen natürlich auch nicht. Dieses Instrument hatte nach 1989 plötzlich keine Bedeutung mehr bzw. wurde abgeschafft. Ich habe damals zu Eberhard Diepgen, Regierender Bürgermeister von Berlin, gesagt: Sie dürfen nicht unterschätzen, dass es die Eingabe nicht

mehr gibt. Die Menschen können zwar an ihr neues Staatsoberhaupt, den Bundespräsidenten, schreiben – es wird aber nichts passieren. Und ihre Drohung, nicht wählen zu gehen, hat auch null Relevanz. Es gab die gelernten Wege nicht mehr, aber niemand hat sich Gedanken gemacht: Wie kann man den Leuten helfen, mit dieser für sie neuen Gesellschaft zurande zu kommen und ihre Unzufriedenheit zu artikulieren? Man hat im Westen gesagt: Nun ist alles freiheitlicher und demokratischer, und das müsst ihr großartig finden. Aber so lief es nicht.

Guttenberg
Eine Überforderung. Und das gilt umso mehr, wenn diejenigen, die den Neuanfang postulieren, ihn teilweise selbst gar nicht vollziehen. Das ist ja in der politischen Spitze oftmals der Fall, dass sie gar nicht in der Lage ist, das Neue zu verkörpern und zu erklären. Oftmals wird der Neuanfang den Menschen im Alltag abgenötigt, und das politische Ereignis selbst ist eher ein Prozess.

Wenn wir uns die heutigen Konfliktfelder ansehen: Viele rufen nach einem Neuanfang im Israel-Gaza-Konflikt. Viele rufen nach einem Neuanfang, wenn es um Russland und die Ukraine geht. Viele rufen nach einem Neuanfang bei dem schwierigen Verhältnis zwischen den USA und China. Bei all diesen Konflikten ist es eine Illusion, dass man einen Neuanfang gestalten kann, weil viele Protagonisten daran beteiligt sind, die daran interessiert sind, den Status quo zu behalten. Da findet eine Entkoppelung statt. Die Menschen sind mit etwas Neuem konfrontiert, mit einem Kriegsszenario, mit entsetzlichen Erlebnissen, mit dem Verlust von Heimat. Aber die Protagonisten, die an den politischen Hebeln sitzen, sind in der Fortführung des Tagesgeschäfts gefangen. Schon allein deshalb muss die Kommunikation oft versagen. Die Demokratie ermöglicht immer wieder den Neuanfang. Aber die Menschen haben teilweise das Gefühl, dass das Geschäft der Politik sich nicht ändert, ihr Leben und die Welt aber schon. Da ist ein Teil der Entkoppelung. Oder bin ich auf der falschen Spur?

Gysi
Nein. Es ist absurd, aber es ist so: Im Kalten Krieg war die Welt stabiler als heute. Wenn die Sowjetunion und die USA sich verständigt hatten,

blieb das auch so. Diese Gewissheiten gibt es heute nicht mehr.
Der Krieg Russlands gegen die Ukraine ist schrecklich. Aber wenn es zu einem Frieden kommt, wird der stabiler sein als Minsk I und Minsk II. Die Wunden bleiben offen, der Schmerz bleibt. Aber wenn einmal ein Kompromiss gefunden wird, ist der so hart erkämpft, mit so vielen Toten bezahlt, dass er für lange Zeit halten wird. Ich erinnere an den Koreakrieg. Der Kompromiss auf der koreanischen Halbinsel hält zwar immer schlechter, aber er hält lange. Ich war davon überzeugt – ich bin 75 –, ich erlebe eine Lösung des Nahostkonflikts nicht mehr. Jetzt stelle ich fest: Wir stehen an einer Gabelung. Entweder gibt es dort einen katastrophalen Flächenbrand unter Einbeziehung von Libanon, vielleicht auch Iran und vielen anderen Ländern. Oder es gibt eine Konfliktlösung. Die Zahl der Israelis, die das wollen, wächst. Und natürlich kommt es auch auf die US-Regierung an – bei Trump mache ich da viele Fragezeichen, was den Nahen Osten betrifft. Doch es könnte aus einem schrecklichen Ereignis eine Lösung entstehen. Das ist eigentlich furchtbar.

Guttenberg
Ich bin zutiefst besorgt, was den Nahen und Mittleren Osten anbelangt. Ich sehe momentan kaum eine Chance für ein tragfähiges Lösungsszenario, weil einfach die Vielschichtigkeit der Interessen so gewaltig ist. Und wir haben es einfach nicht nur mit vernünftigen Menschen zu tun. Was deine Hoffnung zu Russland gegen die Ukraine betrifft: Ich bin skeptisch. Minsk I und Minsk II waren ja nichts weiter als ein Pflaster auf einer offenen Wunde. Was mich so bedrückt, ist, dass in der Ukraine eine wahrscheinlich über Generationen reichende, sehr tiefe Verletzung fortdauern wird. Und eine solche Verletzung kann jederzeit wieder aufbrechen. Ich wünsche jeder dieser Regionen einen Neuanfang. Und ich wünsche uns, dass wir nicht nur aus dem bequemen Sessel heraus unsere »Ja, aber«-Kommentare abgeben. Ich wünsche uns einen Neuanfang in der Betrachtung dieser Welt, die sich aufgefächert hat, wie man es kaum je gesehen hat. Und ich hoffe, diese neue Betrachtung ist nicht nur von Angst geprägt. Die Angst ist vielleicht die einzige Parallele, die ich zum Kalten Krieg sehe.

Gysi

In einer Diktatur kommt es nur zu einem neuen Neuanfang, wenn dieser radikal ist, ein richtiger Umbruch. Das ist etwas, was in der Demokratie nicht stattfindet – zumindest bisher. Ich behaupte, es gab nur drei Kanzler, die ein politisches Ziel hatten, das sie auch erreichten. Das war Konrad Adenauer, das war Willy Brandt, und das war Helmut Kohl. Ludwig Erhard war es nicht. Als Helmut Schmidt alt war, wurde er immer besser, aber in der Zeit als Kanzler war er es nicht. Und auch Angela Merkel hat Deutschland nur verwaltet. Ich habe nie das eigentliche Ziel erkannt, das sie erreichen wollte. Kohl zum Beispiel wollte die europäische Integration. Adenauer wollte die Einbindung in die Westallianz, und Brandt wollte den Austausch und den Neuanfang im Verhältnis zu Osteuropa. Ich möchte eigentlich immer eine Kanzlerin oder einen Kanzler haben, bei dem oder der ich weiß, das ist sein oder ihr politisches Ziel, egal, ob ich es teile oder nicht. Wenn er oder sie kein politisches Ziel hat, ist die Politik nicht berechenbar. Die ist eher zufällig.

Guttenberg

Der Soziologe Ulrich Beck hat Merkels Politikstil ja mal »Merkiavellismus« genannt. Ich greife diesen Gedanken auf: Angela Merkel war sicherlich eine zuweilen brillante Politikerin des Tagesgeschehens. Aber gerade in unserer kurzlebigen Welt ist es so wichtig, Szenarien für die nächsten Jahren durchzudenken, ob sie nun eintreffen oder nicht. Viele Menschen fühlten sich bei Merkel sicher, weil sie das Gefühl hatten, die hat Nerven wie Stahl. Und das hilft zumindest im Tagesgeschehen. Ich glaube, die Menschen wollen beides: eine Stabilität, die eine gewisse Sicherheit für die nächsten Jahre signalisiert, aber gleichzeitig auch die Kraft einer politischen Führung zum Neuanfang, wenn der denn nötig ist. Das ist weit entfernt von den Realitäten, die wir heute haben.

Gysi

Ich habe einen Mann kennengelernt, durch den ich etwas begriffen habe. Der war ein 300-prozentiges SED-Mitglied – er hat alles vertreten, was von oben kam, keine kritischen Bemerkungen. Dann wurde er ein scharfer Gegner der SED und ging zu den Grünen. Da war er ein ganz scharfer Vertreter aller Standpunkte der Grünen. Und dann verließ er die Grünen und ging zur CDU und war durch und durch konservativ und gab der CDU von Beginn der Geschichte an recht. Jetzt will er in die AfD gehen. Er hat sich nie geändert. Er hat die Parteien gewechselt, das stimmt. Aber er selbst hat nie einen Neuanfang gemacht, sondern er blieb eigentlich immer so, wie er war. Er hat nur das äußere Hemd ausgetauscht. Das ist für mich kein Neuanfang.

Guttenberg
Das ist die Neigung zum Opportunismus. Und um nicht entlarvt zu werden, dass man Opportunist ist, legt man sich einen neuen Mantel um, und der Mantel sitzt ja meistens, zumindest für eine Weile. Und wenn er dann zu eng oder zu weit wird, dann kommt der nächste Mantel.
Lieber Gregor, welche Erkenntnisse muss ein Mensch gewinnen, um sich wirklich zu verändern, um einen Neuanfang zu wagen?

Gysi
Erstens, man muss es richtig wollen, sonst hat es gar keinen Sinn, es muss von innen kommen. Das Zweite, das ganz wichtig ist, man muss sich wirklich darauf einstellen. Ich war Rechtsanwalt, und plötzlich ging ich zum Ende der DDR in die Politik. Aber ich habe mich nie ganz auf die Politik eingelassen, ich habe den Rechtsanwalt nie abgegeben. Das ist eine typische Seite von mir – Wege nie ganz zu verschließen. Aber wenn du dich nicht völlig auf den Neuanfang einlässt, sondern sagst: Ach, ich bleib mal zur Hälfte noch im Alten oder zu drei Vierteln, dann wird es keiner. Und das Dritte ist: Du darfst nie vergessen, wie du vorher warst. Wenn du dich korrigierst, ist das okay. Aber du darfst Menschen nie danach beurteilen, wie du jetzt bist, und vergessen, wie du selbst einmal warst. Das geht nicht. Der Mann, von dem ich sprach, hat, nachdem er nicht mehr in der SED war, jedem vorgeworfen, kein scharfer Gegner der SED zu sein. Da habe ich zu ihm gesagt: »Aber du warst da doch selbst über Jahre dabei.« Das hatte er aus seinem Gehirn gestrichen. Und das geht nicht. Wenn du all das beachtest: Dann kann ein Neuanfang gelingen.

Guttenberg
Da stimme ich dir zu. Aber ich habe noch drei Punkte, die hinzukommen. Eine Erkenntnis ist, dass das Risiko, das manchem Neuanfang innewohnt, kein mordlustiges, gefräßiges Monster ist. Allerdings tun wir uns mit unserer deutschen Mentalität damit manchmal schwer. Das Zweite ist, sich bei einem Neuanfang nicht an den Erwartungen anderer auszurichten, sondern die eigenen zu definieren und auch zu verfolgen. Klingt einfach, misslingt aber ganz oft. Und der dritte Punkt ist, sich nicht von der Vergangenheit und Zukunftsängsten leiten zu lassen und nicht von jenen, die einem versuchen, diese Ängste einzuflößen. Es gibt viele Leute, die diese Ängste vor der Zukunft bedienen. Sich davon freizuhalten, ist entscheidend für den Neuanfang.

»Wir befinden uns in einem Teufelskreislauf.«

Der Kampf gegen die AfD

Gysi
Ich hatte kürzlich Geburtstag, meinen 76. Was mich erstaunt hat: Ich habe sehr viel mehr Briefe, Karten, E-Mails, Anrufe bekommen als zum 75. Geburtstag. Und ich glaube, das liegt am Zustand meiner Partei. Das liegt auch an der allgemeinen Krisenstimmung, dass man bestimmte Leute eher anschreibt und sie versucht zu motivieren, aktiver zu werden, noch mehr zu machen.

Guttenberg
Oder zu trösten vielleicht.

Gysi
Ich habe ja im Unterschied zu dir gelesen, was da drinsteht. Trost kam selten vor.
Du weißt, dass wir beide Osterkinder sind?

Guttenberg
Osterkinder?

Gysi
Alle Kinder, die im Dezember und im Januar geboren wurden, wurden Ostern hergestellt. Und da das immer schwankt zwischen März und April, kann man sich das ausrechnen. Dann gibt es die Weihnachts- und Silvesterkinder und die Urlaubskinder.

Guttenberg
Ich habe diese Bezeichnung tatsächlich noch nie gehört. Und freue mich über den Umstand, ein Osterkind zu sein. Klingt besser als Fronleichnamskind ...

Gregor, wir haben uns heute ein Thema vorgenommen, das die Menschen in unserem Land bewegt und auch erschüttert. Wir wollen heute über das Phänomen AfD sprechen. Viele wissen nicht, wie man das alles einordnen soll. Ich möchte zunächst die Anfänge der AfD in Erinnerung rufen. Zu der Zeit war ich in den USA und auch schon aus der Politik ausgeschieden. 2013 hat sich diese Partei als Protestpartei gegen die Eurorettungspolitik gegründet. Der Wandel ist schon bemerkenswert, der sich seitdem vollzogen hat. Noch bemerkenswerter ist der große Zulauf, den die AfD mittlerweile erfährt. In den neuen Bundesländern erreicht sie teilweise über 30 Prozent in den Umfragen. Im Ausland werde ich immer wieder darauf angesprochen: Wie um Himmels willen konnte es überhaupt dazu kommen? Wir fragen uns heute auch: Was bedeutet das für die politische Landschaft, aber auch für die Gesellschaft in unserem Land? Wie schätzt du es ein?

Gysi
Viele Menschen haben Angst vor der Globalisierung. Und vor allen Dingen auch vor Flüchtlingen. Im Jahr 2015, als wir nun wirklich einen großen Ansturm von Flüchtlingen hatten, hat die AfD so richtig geboomt.
Der erste Vorsitzende ist übrigens gar nicht mehr Mitglied der Partei. Die zweite Vorsitzende, die den ersten verdrängt hatte, ist inzwischen auch nicht mehr Mitglied der Partei. Wie du schon angedeutet hast, es gab in der Partei eine massive Radikalisierung seit ihrer Gründung. Das Problem der anderen Parteien – meine eingeschlossen – besteht darin, dass wir uns immer anschauen, was die AfD tut oder sagt – und viel zu selten darüber nachdenken, was wir falsch machen. Das ermöglicht der AfD solche Erfolge. Als Reaktion gibt es den Weg, den Markus Söder vor fünf Jahren versucht hat: Man übernimmt ein paar Thesen der AfD und versucht ihnen dadurch die Wähler zu entziehen. Herausgekommen ist das Gegenteil – weil man damit die Leute legitimiert hat,

die AfD zu wählen. Einige glauben, dass man nur so weiterkommen kann, aber ich halte das für den falschen Weg.

Was ich sehr bedaure, ist, dass es keinen Gesprächskreis gibt zwischen CSU, CDU, SPD, Bündnis 90/Die Grünen, FDP und der Linken, darüber, wie wir wieder mehr Vertrauen der Bevölkerung gewinnen können. Denn die AfD-Wahl ist ja neben der Nichtwahl und neben der Wahl ganz kleiner Parteien immer Ausdruck davon, dass die etablierte Politik abgelehnt wird. Wir müssen uns Gedanken machen, woran das liegt.

Das Schlimme ist, dass wir eine internationale Entwicklung zum Nationalismus und zum Rechtsextremismus erleben. Ich erinnere an Erdoğan, ich erinnere an Orbán, ich erinnere an Duda. Ich erinnere an Meloni in Italien. Die Nächste ist Le Pen, ihre Bewegung wird immer stärker in Frankreich – und bei uns ist es die AfD. Folglich müssten sich auch G7 und EU ernsthaft Gedanken machen, wie man vieles anders gestalten kann. Ich will Beispiele nennen: Es gibt immer wieder Bürgermeisterinnen und Bürgermeister, die erklären den Leuten: Das und das würde ich ja gern machen, aber das geht nach EU-Recht nicht. In der Hälfte der Fälle stimmt es, in der anderen Hälfte ist es frei erfunden. Und das führt dazu, dass die Leute zunehmend die EU ablehnen. Die EU wird also als Sündenbock missbraucht. Das nutzt dann wieder die AfD aus. Sozialabbau zahlt sich ebenfalls für die AfD aus – und sie fängt Stimmungen sehr gezielt ein, sie richtet sich immer nach Umfragen. Ich halte das alles für kreuzgefährlich. Was man dagegen tun kann, dazu kommen wir noch.

Mich würde interessieren: Wie schätzt du denn ein, was der Grund ist? Früher gab es ja in Deutschland Hemmungen, eine Partei, die so weit rechts steht, zu wählen. Warum gibt es die nicht mehr?

Guttenberg

Man wird sich, um der Antwort näher zu kommen, zunächst einmal bei den etablierten Parteien, und dazu zählen auch unsere beiden, den Spiegel vorhalten und sich fragen müssen: Sind wir in der Lage, überhaupt Lösungen für die Probleme zu finden, die die Menschen besorgen, die sie wirklich zutiefst beunruhigen? Haben wir nicht auch eine Neigung, denen hinterherzuhecheln, die knackige, kurze, aber oftmals nicht sehr seriöse Antworten liefern, also den Populisten? Natürlich gibt es keine einfachen Lösungen für die komplexen Probleme unserer Zeit. Aber das Fehlen einer einfachen Antwort darf auch keine Ausflucht sein, sich vor der Lösung zu drücken.

Gysi
Das stimmt.

Guttenberg
Für mich befinden wir uns hier in einem Teufelskreislauf. Zum einen will man den Populisten nicht hinterherlaufen. Damit weicht man aber auch konzeptionslos den Themen aus, die diese besetzen: Das mag die Asylpolitik sein, die Integrationspolitik, Europa immer wieder, wie du es ja auch schon nanntest. Und am Ende läuft man den eigenen Wählern hinterher – und die Wähler spüren das, sie merken, dass man sich nicht um Lösungen kümmert, sondern nur bemüht ist, den Populisten Abscheu entgegenzusetzen. Es gab einen interessanten Artikel in der FAZ. Ich glaube, Jasper von Altenbockum sprach da von einer gewissen »Bekämpfungsverlegenheit«. Ich fand das einen interessanten Begriff. Die dauert in etablierten Parteien nun schon etwa ein Jahrzehnt an und hat die AfD eher größer statt kleiner gemacht.
Du hast schon darauf hingewiesen: Wir haben eine weltweite Entwicklung in den Demokratien insgesamt zu Rechtspopulismus und Populismus, leider auch auf der linken Seite, es gibt teilweise erschreckenden Zulauf. Wie begegnet man dem? Die theoretische Antwort geben die Parteien der Mitte durchaus: Man muss die Populisten inhaltlich stellen, man muss den Popanz entlarven, man muss sie entzaubern und auch auf die gesellschaftlich und ökonomisch dramatischen Konsequenzen hinweisen, die das AfD-Programm zur Folge hätte. Was angerichtet würde, wenn das alles in die Tat umgesetzt würde. Allerdings muss man sich ehrlich sagen: Anspruch und Wirklichkeit klaffen hier meilenweit auseinander. Es wird immer wieder der Anspruch erhoben, die AfD zu stellen, aber tatsächlich geschieht wenig, außer dass Entsetzen geäußert wird über abenteuerliche Thesen zur Integrations- und Ausländerpolitik. In den letzten Wochen werden seitens der AfD Euphemismen benutzt, akademisch klingende Begriffe. Etwa der Be-

griff »Remigration« – der sogar zum Unwort des Jahres gekrönt wurde, aber nichts anderes ist als ein Aufruf zur ethnischen Säuberung. Allein nur mit dem moralischen Finger zu wedeln, reicht nicht. Es ist wichtig, dass der Kampf deutlicher inhaltlich geführt wird.

Gysi
Das Problem besteht darin, dass die etablierte Politik vieles falsch macht. Erstens, das habe ich schon mal erwähnt: Sie verwendet eine falsche Sprache. Sie spricht gern über die »Veräußerungsgewinnsteuer«, und dass 95 Prozent der Bevölkerung gar nicht wissen, was damit gemeint ist, interessiert sie nicht. Wenn heute SPD, Grüne und FDP eine politische Entscheidung treffen, haben sie dafür Beweggründe. Aber ihr zweiter Tagesordnungspunkt lautet: Wie verkaufen wir es an die Bevölkerung? Dann versucht man, eine Begründung zu finden, von der man hofft, dass die Mehrheit der Bevölkerung sie am ehesten teilt. Das kann in Ausnahmefällen mal der wahre politische Beweggrund sein. In vielen Fällen ist er das nicht. Dafür entwickelt die Bevölkerung einen zunehmenden Instinkt und wird misstrauischer gegenüber der etablierten Politik. Dazu kommen zweitens Dinge, die ich kaum zum Aushalten finde. Man hat beschlossen, dass alle Beschäftigten des öffentlichen Dienstes, einschließlich der Bundesministerinnen und Bundesminister, einschließlich dem Bundeskanzler, einen Inflationsausgleich von 3000 Euro bekommen, in Raten bis Februar 2024. Rentnerinnen und Rentner haben im Dezember 2022 einen Inflationsausgleich von 300 Euro bekommen. Denen fehlen noch 2700 Euro. Und andere haben gar nichts bekommen. Manche Unternehmen konnten sich das leisten und haben den Beschäftigten Inflationsausgleich gezahlt, andere nicht. In Tarifverträgen ist das auch nicht enthalten.
Ich habe nichts dagegen, dass der öffentliche Dienst einen Inflationsausgleich bekommt. Aber was nicht geht, ist, dass nur der öffentliche Dienst einen Inflationsausgleich bekommt. Das bedeutet Selbstbedienung. Jetzt streichen sie auch die Subventionen für die Heizkosten, angeblich wegen des Urteils des Bundesverfassungsgerichts. Insgesamt 17 Milliarden Euro sollen gestrichen werden, und das bedeutet, dass die Leute nicht mehr weiterwissen. Wenn du so eine soziale Schieflage organisierst, bei der das Vermögen oben um 70 Prozent zugenommen

hat, die Realeinkommen aber gesunken sind – dann wird leider der Weg hin zu einem Nationalismus und Rechtsextremismus leichter. Natürlich gibt es viele Fehler bei der Integration von Flüchtlingen. Darüber brauchen wir gar nicht zu diskutieren. Die Kommunen haben viel zu wenig Geld. Aber mit einer feindlichen Haltung bekommst du das Problem nicht gelöst. Du musst die Ursachen der Flucht bekämpfen.

Guttenberg
Magst du mal ein Beispiel sagen, wie das gehen könnte?

Gysi
Wenn wir einen Waffenstillstand in der Ukraine bekämen, wie auch immer, würde ich zu den meisten ukrainischen Flüchtlingen sagen: Jetzt ist euer Leben dort nicht mehr gefährdet, jetzt könnt ihr zurückkehren, um das Land wieder aufzubauen – und dabei werden wir helfen. Warum können wir nicht solche Methoden zur Reduzierung der Zahl der Flüchtlinge vorschlagen, anstatt immer nur über Drittstaatenregelung, Mauern und sonst was nachzudenken? In einem wissenschaftlichen Gutachten, das ich kürzlich las, wird beschrieben, dass im Jahre 2050 zwei Milliarden Menschen nicht mehr dort leben können, wo sie heute leben. Na, was glaubt man denn, was die machen? Dass die sich durch eine Verordnung beeindrucken lassen? Überhaupt nicht! Die suchen sich ihren Platz. Wir müssen ernsthaft über die Ursachen nachdenken und versuchen, sie zu beseitigen.
Was mich auch ärgert: Die AfD tut so, als ob sie alle Weltprobleme national lösen kann. Das ist natürlich blanker Unsinn. Weder die ökologische Nachhaltigkeit noch die soziale Gerechtigkeit kannst du allein national lösen. Und sie tut im Verhältnis Russland/Ukraine auch noch so, als ob sie eine Friedenspartei sei. Aber die AfD hat auch den 100 Milliarden Euro Sondervermögen für die Bundeswehr im Grundgesetz, jeder Aufrüstung, jedem internationalen Einsatz der Bundeswehr zugestimmt. Nur wir Linken haben tatsächlich immer dagegen gestimmt.

Guttenberg
Uns von den internationalen Verbindungen zu entkoppeln, so wie das von der AfD vorgeschlagen wird, wäre blanker Wahnsinn und würde

auch den Wohlstand in unserem Land dramatisch gefährden. Was das Verhältnis von Russland und Ukraine anbelangt, gibt es eine Mehrheit in der AfD, die Wladimir Putin nach dem Munde redet. Dass man so nicht zu einer friedlichen Beilegung dieses fürchterlichen Konfliktes kommt, ist klar. Die Moskaunähe bei der AfD ist teilweise atemberaubend. Zum einen glaubt man also, sich von den internationalen Entwicklungen abkoppeln zu können, und zum anderen spielt man mit dem Feuer, was Integration und Flüchtlingsströme anbelangt. Diese »Vorschläge« sind teilweise an Banalität nicht zu übertreffen. Du hast richtigerweise darauf hingewiesen, dass man sich vor allem der internationalen Ursachen annehmen muss.

Auf der anderen Seite müssen wir uns aber auch ehrlich machen: Wir haben es über Jahre versäumt, in der Flüchtlingsthematik eine kluge und auch an den Menschenrechten ausgerichtete Politik zu entwickeln. Diese Verantwortung trifft in meinen Augen aber nahezu alle Parteien, die wir etabliert nennen. Warum? Wenn Maßnahmen zu einer hoffentlich vernünftigen Begrenzung diskutiert werden, richten sich die Reflexe gegen uns selbst, nicht in Richtung AfD. Sobald aus der Union oder selbst der SPD Vorschläge kommen, wir müssen diese oder jene Maßnahme treffen, ist das erste Wort, das ihnen entgegenschallt aus politischer Gegnerschaft wie den Medien: Es würde ein Rechtsruck stattfinden. Auch das ist nicht hilfreich, auch damit spielt man der AfD in die Karten.

Worauf ich noch hinweisen will: Wenn wir uns die Zahlen der AfD anschauen, bräuchte es ein mit Zauberkräften ausgestattetes Fabelwesen, das über Deutschland schweben müsste, damit am Ende dieses Jahres die AfD nach den nächsten drei Wahlen in den neuen Bundesländern nicht die Mehrheiten stellt und bei der Europawahl reüssiert. Ich sehe nirgendwo ein solches Fabelwesen. Jetzt bauen manche, da kennst du dich ein bisschen besser aus, in ihrer Verzweiflung auf Sahra Wagenknecht. Da treibt man aber den Teufel mit dem Beelzebub aus. Wenn wir uns in der Mitte der Gesellschaft nicht wirklich am Riemen reißen, stehen wir vor dramatischen Wahlergebnissen. Am Ende werden wieder alle ihrer Empörung Ausdruck verleihen, aber wahrscheinlich wird die Zeit nicht genutzt, um politische Antworten zu finden.

Was erwartest du für dieses Jahr, Gregor?

Gysi

Das Schlimme in der Politik ist, dass sie nicht vorbeugend ist. Ich war vor Jahren zusammen mit dem deutschen Generalkonsul im Norden des Irak in einem Flüchtlingslager. Jungs spielten Fußball, die Mädchen standen am Rande. Da fragte ich die Mädchen, wie es ihnen geht, und die fingen kollektiv an zu weinen. Wir haben erschrocken gefragt: »Warum weint ihr denn?« Und da haben sie gesagt: Sie hatten bis vor zwei Tagen einen Lehrer, etwa 100 Mädchen einen einzigen Lehrer. Der sei sehr gut gewesen. Und der hat ihnen gesagt, er müsse jetzt gehen, weil die UNO nicht mehr die 50 Dollar pro Woche für ihn zur Verfügung stellen kann. Und da er eine Familie ernähren muss, kann er nicht unentgeltlich arbeiten. Ich bin ganz sicher, dass der Generalkonsul über den Botschafter das seinem Außenminister geschrieben hat, und ich habe es an die Bundeskanzlerin weitergegeben. Keine Reaktion. Warum nicht? Weil man sich sagt: Wenn wir Geld in ein solches Lager oder der UNO speziell für Lehrer in Flüchtlingslagern geben, würde eine stark bebilderte Zeitung schreiben, dass bei uns vieles fehlt – das stimmt auch –, »und die verplempern das ganze Geld im Ausland«. Deshalb macht man das nicht. Als wir den Zustrom von Flüchtlingen im Sommer 2015 hatten, fuhr die Bundeskanzlerin anschließend in den Libanon und nach Jordanien und hat Geld für die Flüchtlingslager gegeben – denn keine einzige Zeitung schrieb damals mehr eine Zeile dagegen. Und auch alle Bürgerinnen und Bürger hatten begriffen: Entweder helfen wir dort, oder die Menschen kommen her.

Was mich stört, ist: Viele Politiker trauen sich nicht, vorbeugend Politik zu machen. Und ich finde das ganz wichtig. Beispiel Hochwasser, Rheinland-Pfalz und Nordrhein-Westfalen. Wenn ich da vorher Ministerpräsident gewesen wäre, und ich hätte ein paar Millionen ausgegeben für Hochwasserschutz, hätten viele gesagt: Mensch, wir hatten hier seit Jahrzehnten kein Hochwasser mehr: Was soll das? Was verplempert der das Geld dafür? Jetzt kannst du ausgeben, so viel du willst, aber erst nachdem eine Katastrophe passiert ist. Das müssen wir überwinden. Wir müssen lernen, vorbeugend Politik zu machen und nicht nur auf Katastrophen zu reagieren. Natürlich kann ich das nach einer Katastrophe leichter begründen. Aber darum geht es nicht. Alle, die Kanzlerin oder der Kanzler und die Bundesministerinnen und

Bundesminister, leisten einen Eid, Schaden von unserem Volk abzuwenden. Also müssen sie vorbeugend tätig werden und trotzdem versuchen, das Vertrauen der Bevölkerung zu erhalten, indem man ihr erklärt, warum man diese oder jene vorbeugende Maßnahme trifft. Das passiert viel zu selten.

Guttenberg
Es passiert zu selten, ist aber auch dem Diskurs in unserem Land geschuldet. Vorbeugende Maßnahmen werden selten bejubelt. Die Menschen sind da kritisch, die Medien doppelt kritisch. Am Ende steht noch ein Bundesrechnungshof vor der Tür. Es hagelt von allen Seiten Kritik – das muss man aushalten. Wir müssen viel mehr mit Szenarien arbeiten. Und zu diesen Szenarien zählen eben auch manchmal Varianten, die nicht jedem gefallen. Ist man in der Lage, das vertrauenserweckend zu erklären? Das Vertrauen ist leider in vielerlei Hinsicht verloren gegangen. Und jetzt kommen wir wieder zurück zur AfD. Viele Leute laufen ja nicht zur AfD, weil sie deren Nazijargon besonders cool finden, sondern weil sie sich mit ihren Sorgen nicht wahrgenommen fühlen und weil sie ebendieses Vertrauen verloren haben.
Ich sage jetzt etwas Provozierendes. Du hast vorhin – kritisch – das 100-Milliarden-Paket für die Bundeswehr erwähnt. Wenn man so will, ist das auch Vorbeugung, oder? Problematisch ist: Die Politik wird zu oft als reaktiv wahrgenommen. Und das ist es, was die Menschen verunsichert, weil sie das Gefühl haben, man ist nicht in der Lage, sich auf die komplexe Welt einzustellen.
Gregor, aktuell wird sehr hitzig die Frage diskutiert: Soll man eine Partei verbieten, die in Teilen in einigen Bundesländern als verfassungsfeindlich bezeichnet wird? Und wäre ein Verbot ein kluger Schachzug?

Gysi
Das Bundesverfassungsgericht hat bei der NPD eine Entscheidung getroffen, dass diese Partei verfassungswidrig ist. Sie dürfte verboten werden, aber sie wird nicht verboten, weil sie zu schwach ist. Nun gab es ein Geheimtreffen von Funktionären der AfD mit Rechtsextremen aus Österreich. Da hat man sich überlegt, wie man alle Menschen mit Migrationshintergrund loswerden kann. Das ging den Leuten zu weit –

wir sahen plötzlich Protestkundgebungen, die es so vorher nicht gab. Zehntausende waren anwesend ...

Guttenberg
Das ist ganz ermutigend, nicht wahr?

Gysi
Ich finde das auch schön. Viele fordern ein Verbot der AfD. Ich bin hin- und hergerissen. Auf der einen Seite halte ich diese Partei für verfassungswidrig. Und wenn die AfD verfassungswidrig ist, kann sie verboten werden. Dass sie schwach ist, kann man nun auch nicht behaupten. Aber ich mache mir große Sorgen, was dann passierte. Da nimmt man ja einem großen Teil der Wählerinnen und Wähler ihre Partei. Was machen die? Ich weiß es nicht. Es würde natürlich Nachfolgeorganisationen geben. Und ein Verbot hieße auch, die politische Auseinandersetzung aufzugeben, um zu erreichen, dass diese Partei nicht mehr gewählt wird. Dabei ist das das Entscheidende.
Und noch ein Aspekt: Die Mehrheit des Bundestages oder die Mehrheit des Bundesrates oder die Bundesregierung kann den Verbotsantrag beschließen. Aber was passiert, wenn das Verfassungsgericht Nein sagt? Dann laufen die mit dem Stempel herum, dass sie eine absolut legale Partei sind. Denn ihr Verbot ist ja abgelehnt worden. Man muss immer an den negativen Ausgang eines Prozesses denken. Aber es gibt eine zweite Initiative, und die finde ich spannend.

Guttenberg
Bevor du darauf zu sprechen kommst, will ich kurz etwas dazu sagen. Ich bin ähnlich gespalten. Natürlich ist es höchst problematisch, wenn eine Verfassungswidrigkeit festgestellt wird und das dann ohne Konsequenzen bleibt – damit schwächt sich ein Rechtsstaat. Und das kann auch dazu führen, dass die Institutionen, die diesen Rechtsstaat zu vertreten haben – und dazu zählen das Parlament, die Gerichte –, noch weniger ernst genommen werden. Und wenn nur noch der Ruf nach einem Verbotsverfahren bleibt, während man inhaltlich gegen die AfD versagt, ist das kein Ausweis von Stärke. Selbst mit einem erfolgreichen Verbot hat man keine Garantie, dass sich nicht sofort wieder die

nächste Organisation herausbildet – und zwar erfolgreich. Weil sich viele Menschen vor den Kopf gestoßen fühlen. Weil sie merken, die haben denen inhaltlich nichts entgegenzusetzen gehabt, stattdessen nach dem Verbot gerufen. Da kommt mir das mythologische Bild der Hydra in den Sinn: Man schlägt einen Kopf ab, und es wachsen mehrere andere Köpfe nach. Für mich geht es um das Vertrauen der Parlamentarier in die eigenen Institutionen. Denn wer verbietet, weiß sich in der Regel selbst nicht mehr zu helfen.

Gysi
Wenn das Bundesverfassungsgericht, das die höchste Autorität in der Bevölkerung genießt, einstimmig das Verbot ausspräche oder zumindest mit bedeutender Mehrheit – das imponierte schon. Und so schnell kriegst du eine Nachfolgeorganisation finanziell und so weiter auch nicht hin. Trotzdem: Die Enttäuschung derjenigen, die sie wollen, säße tief. Und die fangen nicht an, CSU oder Linke zu wählen, sondern wären wütend, dass ihnen ihre Partei genommen wird. Wie die Reaktionen im Einzelnen aussehen, weiß ich nicht. Das ist das, was mich neben den Punkten, die ich genannt habe, verunsichert.

Guttenberg
Das ist eine ungewisse Wette, die man da schließt. Ich bin hier gespalten.

Gysi
Ich auch. Das ist selten. Eigentlich entscheide ich mich gern, aber ich kann mich hier nicht richtig entscheiden.

Guttenberg
Du hast noch eine andere Idee, die dir im Kopf herumspukt?

Gysi
Ja, aber die Idee hatten andere. Es gibt über eine Million Unterschriften, Björn Höcke die bürgerlichen Ehrenrechte nach Artikel 18 des Grundgesetzes zu entziehen. Das ist meines Erachtens schon wenige Male erfolglos bei anderen versucht worden. Das kann ja nur das Bundes-

verfassungsgericht entscheiden. Da wäre selbst eine Niederlage nicht so tragisch, ehrlich gesagt. Aber da glaube ich nicht an eine Niederlage. Das wäre natürlich ein spannendes Signal an die Bevölkerung, auch an die AfD, dass bei einer bestimmten Grenzüberschreitung ein Stoppzeichen gesetzt wird. Und Höcke überschreitet definitiv die Grenzen.

Guttenberg
Wobei ein Gericht sich von Unterschriften in der Regel nicht beeindrucken lässt. Und ich glaube, dass die Hürden sehr hoch sind, um zu einer solchen Entscheidung zu kommen. Wir sprechen von Grundrechten, die entzogen werden. Aber natürlich: Wenn es gelänge, wäre es ein sehr starkes Signal. Wenn es scheitern sollte, wäre es nicht so dramatisch wie das Einkassieren eines Verbotsantrages, also des Parteiverbots.

Gysi
Selbst wenn es scheitert, kannst du ein Urteil bekommen, wo die Leute durchaus sehen, welche Gefahr besteht. Aber du hast recht: Ob es gelänge, weiß ich auch nicht. Die Hürden sind hoch, die müssen ja auch hoch sein. Wir können nicht leichtfertig jemandem seine bürgerlichen Ehrenrechte entziehen. Aber immerhin, er dürfte nicht mehr wählen und vor allen Dingen nicht mehr gewählt werden. Es freut mich, wie viele Leute sagen: Hier müssen wir eine Grenze ziehen, egal, welche. Dass sie sagen: Der Rahmen von CSU bis Linke geht in Ordnung, aber weiter muss es nicht gehen.

Guttenberg
Wir dürfen nicht vergessen: Natürlich sind 20 bis 30 Prozent eine bedrückende Zahl, die sich in kürzester Zeit herausgebildet hat. Aber wir sprechen gleichzeitig auch von 70 bis 80 Prozent der Menschen, die das weiterhin strikt ablehnen.

Gysi
Das sage ich auch immer angesichts der 30 Prozent – dass 70 Prozent das Ganze nicht wollen, darf man nicht vergessen.

Guttenberg
Aber die muss man eben auch durch kluge, vorausschauende und klare Politik beeindrucken. Und man muss aus dieser Reaktionsfalle herauskommen.

Gysi
Ich wollte noch eines sagen: Menschen, die sich ausgegrenzt fühlen, aus welchen Gründen auch immer, neigen dazu, die AfD zu wählen, weil die angeblich auch ausgegrenzt ist. In Wirklichkeit hat diese Partei Redezeiten im Bundestag, von denen meine Partei nur träumen kann. Ich bin ja im Augenblick fraktionsloser Abgeordneter. Die längste Redezeit, die ich kriege, sind zwei Minuten.

Guttenberg
Das muss ja für dich besonders schmerzlich sein.

Gysi
Nee, im Gegenteil. Das zwingt mich, mich zu konzentrieren auf ein oder zwei Aussagen. Entweder habe ich gern eine lange Redezeit oder eine ganz kurze. Beides ist eine Herausforderung.
Aber lass mich noch eines sagen bezüglich der angeblichen Ausgrenzung der AfD. Ja, sie findet keine absolute Mehrheit der Mitglieder des Bundestages, die eine Vizepräsidentin oder einen Vizepräsidenten aus ihren Reihen wählt. Und sie findet keine absolute Mehrheit des Bundestages, die ein Mitglied des Geheimdienstausschusses von der AfD wählt. Das ist alles. Ansonsten hat sie alle Rechte, die es dort gibt. Sie beantragt Aktuelle Stunden, sie macht Gesetzesanträge. In den Politiktalkshows sitzen häufig Vertreterinnen und Vertreter der AfD. Und deshalb muss man dieses Bild zerstören. Dieses Bild, sie sei eine Friedenspartei, sie sei ausgegrenzt. Aber das Wichtigste ist, inhaltlich Lösungen anzubieten, bei denen die Leute sagen: Den Weg gehe ich mit. Das fehlt – und es fehlt im Augenblick in besonderem Maße.

Guttenberg
Der Märtyrerstatus der AfD ist tatsächlich eine Fiktion. Aber man muss ihnen zugestehen: Sie bedienen das sehr geschickt, und sie sind

sehr viel kompetenter als viele andere Parteien, was das Nutzen neuer Medien anbelangt.

In einer Demokratie muss man viel aushalten. Aber die, die man ablehnt, stellt man am wenigsten, indem man sie totschweigt, sondern indem man ihnen mit offenem Visier begegnet. Es ist auch problematisch, dass zu viele Vertreter der etablierten Parteien sich scheuen, sich auf ein Podium mit AfD-Vertretern zu setzen und die inhaltliche Auseinandersetzung zu suchen. Die inhaltliche Auseinandersetzung kann man gewinnen. Man muss eben entsprechend vorbereitet hineingehen. Aber sich zu drücken und zu sagen: Ich finde es eklig, mich mit so jemandem an einen Tisch zu setzen – das überzeugt die Menschen nicht. Die meisten wollen überzeugt werden, und sie wollen inhaltlich überzeugt werden. Empörung und Entsetzen allein reichen nicht.

»Das ist eine Volkskrankheit!«

Über Depressionen

Hinweis:
In dieser Episode geht es unter anderem um Depressionen, den Umgang damit und auch um Suizide. Betroffene oder Menschen, die das Thema potenziell belastet, sollten dieses Kapitel besser nicht lesen. Wenn Sie sich in einer akuten Krise befinden, wenden Sie sich bitte an Ihren behandelnden Arzt oder Psychotherapeuten. Die Telefonseelsorge erreichen Sie rund um die Uhr und kostenfrei unter 0800 111 0 111.

Gysi
Ich komme gerade aus dem Bundestag – wir sind mit den Linken ja nach den jüngsten Entwicklungen nur noch eine Gruppe. Wir saßen also zusammen, und am Ende fragte einer: »Wann treffen wir uns denn zur nächsten Fraktionssitzung?« »Nein«, antwortete ein anderer, »wir sind keine Fraktion mehr, wir treffen uns zur nächsten Gruppensitzung.« Das klingt schon ein wenig nach Therapie.

Guttenberg
Ist diese Entwicklung in deiner Partei etwas, durch das man in eine politische Depression verfällt?

Gysi
Also – ich nicht. Da wir heute über Depression sprechen, habe ich auch länger darüber nachgedacht. Ich habe als Rechtsanwalt depressive Menschen kennengelernt. Natürlich habe ich auch bei Angehörigen und Freundinnen und Freunden mal eine depressive Stimmung kennengelernt. Aber man spricht ja erst von einer Depression, wenn dieser Zustand 14 Tage lang anhält – dann allerdings muss man von einer Krankheit sprechen. Da würde mich deine Meinung interessieren:

Nehmen Depression wirklich zu? Oder geht man heute offener damit um, sodass man eher weiß, dass eine Depression vorliegt – während das früher verschwiegen wurde?

Guttenberg
Man muss es von zwei Seiten betrachten. Bei uns in Deutschland hat lange Zeit ein sehr verdruckster Umgang mit der Krankheit Depression geherrscht. Über Jahrzehnte. Du wirst dich erinnern – du bist ja ein bisschen älter als ich –, dass man lange psychische und seelische Erkrankungen generell unterdrückt und verschwiegen hat, weil man befürchtete, stigmatisiert zu werden, und sie eher für Charakterschwächen hielt. Das Wort des »Kriegszitterers« aus dem Ersten Weltkrieg beschreibt das beispielsweise – und diese Haltung hat sich bis weit nach dem Zweiten Weltkrieg gehalten. Dabei waren das einfach Menschen, die posttraumatische Belastungsstörungen, die enorme seelische Schäden aus dem Krieg mit nach Hause genommen hatten. Das hat sich geändert, aber ich würde nicht sagen, dass es sich sehr geändert hat. Wir tun uns immer noch schwer, über das zu sprechen, was nichts anderes als eben eine Erkrankung ist. Jetzt ziehe ich mal den Vergleich mit den USA, ich habe ja zehn Jahre da gelebt. In den USA gehört es zur absoluten Normalität, bei einem Abendessen beispielsweise, selbst wenn man die Leute das erste Mal sieht, über seine seelischen Zustände so freimütig zu sprechen, wie man über ein verletztes Knie oder Rückenschmerzen spricht. Und man tauscht in diesen Gesprächen sogar Tipps aus, man empfiehlt sich besonders gute Shrinks, also Psychotherapeuten oder Psychologen. Das wird nicht als Schwäche empfunden, sondern im Gegenteil sogar als ein Stärkemoment, dass man sich so offen zeigt. In Deutschland sind wir noch lange nicht so weit.

In den letzten Jahren haben sich einige in der Öffentlichkeit stehende Menschen in Büchern dazu bekannt, Depressionen zu haben – und es ist ihnen eine große Welle der Sympathie entgegengeschlagen. Das ist ja zunächst mal ein gutes Zeichen. Gleichzeitig hatten wir aber auch ein Ereignis, das die Zahl der Depressionen ganz bestimmt hat wachsen lassen – das war die Pandemie. Viele Menschen haben davon eine seelische Verwundung, einen seelischen Schaden davongetragen.

Gysi

Es gibt ja sogar erste Politiker, die in Interviews erzählt haben, dass sie an Depressionen leiden. Das ist insofern zu begrüßen, weil sie besonders in der Öffentlichkeit stehen. Und einem solchen Beispiel folgen ja immer mehr Menschen, die zuvor gezögert hatten. Das ist ein interessantes gesellschaftliches Phänomen: Es gab mal einen Mann in Österreich, der berichtete, dass er von seinem Bischof sexuell missbraucht wurde. Aber es gab keinen Zweiten, der so etwas erzählte. Aber ein Jahr später meldeten sich plötzlich Hunderte und Tausende. Plötzlich ist ein Problem so weit, dass man sich öffentlich dazu äußert. Genauso wie in der Kultur- und Kunstszene der sexuelle Missbrauch von Frauen plötzlich ein Thema wurde, nachdem das zuvor jahrelang verschwiegen worden war. Seelische Erkrankungen hatten früher in der Tat einen gewissen Ruf: »Der ist bekloppt«, hieß es, du warst als Betroffener negativ ausgegrenzt und überhaupt nicht mehr akzeptiert. Und deshalb hat man, wenn man irgendeine Form von seelischer Erkrankung hatte, möglichst wenig darüber gesprochen.

Dann gibt es aber auch in den Familien unterschiedliche Bedingungen und Strukturen. Es gibt optimistische Familien, es gibt pessimistische Familien. Und ich glaube, dass Depressionen auch deshalb zunehmen, weil das Leben immer unübersichtlicher wird. Lange hatten Eltern die Gewissheit: Den Kindern geht es mal besser. Diese Gewissheit gibt es nicht mehr. Das ist weg. Hinzu kommen die erhöhten Anforderungen, um erfolgreich zu sein, in der Politik oder in der Schauspielerei zum Beispiel. Wie schnell du heute alles verlieren kannst! Du musst ungeheuer aufpassen, dass dir kein Fehler passiert – du stehst unter einer permanenten Anspannung. Das alles kann dazu führen, dass depressive Stimmungen entstehen. Man muss aber, das ist wichtig, unterscheiden: Wenn man mal einen Tag deprimiert ist, gehört das zum Leben dazu. Aber wenn man es wirklich zwei Wochen ist oder gar länger, muss man sich entscheiden, ärztliche Hilfe in Anspruch zu nehmen. Was nun wieder deshalb schwierig ist, weil du auf einen Therapieplatz oft lange warten musst. Und später musst du mit der Krankenkasse herumzicken, ob sie das Ganze bezahlt. Das macht die Sache noch schwieriger und noch unerträglicher.

Guttenberg

Ich werde mal persönlich. Ich hatte Depressionen und habe das lange nicht wahrhaben wollen. Ich habe vorhin schon die USA angesprochen: Erst dort habe ich mir professionelle Hilfe gesucht, die mich wieder in die Balance gebracht hat. Heute bin ich auf keine Mittel mehr angewiesen. Ich war dankbar, dass mir jemand damals den Hinweis gegeben hat. Die Therapie hat mir dazu verholfen, dass ich heute ein wirklich sehr ausgeglichenes, zufriedenes, oftmals sogar glückliches Leben führen kann. Als ich das in meinem Buch »3 Sekunden« zur Sprache brachte, das letztes Jahr herauskam, bekam ich dazu überwältigend viel Rückmeldung. Ich war selbst überrascht, weil es für mich eher ein Seitenaspekt einer Geschichte war. Und es zeigt einmal mehr, dass man in Deutschland das Reden über seelische Erkrankungen gar nicht entschieden genug anstoßen kann. Wir sprechen in Deutschland von 17 Millionen Menschen, die eine seelische Erkrankung haben. Etwa vier Millionen davon mit einer diagnostizierten Depression. Das ist eine Volkskrankheit! Eine enorm hohe Zahl, und du hast es bereits angesprochen: Das wird nicht durch ein entsprechendes System aufgefangen. Wenn Menschen Monate und Abermonate auf eine Therapie warten müssen, kann es schon zu spät sein.

Man glaubt immer, wenn man beispielsweise den Tod eines geliebten Menschen erlebt oder den Arbeitsplatz verliert, dass es solche unmittelbaren Auslöser für eine Depression braucht. Tatsächlich ist es aber oftmals so, dass es schon in der Familie eine grundsätzliche Veranlagung gibt. Bei mir war das so. Mein Vater war sehr belastet durch eine psychische Erkrankung, die ihm in seiner künstlerischen Karriere – das klingt jetzt fast absurd – sogar teilweise geholfen hat, was aber auch einer der Gründe war, warum er sich weigerte, Mittel gegen Depressionen zu nehmen. Denn er hatte das Gefühl, das würde seiner Kreativität schaden. Das ist übrigens eine Sorge, die durchaus berechtigt ist, das kann passieren.

Zum einen gibt es also die familiäre Veranlagung. Und das Zweite sind oftmals in sehr frühkindlichen Stadien gemachte Erfahrungen, die dann später durch einen Auslöser geweckt werden können. Das hat dann 40 Jahre lang in einem geruht und kann plötzlich zu einer schweren späten Traumatisierung führen. Ich bin nun wirklich kein

Psychotherapeut, kein Psychologe und gebrauche im Zweifel auch die falschen Begriffe. Als ich damals erkrankt war, habe ich mich ein wenig damit auseinandergesetzt, um zu verstehen, was eigentlich mit mir passierte und weshalb ich in diese Situation gebracht wurde: dass man plötzlich Angst vor Menschen hat. Dass man Panikschübe bekommt. Bist du selbst jemals auch mit solchen Dingen in Berührung gekommen?

Gysi
Ich kenne natürlich Tage, an denen ich sehr traurig war. Sicherlich waren auch Tage darunter, an denen ich in einer depressiven Stimmung war, ich war mal überfordert oder wütend. Das kenne ich alles. Aber in meiner Familie gibt es keine Erfahrung mit einer wirklichen Depression, ich habe das eigentlich nur über andere Menschen kennengelernt. Und ich bin ganz froh, dass es bei meiner Familie so ist. Eine gute Freundin sagte mal: Du mit deiner ewig fröhlichen Familie gehst mir auf die Nerven. Was ich auch verstehen konnte, weil sie immer ganz unterschiedliche Stimmungen durchlebte. Gleichzeitig hat mich das aber aufgebaut. Meine Mutter zum Beispiel litt sehr unter der Scheidung von meinem Vater. Aber sie wurde deshalb nicht depressiv – sondern kämpferisch. Was wir nicht unterschätzen dürfen – und was Eltern auch nicht unterschätzen dürfen –: Schon Kinder und Jugendliche können depressiv sein. Und das nimmt man oft nicht ernst genug. Es gibt Jugendliche, die Selbstmord begehen. Es gibt ja auch berühmte Menschen, denen es an Geld bestimmt nicht mangelte, die wegen ihrer Depression Selbstmord begehen – bei denen man sich fragt, wieso waren sie denn so depressiv? Aber das war deren Grundstimmung. Und wenn sie dann keine Therapie machen, ihnen nicht geholfen wird, neigen solche Menschen zum Suizid. Daher ist es wichtig, dass schnell gehandelt wird. Das Problem ist: Sie müssen entweder selbst erkennen, dass sie an einer Depression leiden, oder ihre Freundinnen, Freunde oder Angehörige müssen es ihnen sagen.

Guttenberg
Und da schließt sich der Kreis der gesellschaftlichen Akzeptanz.

Gysi
Richtig. Und dann müssen die Betroffenen auch bereit sein, eine Therapie zu machen – und sich nicht dafür schämen. Für Scham gibt es überhaupt keinen Grund.
Gut ist, dass der Umgang mit der Krankheit immer offener wird, dass sich auch mehr Prominente äußern, zum Beispiel Kurt Krömer. Das ist ein Satiriker, der dich in seiner Talkshow richtig aufs Korn nimmt, wenn du zu Gast bist. Dem musst du gewachsen sein. Das ist ja nicht so einfach in einer Fernsehsendung. Die Rolle, die er da spielt ...

Guttenberg
... ist nicht immer nur sympathisch.

Gysi
Von außen guckst du natürlich gern zu, wenn einer fertiggemacht wird. Aber wenn du der Betroffene bist, sieht die Welt anders aus. Ich erzähle mal eine Geschichte. Ich war Moderator und hatte Kurt Krömer als Gast in der »Distel« – und in der ersten Stunde war er komplett zu. Ich kam nicht an ihn heran, was mich wirklich ärgerte. Dann hatten wir eine Pause, und danach öffnete er sich. Und dann dauerte unser Gespräch noch mal zwei Stunden, was eigentlich unmöglich ist. Aber die Leute im Publikum gingen nicht, weil er auf einmal ganz offen über sein Leben sprach, auch über seine Depression. Ich finde, er hat sich damit sympathischer gemacht, er war viel menschlicher. Die Leute haben sich gesagt: Der hat ja auch ein Leben, der leidet auch, und er hat Gründe, weshalb er so geworden ist, wie er ist. Das ist eben kein einfaches Leben, das da dahintersteckt. Als ich diesen Film über die Kindheit von Hape Kerkeling gesehen habe – da habe ich ihn viel besser verstanden.

Guttenberg
»Der Junge muss an die frische Luft.«

Gysi
Wie Kerkeling als Kind versuchte, seine depressive Mutter zu unterhalten, wie er immer das Gefühl hatte, die muss sich wohlfühlen. Was gar

nicht seine Aufgabe war, aber er fühlte sich dafür verantwortlich. Und dieses Gefühl kannte ich, weil ich als Kind ein halbes Jahr im Krankenhaus lag und Besuch von meiner Mutter und meinen Vater bekam und immer ein schlechtes Gewissen hatte, weil ich dachte, die langweilt das doch. Da müssen sie eine Stunde herumstehen, um sich mit mir zu unterhalten. Und ich habe überlegt, wie ich sie unterhalte, damit es für sie interessanter ist – was sie wahrscheinlich abgelehnt hätten, wenn sie es gewusst hätten.

Guttenberg
Solche Erfahrungen holen viele Menschen irgendwann später im Leben ein.

Gysi
Plötzlich verstehst du einen Menschen, siehst ihn nicht so einseitig in seiner öffentlichen Rolle. Menschsein ist eben etwas viel Weitergehendes.

Guttenberg
Und etwas, das wir heute oftmals in unseren Gesprächen und Debatten kaum noch zulassen. Meistens steht das Verächtlichmachen eines Menschen mehr im Vordergrund als das gegenseitige Erkennen und Akzeptieren von Schwächen. Ich fand Kurt Krömer immer einen überschaubar unterhaltsamen Satiriker. Aber als er sich als Mensch zeigte, hat das, glaube ich, viel in Bewegung gebracht, auch für viele andere. Deswegen ist es wichtig, dass Prominente darüber reden. Wobei die Öffentlichkeit natürlich auch eine depressionsverstärkende Droge sein kann.

Gysi
Aber klar!

Guttenberg
Und gerade Bühnenmenschen sind nicht selten von Depressionen betroffen, und das gilt auch für viele Politiker: Diese Berufe haben ja immer auch etwas Maskenhaftes. Die Menschen darin sind oft einer Rolle

verpflichtet, und das Authentische geht verloren. Und dann fehlt der Zugang zum Inneren und zum Ich – und letztlich die Reflexionsfähigkeit, die man eigentlich braucht, um eine Therapie auch zuzulassen. Wenn man selbst oder die Umgebung nicht akzeptiert, dass man Hilfe braucht, wird es sehr schwer.

Ich hatte in meiner Jugend einen sehr engen Freund, und es stellte sich heraus, dass er bipolar war. Er hatte eine große künstlerische und mathematische Begabung. Bei der Bipolarität gibt es ja Phasen, die, platt umschrieben, von himmelhoch jauchzend bis zu Tode betrübt reichen. Seine Diagnose wollten seine Eltern damals nicht wahrhaben, sodass er sich als 16-Jähriger selbst in eine geschlossene Anstalt einweisen ließ – was bis heute von vielen immer noch despektierlich als Klapsmühle beschrieben wird. Für viele ist diese Einrichtung lebensrettend, und viele Betroffene können sie nach einer Weile auch wieder verlassen. Mein Freund war sehr auf sich allein gestellt, nachdem er die Anstalt wieder verlassen hatte – denn seine Umgebung wollte seine Situation nicht verstehen. Das ist mittlerweile mehr als 35 Jahre her. Und zehn Jahre später, da hatte er schon Kinder, hat er sich von einer Brücke gestürzt. Das war grauenvoll.

Ich habe mehrere Freunde verloren, weil sie für ihre Erkrankung keine Anerkennung und Akzeptanz gefunden haben.

Gysi

Als Rechtsanwalt bist du ganz häufig mit seelischen Erkrankungen konfrontiert. Und zwar, weil das im Strafrecht eine große Rolle spielt, deshalb gibt es ja oft psychiatrische Gutachten. Als Rechtsanwalt bist du natürlich alles andere als ein Mediziner, aber du entwickelst so ein Gefühl dafür, wann jemand vermindert zurechnungsfähig ist. Man weiß ja auch gar nicht, was es alles für Süchte gibt. Zum Beispiel habe ich eine Frau erlebt, die kaufsüchtig war. Das ist furchtbar. Wenn sie Geld hat, kauft sie ein. Nichts davon braucht sie. Und sie kann sich überhaupt nicht beherrschen. Da musst du dich in Behandlung begeben, anders geht das gar nicht.

Leider, und das ist das eigentliche Problem, entwickelt sich die Disziplin der Psychiatrie am langsamsten, weil die Erforschung des Gehirns und von dessen Störungen viel schwieriger ist, als wenn du einen

Bruch heilen musst – da kannst du die Ursachen viel einfacher ermitteln. Deshalb finde ich, dass wir mehr Geld in die diesbezügliche Forschung stecken müssen, um seelische Erkrankungen besser behandeln zu können.

Guttenberg
Wir müssen dafür sorgen, dass man nicht ein Jahr oder sogar zweieinhalb Jahre lang warten muss, bis man einen Behandlungsplatz bekommt. Das muss wirklich angepackt werden, da helfen keine Sonntagsreden. Noch mal: Wir sprechen von einer in der Breite der Bevölkerung vorkommenden Erkrankung.

Gysi
Ich sehe das wie du. Es müssen deutlich mehr Therapieplätze zur Verfügung stehen. Und die Krankenkassen sollen nicht herumzicken. Sie haben das zu bezahlen – und Punkt. Aber ich will den Leuten noch etwas sagen. Sie sollen nicht unbedingt glauben, dass sie schon an Depressionen leiden, weil sie nur mal einen traurigen Tag haben. Das stimmt nun auch wieder nicht. Also, wenn Sie etwas merken, seien Sie einfach offen. Fragen Sie Leute, denen Sie vertrauen können, und besorgen Sie sich so schnell wie möglich ein Therapiegespräch.

»Am Ende aber entscheiden ein paar Zehntausend Menschen.«

Trump reloaded

Gysi
Gysi gegen Guttenberg – manchmal haben wir tatsächlich unterschiedliche Positionen, manchmal gibt es interessante Übereinstimmungen. Ich glaube, dass das damit zusammenhängt, dass ich ein bisschen unabhängig bin von meiner Partei und du aus der Politik ausgeschieden bist, was uns beide in jeder Hinsicht offener macht.
Heute werden wir über die Wahlen in den Vereinigten Staaten von Amerika sprechen. Am 5. November 2024 wird die US-Bevölkerung entscheiden, ob nun Joe Biden Präsident bleibt oder Donald Trump wieder Präsident wird. Das wird Folgen haben. Für die Nato, für ganz Europa, auch für unser Land. Was glaubst du denn: Wer wird diesen Wahlkampf gewinnen?

Guttenberg
Du hast gesagt, dass die amerikanische Bevölkerung aufgerufen ist zu wählen. Das ist natürlich richtig. Am Ende aber entscheiden ein paar Zehntausend Menschen über eine Wahl, die Einfluss auf etwa acht Milliarden Menschen auf diesem Globus hat. Und warum ein paar Zehntausend Menschen? Weil die Wahl sich reduziert auf die sogenannten undecided, die unentschiedenen Wechselwähler, in wiederum wenigen – sechs bis sieben – Bundesstaaten.

Gysi
Die anderen Bundesstaaten gehen sicher an Demokraten oder Republikaner.

Guttenberg
Ja, oftmals stehen dort die Sieger fast monolithisch fest. Die beiden Parteien kennen wirklich die Farbe jedes Fußnagels dieser 20 000 bis 50 000 Wähler, um die es geht. Sie wissen, wo sie wohnen, welche Vorlieben sie haben, mit wem sie ein Verhältnis haben. Dass sich eine der bedeutendsten Wahlen der letzten Jahrzehnte auf so einen kleinen Kern reduziert – das ist an sich ja schon verrückt.

Gysi
Vielleicht als kurze Erläuterung: Das hängt mit dem amerikanischen Wahlsystem zusammen. Wenn Sie 90 Prozent der Stimmen in New York bekommen, nutzt Ihnen dieser großartige Sieg nichts, weil die Anzahl der Wahlfrauen und Wahlmänner für diesen Staat vorgegeben ist. Mehr kann New York nicht stellen. Und bei den anderen Staaten ist ebenfalls festgelegt, wie viele Wahlfrauen und Wahlmänner sie entsenden, sodass es in jedem Bundesstaat nur darum geht: die Mehrheit zu gewinnen.

Guttenberg
Es ist ein ziemlich abstruses Wahlsystem, zumal es in den letzten Jahren auch von beiden Parteien dazu genutzt wurde, immer wieder Wahlkreise neu zuzuschneiden, was auch für die parallel laufenden Kongresswahlen wichtig ist.

Gysi
Es gab auch schon den Fall, dass jemand zum Präsidenten gewählt wurde, obwohl sein Konkurrent mehr Wählerstimmen bekommen hatte.

Guttenberg
Beim vorletzten Mal war das, als Hillary Clinton mehr Stimmen erhalten hatte, aber tatsächlich Trump gewählt wurde.
Was bedeutet das für dieses Jahr, und wie hoch ist die Wahrscheinlichkeit, wer gewinnt? Zunächst einmal haben wir einen Supreme Court, also den Obersten Gerichtshof der USA, der Donald Trump noch dieses Jahr theoretisch ausbremsen könnte. Insgesamt liefen und laufen 91 Klagen gegen ihn, und davon sind einige nicht ungefährlich für ihn.

Auf der anderen Seite darf man nicht unterschätzen: Trump hat den Supreme Court in seiner ersten Amtszeit mehrheitlich republikanisch besetzt, was sich bislang für ihn auszahlt. Das ist übrigens ein Ziel, das die Demokraten auch immer verfolgen. Da hatte Trump schlicht Glück.

Gysi
Um nachzubesetzen, muss ein Richter gestorben sein.

Guttenberg
Genau, ganz anders als bei uns in unserem Lande wird ein Richter am höchsten Gericht in den USA auf Lebenszeit ernannt.

Gysi
Da kann ein Richter mit 96 Jahren noch sein Amt ausüben, selbst wenn er von nüscht mehr eine Ahnung hat. Das spielt keine Rolle.

Guttenberg
Das wäre doch auch noch ein Karriereziel für uns.
Muss man damit rechnen, dass Trump vom Obersten Gericht verhindert wird? Ich würde die Wahrscheinlichkeit nicht allzu hoch hängen. Insbesondere hat er alles unternommen, um die Verfahren hinauszuzögern und sich nach einem Wahlerfolg, was er ja auch schon offen angekündigt hat, selbst zu pardonieren. Der begnadigt sich dann einfach. Wir haben es mit zwei Kandidaten zu tun, die auf sehr unterschiedliche Art und Weise schlichtweg ungeeignet für dieses Amt sind. Der eine, Joe Biden, ist nun wirklich zu alt und wird selbst in den eigenen Reihen als nicht mehr fit genug erachtet, um den wahnsinnigen Anstrengungen, die dieses Amt mit sich bringt, noch gerecht zu werden. Und der andere, Donald Trump, tritt demokratische Grundsätze mit Füßen und legt charakterliche Abgründe an den Tag, immer wieder. Von so jemandem will man die weiterhin stärkste Militärnation dieser Erde, die wirtschaftsstärkste Nation dieser Erde nicht geführt sehen.

Gysi
Ich muss zu Biden etwas sagen. Nicht die Jahreszahl, sein Alter also, ist an sich das Problem, sondern dass er physisch und geistig abbaut. Es

gibt andere in dem Alter, die sind noch völlig fit, aber er eben nicht. Er hat zum Beispiel bei einem Besuch in Vietnam, wenn ich richtig informiert bin, vergessen, wo er ist. In welchem Staat man gerade ist, das sollte man immer noch wissen.

Guttenberg
Auf der anderen Seite ist Donald Trump kürzlich nicht mehr der Vorname seiner Frau eingefallen.

Gysi
Das verstehe ich – denn zuvor hatte sie seine Hand weggehauen, als er sie greifen wollte. Deren Verhältnis könnte man auch tiefenpsychologisch deuten.
Ich kenne Typen wie Trump. In Wirklichkeit besteht er aus lauter Minderwertigkeitskomplexen, die er alle in einer bestimmten Form kompensiert, mit Wichtigtuerei, mit lauter Frauengeschichten, die teils erfunden sind oder wenn wahr, hat er ganz offensichtlich, so haben es ja Gerichte entschieden, genötigt. Das ist alles schon sehr, sehr problematisch.
Aber jetzt meine Frage, über die wir uns austauschen müssen: Was bedeutete das für Europa? Ich glaube, dass Trump die EU an sich nicht mag. Er kann die EU natürlich nicht auflösen, das wird er auch nicht versuchen, aber er wird sie links liegen lassen. Was meinst du?

Guttenberg
Der Fokus beider Kandidaten und auch des derzeitigen Präsidenten Biden – eine Entwicklung der letzten Jahrzehnte, wenn man so will – hat sich von Europa weg- und Richtung Pazifik gedreht. Der große politische Gegner, der politische Wettbewerber ist China. Europa ist in den letzten Jahren auch kein einfacher Partner gewesen. Ob man aus dem demokratischen oder dem republikanischen Lager kommt, man weist Europäer immer wieder darauf hin: »Ihr habt eure Hausaufgaben selbst zu machen. Es kann nicht sein, dass wir auf Dauer eure Nanny sind und einspringen, wenn ihr keine Lust habt oder nicht in der Lage seid, etwas militärisch zu lösen.« Von daher ist Europa schon jetzt mehr auf sich allein gestellt.

Hinzu kommt, dass für Trump bereits in der ersten Amtszeit galt: America first. Es wurde alles, was möglich war, protektionistisch in den USA gehalten, was sehr untypisch ist für Republikaner. Dieser Ansatz kam üblicherweise von den Demokraten, den hatte Trump sich zu eigen gemacht, und er trifft damit einen tief sitzenden Nerv der amerikanischen Bevölkerung. Dieser Protektionismus findet auch unter Biden statt und ist zunächst natürlich erst mal gegen China gerichtet, aber es trifft Europa ganz genauso. Wir hatten den sogenannten Inflation Reducation Act, der massiv klimafreundliche Technologien in den USA unterstützt und uns einen erheblichen Wettbewerbsnachteil beschert. Was bedeutet diese Wahl also? Ein Trump-Sieg wird noch stärkere wirtschaftliche Auswirkungen auf uns haben. Er wird Auswirkungen auf unsere Sicherheit haben, weil unter Trump die Bereitschaft der USA, Europa zu schützen, ganz klar an Bedingungen gebunden sein wird. Die Nato, so wie sie besteht, wird daher auf eine Belastungsprobe gestellt und sich neu justieren müssen. Und die Europäer werden Leistungen erbringen müssen, die dann zulasten anderer Dinge in ihren Ländern gehen.

Gysi
Also ich bin davon überzeugt, dass er ein gutes Verhältnis aufbauen wird zu Orbán, wahrscheinlich auch zu Duda, auch zu Meloni, aber zu Scholz bestimmt nicht. Und wenn wir einen CDU-Kanzler hätten: zu dem auch nicht. Das hängt mit seiner grundsätzlichen Einstellung zu Deutschland zusammen. Und jetzt kommen wir wahrscheinlich zu unterschiedlichen Standpunkten: Er wird mit allen Mitteln versuchen, den Krieg Russlands gegen die Ukraine zu beenden. Und das wird stark zulasten der Ukraine gehen.

Guttenberg
Die Ukraine ist ihm scheißegal.

Gysi
Und deshalb bin ich ja so dafür, dass die Initiative zum Waffenstillstand vorher von uns kommt, damit nicht Trump ihn erreicht, und zwar auf ganz andere Art und Weise, als wir das machen würden. Über meinen

Vorschlag, dass wir ein Angebot machen, haben wir ja schon gesprochen. Wenn Trump einen solchen Waffenstillstand durchsetzt, wird das viel schlimmer. Und wenn er sich um den Nahen Osten kümmert, haben die Palästinenserinnen und Palästinenser schlechte Karten. Da ist Biden anders, der spricht von einer Zweistaatenlösung. Daher behaupte ich, es gibt zwei Staats- und Regierungschefs, die auf Trump hoffen. Der eine heißt Putin, und der andere heißt Netanjahu.

Guttenberg
Und damit hast du jetzt dein Argument mit dem Waffenstillstandsvorschlag durch uns auch schon ausgehebelt, den ich ja vom Grundsatz her sympathisch finde. Putin wird den Teufel tun und sich darauf einlassen. Sein einziges Ziel ist jetzt, Trump abzuwarten. Er steht ja auch in der Ukraine nicht mehr unter so großem Druck. Im Gegenteil. Die letzten Wochen und Monate zeigen, dass für ihn wieder Geländegewinne drin sind. Und die Chinesen haben derzeit auch kein Interesse, diesen Krieg zu beenden.
Es besteht derzeit aus unserer Sicht eine Lose-lose-Situation und eine ganz schwierige Situation für die Nato, denn der Spaltpilz ist bereits hineingetragen. Das könnte am Ende für unsere Sicherheit ein Riesenproblem werden.
Der Nahe Osten ist eines der wenigen außenpolitischen Felder, in denen Donald Trump in seiner wirren, verrückten, teilweise auch entsetzlichen ersten Amtszeit durchaus Erfolge hatte. Er hat die von mir schon mal erwähnten »Abraham Accords« auf den Weg gebracht oder zumindest Leute beauftragt, sie für ihn auf den Weg zu bringen. Da ging es um eine Annäherung und eine diplomatische Anerkennung zwischen Israel und den Vereinigten Arabischen Emiraten und Bahrain. Er hat auch einen großen Anteil an einer vor Kurzem noch undenkbaren Annäherung zwischen Saudi-Arabien und Israel. Deswegen glaube ich, dass Netanjahu sich derzeit mehr Hoffnungen macht, als er vielleicht am Ende des Tages wird durchsetzen können – denn Trump will seinen Erfolg ja wiederholen. Aber den bekommt er nur, wenn er gleichzeitig den Interessen der Saudis und der Emirate dient. Was die allerdings auch nicht wollen, sind in ihre Gebiete flüchtende Palästinenser.

Gysi

Schon die Flüchtlinge, die da seit den 1950er-Jahren sind und deren Kinder in diesen Staaten nie integriert, sondern immer als Flüchtlinge behandelt wurden.

Guttenberg

Die Saudis und die Emirate haben Interesse an einer Zweistaatenlösung, ganz im Gegensatz zu Netanjahu und seinen Gefolgsleuten. Und deswegen kann es da durchaus zu einer Überraschung kommen. Noch mal: Bei Trump muss man jederzeit mit jedem Wahnsinn rechnen und auch mit nicht logischen Schritten. Er wird im Zweifel auch wieder versuchen, sich Nordkoreas Kim Jong-un anzunähern. Das hat ihm damals schon gefallen.

Gysi

Die denken ja auch ähnlich.

Guttenberg

Die haben beide auch interessante Haarschnitte. Da kommen viele Dinge zusammen.

Gysi

Darf ich aber noch etwas dazu sagen? Trump hat einen Plan für so eine Art Zweistaatenregelung vorgelegt und dabei den Israelis fast alle Siedlungsgebiete gelassen. Das würde so nicht gut gehen. Vor allen Dingen hat er gesagt: Jerusalem – und dahin hat er ja auch die US-Botschaft verlegt – ist die Hauptstadt von Israel. Damit finden sich die Palästinenser nie ab.
Nun werde ich immer gefragt: Wie sähe denn bei dir eine Lösung aus? Also: Die Siedlungen, die unmittelbar an Israel grenzen, an die Grenzen von 1967, könnten die Siedler behalten, wenn dafür anderes Territorium für Palästina zur Verfügung gestellt wird. Man vereinbart einen Austausch. Andere Siedlungen müssen geschlossen werden, die Siedler müssten anderswo Wohnungen und Arbeitsplätze erhalten. Ansonsten stehen sie dort nach einer Zeit ihrer eigenen Entscheidung unter palästinensischer Kontrolle. Zu Jerusalem schlage ich Folgendes vor:

Entweder teilen wir Jerusalem, wie damals Berlin geteilt wurde – ein bisschen furchtbar –, und UNO-Truppen stehen dazwischen. Oder wir machen daraus die Hauptstadt beider Länder. Und wenn wir eine Hauptstadt beider Länder daraus machen – die Hauptstadt von Palästina und die Hauptstadt von Israel –, dann stellt jede Seite einen Oberbürgermeister, und es gibt einen vom UN-Sicherheitsrat einstimmig, das ist wichtig, einstimmig eingesetzten Ober-Oberbürgermeister, der sozusagen die dritte Stimme ist. Und wenn das auch nicht gehen sollte, dann wird Jerusalem international verwaltet. Das war der ursprüngliche Beschluss der UNO, und er ist gar nicht so falsch. Denn Jerusalem hat ja nicht nur Bedeutung für die Muslime, nicht nur Bedeutung für die Juden, sondern auch für die Christen. Und insofern wäre eine internationale Verwaltung zumindest auch eine Lösung – nicht durch mich, aber durch so einen Typen wie mich, der alle drei Religionen gleichermaßen lieb hat, weil er keiner angehört.
Was ich sagen will: Wenn man politisch will, kann man für alle Fragen Lösungen finden.

Guttenberg
Wenn man politisch will – und kann. Der politische Wille gehört den Protagonisten vor Ort, und in beiden Lagern haben wir gewaltbereite Hardliner. Und so lange ist jede schöne Idee Makulatur. Was noch hinzukommt, ist: Beide Seiten haben ihre schlechtesten Erfahrungen mit internationaler Aufnötigung gemacht. Das ist sowohl traumatisch in vielen israelischen Köpfen verankert als auch in vielen palästinensischen Köpfen. Trotzdem ist es richtig, laut über Optionen nachzudenken, das ehrt dich, und das mache ich auch. Man muss nur damit rechnen, dass nicht nur Gegenwind kommt, sondern dass einem purer Hass entgegenschlägt.

Gysi
Hättest du mich vor zwei Jahren gefragt, hätte ich gesagt: Die Lösung des Nahostkonflikts erlebe ich auf gar keinen Fall mehr, bei meinem Alter, da sterbe ich, bevor es auch nur den Ansatz einer Lösung gibt. Jetzt bin ich mir nicht mehr sicher. So schrecklich das Ereignis vom 7. Oktober 2023 war, vielleicht eröffnet sich durch die dadurch ausgelöste Katastrophe ein neues Fenster.

Guttenberg

Ich stimme dir zu, in jeder Katastrophe steckt immer die Möglichkeit einer Lösung.

Schauen wir wieder auf das, was sich in den USA abspielt. Wir werden ein Szenario im Herbst haben, dass es, egal, wer gewinnen wird, zu einer Verfassungskrise kommen kann – weil der jeweils Unterlegene und das Lager des jeweils Unterlegenen die Niederlage höchstwahrscheinlich nicht anerkennen werden. Bei den republikanischen Anhängern ist damit zu rechnen, dass möglicherweise eine höhere Gewaltbereitschaft herrscht, um ihrem Frust ein Ventil zu geben. Aber auch unter den Demokraten würde man nicht nur gefällig nicken, wenn Trump diese Wahl noch mal gewinnen sollte.

Weißt du, was ich immer wieder erstaunlich finde? Dass Trump es geschafft hat, den politischen Skandal einfach zur Farce werden zu lassen. Ich ziehe mal ein Bild aus der Ökonomie heran: Er hat den politischen Skandal durch seine Inflationierung entwertet – und zwar aus der Sicht dessen, der mit solchen Skandalen konfrontiert wird, aus der Sicht eines Wählers. Wenn es jemand schafft, nicht nur eine Sau pro Tag durchs Dorf zu treiben, sondern 20 Säue, nimmt man als Wähler den Gestank irgendwann nicht mehr wahr.

Die Wahrscheinlichkeit ist relativ hoch, dass Trump diese Wahlen gewinnen kann. Die Auswirkungen auf Europa können dramatisch sein. Und man hätte sich bei uns schon sehr viel früher damit auseinandersetzen müssen. Denn eines muss man sehen: Trump hat seine erste Amtszeit mit einigen relativ erfahrenen Köpfen begonnen, weil er damals keine anderen hatte. Die stellten schnell fest, mit was für einem Charakter sie es zu tun hatten. Entweder sind sie dann selbst mit wehenden Fahnen rausgegangen, oder sie wurden, weil sie ihm Widerspruch gegeben hatten oder unangenehm wurden, des Amtes enthoben. Am Ende hatte er einen wilden Mix von Leuten um sich geschart. Jetzt wird das Ganze generalstabsmäßig durchgeplant. Die sogenannte Heritage Foundation hat ein mehr als 900-seitiges Papier herausgegeben, in dem auf allen Ebenen bereits Besetzungsvorschläge gemacht und ein ideologisches Regierungsprogramm geplant werden. Vieles würde sich dann über Jahre und Jahrzehnte festsetzen. Das wird noch mehr Unruhe in die USA tragen. Und das bereitet mir schon Sorgen.

Gysi

Trump nimmt sich ja vor allen Dingen das Justizministerium vor, weil dort Ermittlungen gegen ihn laufen. Das heißt, er wird versuchen, all diese Leute zu entlassen. Aber das ist nicht ganz so einfach.

Guttenberg

In den USA ist es ein bisschen anders als bei uns, weil in der Regel drei bis vier Ebenen politisch besetzt werden. Und die verlassen auch bei einem Regierungswechsel reflexartig – das ist ganz normal – das Amt, und es wird neu besetzt. Trump wird nicht noch mal aus seiner Sicht den Fehler begehen, das Justizministerium mit jemanden wie William Barr zu besetzen, der sich als echter Stachel in seinem Hintern erwies. Stattdessen wird jemand die Judikative führen, der ein nickender, alles absegnender, Trump am Leben haltender Zeitgenosse sein wird.

Gysi

Ja, ich mache mir da auch Sorgen. Die inneren Strukturen werden sich verändern. Eigentlich darf man ja nur zwei Legislaturperioden lang Präsident der USA sein. Roosevelt hat es geschafft, das während des Zweiten Weltkrieges anders zu gestalten, weil es in jener Zeit auch gar nicht anders gegangen wäre. Ansonsten haben das bisher alle eingehalten. Ich glaube, Trump will es nicht einhalten.

Guttenberg

Du glaubst, dass Trump noch ein drittes Mal kandidierte?

Gysi

Wenn er das noch kann, wenn er das noch draufhat – der hört nicht auf.

Guttenberg

Seine Eitelkeit könnte ihn dazu antreiben. Aber in diesem Fall wird es eine offene Gegenbewegung unter den Republikanern geben. Die schlucken ihn jetzt noch ein Mal, aber nicht noch ein weiteres Mal. Zwei Amtszeiten sind in der Verfassung festgeschrieben. Das auszuhebeln, wird extrem schwierig sein. Dafür gibt es auch zu viele Ehrgeizige in seiner eigenen Partei, die sagen werden: Der Mann ist jetzt wirklich zu alt. Im letzten Jahr wird er mehr und mehr Widerstand aus dem Kongress bekommen, weil die Leute beginnen werden, sich ihre eigenen Pfründen zu sichern.

Gysi
Aber erklär mir: Die Demokraten, warum stellen sie noch mal Joe Biden auf?

Guttenberg
Weil das amerikanische System mit unserem nicht vergleichbar ist. Dort gibt es nicht den Parteitag, auf dem man mit den Delegierten einfach mal Schlitten fahren kann. In den USA muss man sich innerhalb der Partei in den sogenannten Primaries, in Vorwahlen also, durchsetzen. Wenn der Präsident als Amtsinhaber sagt, er will noch mal, ist es trotz formeller Vorwahlen extrem schwierig, ihn aus dem Amt zu hebeln. Selbst wenn er mittlerweile mit solchen Schwächen behaftet ist, wie das bei Joe Biden der Fall ist.

Gysi
Ich kann mich irren, du kennst die USA besser, aber ich glaube, die Einzige, die eine Chance gegen Trump hätte, wäre Michelle Obama.

Guttenberg
Die will aber nicht.

Gysi
Wobei ich die Vorstellung nett fände, dass ihr Mann, der früher Präsident war, dann der Gatte der Präsidentin wäre. Das hätte etwas. Aber das würde er, glaube ich, mit leichter Hand nehmen.

Guttenberg
Barack Obama könnte das.

»Nur auf einer Wolke sitzen und jubilieren, das will von uns beiden sicher keiner.«

Über den Tod und das Sterben

Hinweis: Im Folgenden geht es unter anderem um Suizidgedanken und den Umgang damit. Betroffene oder Menschen, die das potenziell belastet, sollten dieses Kapitel besser nicht lesen. Wenn Sie sich in einer akuten Krise befinden, wenden Sie sich bitte an Ihren behandelnden Arzt oder Psychotherapeuten, die nächste psychiatrische Klinik, oder wählen Sie den Notruf unter 112. Die Telefonseelsorge erreichen Sie rund um die Uhr und kostenfrei unter 0800 111 0 111.

Gysi
Für unser heutiges Gespräch haben wir uns ein schwieriges Thema ausgewählt: Tod und Sterben. Es gibt Menschen, die zu häufig über den Tod nachdenken. Und dann wieder gibt es Menschen, die zu selten darüber nachdenken. Wenn man zu häufig darüber nachdenkt, ist man davon geprägt und wird depressiv. Wenn man zu selten darüber nachdenkt, nimmt man zu wenig Rücksicht darauf, dass das Leben endlich ist. Das heißt, dass man Dinge verschiebt, verschiebt, verschiebt und immer weiter verschiebt. Und dann ist es eines Tages zu spät. Ich weiß auch nicht, was die richtige Mischung ist.
Ich denke selten an den Tod, aber zu sagen, dass ich nie an ihn denke, wäre falsch. Wie ist das bei dir?

Guttenberg
Ich hatte unterschiedliche Phasen im Leben. Als Kind und Jugendlicher habe ich erstaunlicherweise viel über den Tod nachgedacht. Das

lag auch daran, dass ich einige Male mit dem Tod konfrontiert war. Rückblickend würde ich sagen, es waren nicht die schlechtesten Erfahrungen. Jemanden beim Sterben zu begleiten, ist nie angenehm, aber es war wichtig, als Kind begreifen zu lernen, was der Tod eigentlich bedeutet. Viele Eltern scheuen sich davor, ihren Kindern das Thema nahezubringen. Und dann geschieht es plötzlich, dann stirbt ein Elternteil oder Großeltern, und man kann die Gefühle überhaupt nicht einordnen. Ich habe mich in jener Zeit aufgehoben gefühlt bei den Menschen, die mir nahe waren. Auf der anderen Seite habe ich mich vielleicht zu viel damit beschäftigt, denn ich hatte als Jugendlicher Angst vor dem Tod.

Dann kam eine längere Phase, in der ich das einfach ausgeblendet und mich sicher zu wenig damit befasst habe. Dabei sollte man sich schon früh mit der Frage befassen: Was passiert eigentlich, wenn es mich morgen erwischt? Da geht es zunächst mal gar nicht darum, ob man selbst auf das Sterben vorbereitet ist. Sondern ob man die Dinge so vorbereitet, dass der eigene Tod nicht zum Desaster für die Angehörigen wird. Dieser Gedanke hat bei mir eine Phase ausgelöst, in der ich mich wieder mehr damit beschäftigt habe. Und nun hoffe ich, alle wichtigen Regelungen getroffen zu haben, sodass ich kein totales Trümmerfeld hinterlasse – das ist gelegentlich in meiner Familie passiert, weil eben der Tod vollkommen ausgeblendet wurde.

Gysi
Als Kind habe ich erlebt, was du geschildert hast. Und zwar starb ein Junge in meiner Klasse, in der dritten Klasse. Dann starb ein Junge in meiner Klasse, in der vierten Klasse, und beide Male im Dezember, sodass wir alle sicher waren, dass im nächsten Jahr wieder einer im Dezember stirbt. Wir wussten nur nicht, wer.

Guttenberg
Wie im »Krabat« von Otfried Preußler ...

Gysi
Ja, wie eine feste Regel, aber dann passierte nichts, und wir verstanden, dass das doch nur ein Zufall war. Aber wenn Kinder sterben, ist es

furchtbar. Den Schrei der Mutter bei der Beerdigung meines Klassenkameraden höre ich heute noch. Und es war trotzdem richtig, dass wir mit zur Beerdigung gegangen sind, um in irgendeiner Form Abschied zu nehmen. Ganz kleine Kinder muss man nicht mitnehmen, aber die etwas älteren, denen man schon etwas erklären kann, die muss man heranführen an die Tatsache. Als ein Mädchen in meiner Straße umkam, da sagte meine Mutter den schönen, einfachen, schlichten, aber eben wahren Satz: »Beim Sterben muss die Reihenfolge stimmen. Kinder haben ihre Eltern zu beerdigen, nicht Eltern ihre Kinder.« Und das stimmt. Wenn das durcheinandergerät in einer Familie, ist das immer die blanke Katastrophe.

Alle Religionen haben ja immer versucht, einen Umgang mit der Frage des Todes zu finden, während, das muss ich zugeben, die materielle Philosophie darauf nie eine Antwort gefunden hat. Da stirbt man und ist weg, Punkt. Der Körper wird zu Natur, und die Seele ist futsch. Deshalb verstehe ich, dass viele anderswo nach Antworten suchen, weil diese Antwort ja nicht so wahnsinnig angenehm ist.

Guttenberg

Ich bin sehr nahe an deinen Gedanken. Wenn man sich die Religionen anschaut, interessiert mich Folgendes: Glauben die Menschen, weil sie den Tod fürchten? Oder fürchten die Menschen den Tod, weil sie glauben? Die Religionen geben manchmal ähnliche, aber oft auch sehr unterschiedliche Antworten. Im Christentum – das ist die Religion, die mir am nächsten ist – wird der Tod als ein Übergang in ein ewiges Leben betrachtet. Verbunden mit den manchmal erstaunlichen Bildern, die für viele Trost oder Furcht bedeuten, wenn man vom Himmel oder der Bestrafung in der Hölle spricht. Im Islam gibt es Ähnliches: Da glaubt man an ein Jenseits, in dem die Seelen entweder ins Paradies oder in die Hölle gehen, was dann jeweils auf den Taten und dem Glauben im Diesseits beruht. Auch ein Jüngstes Gericht gibt es da. Im Judentum existieren sehr unterschiedliche Ausprägungen, einige glauben an ein Weiterleben der Seele nach dem Tod, andere legen sehr den Fokus auf das Diesseits. Im Hinduismus wiederum glaubt man an den Zyklus der Wiedergeburt. Der Tod als Übergang zu einer neuen Existenz, die durch das sogenannte Karma beeinflusst wird. Und im Buddhismus wird der Tod als Teil eines Zyklus von Geburt und Wiedergeburt betrachtet. Das Ziel ist es hier, diesen Zyklus zu durchbrechen und das Nirwana zu erreichen – von dem wir beide sehr weit entfernt sind. Es gibt auch philosophische Ansätze, die den Tod nicht als das endgültige Ende betrachten, etwa der Transzendentalismus. Der Tod wird als Übergang in eine höhere spirituelle Realität betrachtet. Die Hedonisten beispielsweise argumentieren dagegen, dass der Tod das Ende aller Erfahrungen und Genüsse markieren würde, man deshalb auch keine Angst vor ihm haben müsse, denn wo der Tod ist, ist der Mensch mit seiner Wahrnehmung nicht.

Gysi
Ich bin schon ein Anhänger der materialistischen Philosophie, also von Karl Marx und Friedrich Engels und anderen. Kant und Hegel habe ich auch immer sehr bewundert. Die marxistische Philosophie geht davon aus, dass Materie alles ist, was außerhalb und unabhängig vom Bewusstsein existiert. Das konkrete Bewusstsein eines Menschen verschwindet mit dessen Tod. Der Körper bleibt zurück und wird zu anderer Materie umgewandelt. Das ist keine schöne Theorie. Allerdings, wenn ich jetzt die buddhistische Religion nehme, soll es eine Wiedergeburt als Tier geben. Wenn man sich aber nicht erinnert, hat die Wiedergeburt doch nicht wirklich einen Wert. Ich will mich gar nicht darüber lustig machen, aber stell dir mal vor, ich käme das nächste Mal als Giraffe zur Welt – ich käme schon mit der Länge nicht zurecht. Und als Mensch wiederzukommen, fände ich auch schwierig. Stell dir mal vor, ich werde plötzlich so geboren wie du und habe dein Leben. Du wirst geboren wie ich und hättest mein Leben. Das brächte uns ja völlig durcheinander.
Ein bisschen, finde ich, muss man sich auch über den Tod lustig machen können. Nicht, wenn konkret ein Mensch stirbt. Aber generell, sonst wird es zu deprimierend. Denn ich verstehe alle Gläubigen. Ich verstehe die Philosophien, die den Religionen nacheifern, die einem irgendetwas Schönes bescheren wollen nach dem Tod.
Wenn man nicht glauben kann, ist es wichtig, nicht zu häufig darüber nachzudenken. Ein paar Dinge muss man natürlich geregelt haben. Wenn es schwierig ist mit den Familienverhältnissen, sollte man ein

Testament machen. Viele sagen sich, kann ich ja nächstes Jahr noch tun, und plötzlich ist es zu spät, und es gibt kein Testament – und dann gibt es Streit unter den gesetzlichen Erben. Man kann ja ein Testament erneuern, wenn man enttäuscht wird von denen, die man im Testament bedacht hat. Meine Familie, wir sind keine Grabgänger, ich auch nicht. Ich bin ganz selten am Grab meiner Mutter oder meines Vaters. Deshalb habe ich für mich entschieden: Meer! Weil ich doch meine Kinder kenne. Die gehen auch nicht zu einem Grab. Die werden über mich reden und an mich denken, das schon. Aber ich will kein verstaubtes Grab haben. Und den Gedanken ans Meer finde ich ganz schön. Ich bestehe nur darauf, dass die Urne aufgemacht wird, die Asche ausgeschüttet wird. Und ich hoffe auf eine Windböe und ... Wenn die dann den Kindern die Asche ins Gesicht weht, müssen sie wenigstens lachen. Ja, das wäre ein netter Abschied.
Ich verstehe auch Menschen, die gern eine Grabstätte haben wollen. Ich verstehe Menschen, die das brauchen, um dorthin zu gehen, um Blumen zu pflanzen, um an den Partner oder die Partnerin zu denken. Das kann ich alles gut nachvollziehen. Aber wenn man in so einer Familie aufgewachsen ist wie ich, wenn man weiß, dass der Gang dorthin so gut wie nie stattfindet, sollte man eben eine andere Form finden.

Guttenberg

Ich habe das gleiche Verständnis für diejenigen, die sich um eine Grabstätte kümmern und für die das immer wieder eine Heimkehr zu einem geliebten Menschen ist. Wir haben in der Familie eine sehr dunkle, sehr gespenstische Familiengruft, in die es einen nicht gerade hineinzieht und auf die ich relativ wenig Lust habe aus heutiger Sicht. Nach meinem Tod ist es natürlich wurscht.
Weil wir alle nicht wissen, ob etwas und was nach dem Tod kommt: Hast du irgendeine Hoffnung für danach? Ist dir gleichgültig, ob da was kommt? Erwartest du das Nichts? Oder ist das ein Gedanke, den du so weit wie möglich von dir wegschiebst? Als Giraffe würde ich dich auch ungern wiedersehen.

Gysi

Das eigentlich Interessante ist ja das Bewusstsein. Was aus dem Körper wird, ist naturwissenschaftlich nachgewiesen. Die Frage ist aber: Wenn wir sterben, ist unsere ganze Gedankenwelt weg? Das ist auch deshalb interessant, weil die Materialisten sagen: Alles wandelt sich um, nichts verschwindet wirklich. Selbst wenn etwas verbrennt, wird daraus Gas und Asche, immer entsteht etwas Neues, etwas anderes. Nur das Bewusstsein des einzelnen Menschen, das soll vollständig verschwinden? Da mache ich mal ein kleines Fragezeichen.

Jetzt will ich hier von etwas erzählen, das ich erlebt habe, als ich 70 Jahre alt wurde, es ist inzwischen schon sechs Jahre her. In diesem Jahr gab es überhaupt keinen Schnee in Berlin, weder zu Weihnachten noch im Januar, nichts. Nur an dem Morgen, an dem ich 70 wurde, schaute ich aus dem Fenster, und alles war voller Schnee. Nach einer Stunde war der Schnee wieder weg, und er kam auch nicht wieder. Weißt du, dass ich da das erste Mal in meinem Leben das Gefühl hatte, als ob mich jemand grüßt? Das ist wahrscheinlich Quatsch, aber das war ein erhabener Moment für mich. Ich habe deshalb nicht meine Auffassung geändert. Trotzdem, das sind so kleine Momente, wo man sich wirklich fragt ... Ich frage nochmals: Deine Gefühls- und Gedankenwelt, ist die einfach weg, für immer weg? Das kann ich mir so schlecht vorstellen.

Ich sitze noch bei einer anderen Sache zwischen Baum und Borke. Eigentlich möchte ich schon lieber in den Himmel und nicht in die Hölle. Auf der anderen Seite trifft man in der Hölle vermutlich die interessanteren Leute.

Guttenberg

Wie Aloisius in der bayerischen Geschichte von Ludwig Thoma nur auf einer Wolke sitzen und jubilieren, das will von uns beiden sicher keiner. Wenn man darüber nachdenkt ... Was wäre eigentlich in meinem Paradies so los? Das wären schon ein paar Dinge dabei, die Hieronymus Bosch eher in der Hölle angesiedelt hat. Um es mal platt zu sagen, ich würde wahnsinnig gern so viele Gummibärchen essen, wie ich will, ohne dick zu werden.

Gysi

Ich hab's: Wir sind Wechsler. Wir sind immer ein paar Wochen im Paradies und dann ein paar Wochen in der Hölle. Und wir müssen nur darauf achten, dass wir uns gegenseitig begegnen. Um unsere Erfahrungen auszutauschen.

Guttenberg

Wir müssen schauen, wie wir das handhaben, wenn wir uns auf der Mitte der Leiter treffen – das wird ein interessantes Aneinandervorbeiwursteln werden. Oder wir marschieren einfach gleichzeitig rauf und runter, dann haben wir ein bisschen Spaß und können den Podcast entweder oben oder unten aufnehmen.

Gysi

Aber ich will mich gar nicht zu sehr lustig machen. Es ist wichtig, dass sich Menschen ernsthaft mit dem Tod beschäftigen. Man muss um die eigene Endlichkeit wissen. Und die Endlichkeit, das will ich jetzt mal sagen, macht auch Sinn. Stell dir mal vor, die Menschen würden nie die Erde verlassen, auch die ganz schlimmen, auch ein Hitler nicht. Irgendwann wäre der Planet auch voll.

Guttenberg

Viele geben unfassbar viel Geld aus, um eine Lebensverlängerung zu erreichen. Immer mit der Zielsetzung, den Tod zu überlisten. Der Wunsch ist auch nichts Neues. Es gibt seit Jahrtausenden die Erzählung vom Jungbrunnen.
Wann hast du zum ersten Mal einen toten Menschen gesehen – und was hat das mit dir gemacht? Ich sage dir ganz kurz, was es bei mir ausgelöst hat. Bei mir war es in der Jugend. Damals hatten wir als Familie meine Urgroßmutter begleitet, die sterben wollte, aber lange nicht sterben konnte. Die Familie hat sich immer abgewechselt an ihrem Sterbebett. Und irgendwann starb sie dann. Für mich war das ein Moment, vor dem ich mich gefürchtet hatte. Aber gleichzeitig, und das ist ja etwas, was viele andere auch erleben, beginnt man zu begreifen, dass der Mensch, der dann dort tot liegt, eine Hülle geworden ist. Da war schon ein Moment, wo ich die Kraft einer weiterexistierenden See-

le oder einer Energie gespürt habe. Und ich hatte keine Angst vor dem Leichnam. Später hat mir das geholfen, wenn ich manchmal Menschen in den Tod begleiten durfte, ich sage bewusst: durfte. Weil es auch bei aller Traurigkeit sehr schöne Momente gab. Mich hat der erste tote Mensch, den ich gesehen habe, also nicht traumatisiert, sondern ein anderes, neues Verständnis ausgelöst. Wie war das bei dir?

Gysi
Die beiden Klassenkameraden, von denen ich erzählt habe, habe ich ja nicht tot gesehen. Der erste Tote, den ich sah, war unser Nachbar, das war der erste Gesundheitsminister in der Volksregierung, die in Griechenland nach 1945 gebildet wurde und der nach dem Militärputsch ins Exil musste. Er flüchtete in die DDR. Als er gestorben war, lag er im offenen Sarg, was ich nicht kannte, weil das ja bei uns nicht üblich ist. Da habe ich ihn gesehen und habe ihn erkannt, aber das Gefühl gehabt, es ist kein Leben mehr in ihm. Was du als Hülle bezeichnest ... Das hat mich schon in gewisser Hinsicht mitgenommen. Später war es natürlich anders. Dann habe ich Angehörige verloren, die ich auch tot gesehen habe. Und das Interessante ist immer: Es ist ein Körper, der bleibt. Aber es ist nicht mehr derselbe, weil er nicht lebendig ist, weil keine Emotionen, kein Bewusstsein ausgestrahlt werden. Ja, wo ist das geblieben, das Bewusstsein und die Gefühlswelt? Im Nichts? Oder wie soll man sich das erklären? Solche Situationen kenne ich.
Aber man muss immer sehen, es gibt zwei unterschiedliche Arten von Tod. Die eine Art ist für den- oder diejenige, die oder der stirbt, besser. Die andere ist für die Angehörigen, die Freundinnen und Freunde besser. Wenn du so allmählich stirbst wie deine Urgroßmutter, das kann für die betroffene Person eine elende Quälerei sein, aber für die Angehörigen ist es eine Vorbereitung. Dann gibt es den plötzlichen, den unerwarteten Tod. Ich meine nicht einen Unfall – der ist ja noch schlimmer. Ich meine, wenn du einfach umfällst und tot bist. Das ist für die Freundinnen und Freunde und für die Angehörigen doppelt schlimm, weil sie ja nicht darauf vorbereitet waren. Aber für dich ist es relativ angenehm, weil du keine Pflegezeit erlebst und keine Zeit, in der du dich quälst, in der dir alles schwerfällt, in der du irgendwann aufhörst, am Leben zu hängen, und anfängst, sterben zu wollen.

Und noch eine Sache habe ich festgestellt: Du kannst den Zeitpunkt deines Todes mitbestimmen. Ich meine jetzt nicht durch Sterbehilfe, sondern einfach durch den Willen. Bei unserem Kindermädchen rief mich meine Schwester an und sagte, es war ein Mittwoch: »Schätzi stirbt, du musst zurückkommen!« Ich war gerade auf einer Reise. Nun gab es aber keinen sofortigen Rückflug. Der nächste ging erst am Freitag. Ich habe meine Schwester gebeten: »Geh bitte zu Schätzi und sage ihr, sie hat zu warten, bis ich komme. Ich komme direkt am Freitag vom Flughafen zu ihr.« Und sie hat gewartet! Wir haben uns noch gesehen – und am nächsten Morgen war sie tot. Das war ihr Wille zu sagen: Ich warte noch, bis Gregor kommt. Du kannst das nicht ewig hinauszögern, aber beeinflussen kannst du es manchmal schon.

Guttenberg
Diese Fälle gibt es immer wieder. Aber auch den umgekehrten Fall: Wenn ein geliebter Mensch stirbt, dass dann der gesunde Partner kurz darauf auch krank wird und stirbt. Ich habe von meiner Urgroßmutter gesprochen, die wollte sterben, aber es passierte nicht. Es war sehr schwer für sie. Dabei fällt mir der Satz von Lord Byron ein: »Wer den Tod ersehnt, der wird vom Tod vergessen.«

Gysi
Ich kannte mal eine Frau, die sagte zu mir: »Der liebe Gott hat mich vergessen, ich sterbe einfach nicht.« Das meinte sie natürlich witzig. Sie ist irgendwann dann doch gestorben.

Guttenberg
Wir sprechen über ein Thema, mit dem sich viele Menschen weiterhin sehr schwertun. Ich vergleiche das manchmal auch kulturell. In Deutschland ist der Tod oft ein echtes Tabuthema. Hingegen gibt es Kulturen wie in Mexiko, da begeht man einmal im Jahr den Dia de los Muertos, also den Tag der Toten, an dem mit Masken und Verkleidungen auch gefeiert wird. Es gibt dazu einen ganz wunderbaren Zeichentrickfilm, der auf ein ganz junges Publikum abgestimmt ist, aber für alle Generationen passt. Der war so gut, so klug, so schön, so witzig gemacht, dass der Umgang mit dem Tod fast was Spielerisches hatte.

Dann existieren für uns ganz absurd erscheinende Bräuche, wie etwa in Madagaskar. Dort gibt es die »Leichenwende«. Die Leichen werden zu einem gewissen Zeitpunkt aus der Familiengruft gehoben und neu eingekleidet. Kulturelle Unterschiede zeigen sich auch darin, wie man kondoliert, wie man mit Menschen die Trauer teilt. Das geschieht in Deutschland oft sehr verdruckst. Da gibt es dann die Karte mit »Herzliches Beileid«, und drinnen wird nur das herzliche Beileid wiederholt. Man merkt, wie schwer es den Menschen fällt, sich zu öffnen und den Tod zu begleiten. Da tun sich die Amerikaner sehr viel leichter, da wird oft tief, emotional und liebevoll geschrieben. Eine ganz andere Kultur.

Gysi
In Religionen und Kulturen, die glauben, dass der Mensch durch den Tod befreit wird und in ein besseres Dasein gerät, da feiern die Menschen. Vielleicht ist das die klügere Variante. Möglicherweise sind die Menschen dort glücklicher, weil sie die Hoffnung haben, dass es ihnen nach dem Tod besser geht als vorher. Dann kannst du auch ein anstrengendes Leben leichter überwinden. Das hat aber wieder einen Nachteil, nämlich den, dass sie weniger um die Befreiung kämpfen, weil sie ja davon ausgehen, dass sie die sowieso nach dem Tod erleben. Das ist für Politiker hilfreich, wenn sie undemokratische Herrschaftsstrukturen erhalten wollen. Wenn die Menschen so herangehen, da würde ich versuchen, sie aufzuklären, dass sie für ihre Freiheit schon in diesem Leben kämpfen müssen, unabhängig davon, was sie nach dem Tod erwartet.
Aber am Ende gibt es eine Beruhigung: Auch der reichste Mensch, der mächtigste Mensch, stirbt genauso wie andere Menschen, auch wie ein armer Mensch. Vielleicht ein bisschen später. Das kann schon sein. Aber er stirbt, und das macht uns wieder gleich. Zumal ja auch die Geburt sehr ähnlich ist. Erst danach beginnen die großen Unterschiede.

Guttenberg
Ich möchte noch etwas erwähnen: Einer der wenigen Höhepunkte unserer parlamentarischen Kultur, die in den letzten Jahren sehr gelitten hat, waren die Debatten über Sterbehilfe. Weil der Fraktionszwang aufgehoben war und wirklich tiefgehend und mit Substanz, mit Emoti-

onen, aber nie verächtlich gesprochen wurde. Es wäre wünschenswert, wenn das mit anderen Themen auch so ginge.

Gysi
Dieses Thema geht natürlich jeden etwas an. Ich hatte einen Freund, der hatte eine seltene Krankheit – und zwar wurde alles steif, er konnte zum Schluss keinen Finger, keinen Zeh mehr bewegen, nichts, nur noch sein Gesicht. Er musste gefüttert werden, getränkt werden, konnte nicht allein auf Toilette gehen. Dieser Freund wollte sterben. Und das hat mich davon überzeugt, dass es für bestimmte Fälle Sterbehilfe geben muss. Er bekam vom Arzt ein Medikament, durch das er 48 Stunden schlief, hervorragend träumte und nicht wieder aufwachte. Aber die Frage für den Arzt war: Ist das noch erlaubt oder nicht? Es war nur passive Sterbehilfe, denn mein Freund entschied, das Medikament einzunehmen.
Unser Recht ist diesbezüglich nicht eindeutig, sondern unklar. Das finde ich nicht gut. Es muss klar sein, wann es erlaubt ist, wann es nicht erlaubt ist, Sterbehilfe zu leisten. Das ist aber schwer zu regeln. Es gab mehrere Gesetzentwürfe, aber kein einziger ist durchgekommen, keiner! Das heißt, der Bundestag ging auseinander und hatte nichts geregelt. Obwohl die Debatte gut war, ist das auch wieder nicht gut, denn irgendwelche Regeln brauchen diejenigen, die damit zu tun haben.

Guttenberg
Da hast du meine Argumentation jetzt gut ausgehebelt. Was ich gerade als offene Gesprächskultur gelobt habe, führte dann zu keiner Entscheidung. Diese Debatte haben wir beide dennoch nicht vergessen, das ist ja auch etwas.

»Ich halte es überhaupt für ein Problem, dass die Rüstungsindustrie privat ist.«

Über »Kriegstüchtigkeit«

Guttenberg
Wir werden uns heute eines Themas annehmen, das wir möglicherweise etwas kontroverser diskutieren: Wie werden wir wieder »kriegstüchtig«? Dieser Begriff hat in den letzten Monaten für viele Diskussionen gesorgt – noch vor wenigen Jahren hätte man gar nicht verstanden, dass wir darüber reden müssen. Verteidigungsminister Boris Pistorius hat ihn verwendet, er hat gesagt, die Bundeswehr müsse lernen zu kämpfen und solle wieder »kriegstüchtig« werden. Was hat dieser Satz bei dir ausgelöst, Gregor? Ich nehme mal an, du bist erschrocken.

Gysi
Ja, ich war schon ein bisschen entsetzt. Dann habe ich gehofft, dass sich Pistorius korrigiert, aber er hat es dann noch einmal gesagt und bleibt auch dabei. Mich hat auch erschreckt, dass als Erstes dieser Begriff nicht von der CDU kommt, auch nicht von der CSU, sondern von der SPD – das hat bei mir wieder historische Gedanken geweckt. Ich finde natürlich, dass unsere Armee Verteidigungsstütze sein muss. Sie muss in der Lage sein, wenn wir angegriffen werden, uns so gut wie möglich zu verteidigen. Aber »kriegstüchtig«? Das klingt für mich so, als ob die Bundeswehr weltweit eingesetzt werden soll und in der Lage sein muss, überall Krieg zu führen. Diese Vorstellung erschreckt mich. Das will ich auch nicht. Übrigens sind wir – entsprechend meiner Prognose – letztlich auch in Afghanistan militärisch gescheitert, wie

andere Länder vorher auch. Ich weiß natürlich, dass es einen völkerrechtswidrigen Angriffskrieg von Russland gegen die Ukraine gibt. Ich weiß, dass es einen Krieg im Nahen Osten gibt. Ich weiß, dass es überall Kriege gibt. Trotzdem bin ich dafür, dass wir die Bundeswehr »verteidigungstüchtig« machen, nicht »kriegstüchtig«. Ich würde es immer so ausdrücken – dass dazu natürlich auch gehört, dass man kämpfen kann, ist klar.
Warum benutzt Pistorius diesen Ausdruck? Warum will er uns unbedingt daran gewöhnen, dass die Bundeswehr Kriege zu führen hat?

Guttenberg
Ich glaube, er wollte damit nicht sagen, wir müssen offensive Kriege führen können. Das klingt ja bei dir durch. Als ob man damit der Aggression Tür und Tor öffnen würde.

Gysi
Für internationale Einsätze.

Guttenberg
Ja, aber internationale Einsätze können auch der Verteidigung dienen. Ich bin bei dir, dass der Einsatz in Afghanistan, für den ich zeitweise als Verteidigungsminister zuständig war, im Rückblick als gescheitert zu erachten ist. Insbesondere die Umstände des Abzugs waren an Peinlichkeit kaum zu überbieten. Wobei die Bundeswehr das noch sehr gut gemacht hat. Insbesondere die Amerikaner aber haben sich blamiert. Viele Menschen wurden im Stich gelassen, eine Nation wurde sich selbst überlassen. Dabei hatte der Westen zuvor versucht und geglaubt, aus Afghanistan eine western-style democracy machen zu können. Aber in diesem Anspruch hat man sich getäuscht, er war von vornherein eine Illusion.
Zurück zu Pistorius und seiner Aussage. Ich habe auch erst mal gezuckt – was aus meinem Munde seltsam klingen mag, weil ich als Verteidigungsminister selbst das Wort »Krieg« verwendet habe, als es um Afghanistan ging. Damals bin ich dafür unter anderem von euch Linken, aber auch von meinen eigenen Leuten verbal wahnsinnig verhauen worden. Ich wollte die Realitäten vor Ort ganz klar beschrei-

ben. Denn vorher war immer nur verdruckst von »Stabilisierungseinsätzen« gesprochen und das Gefühl vermittelt worden, dass unsere Soldaten Brunnen buddeln und winke, winke zu den Taliban machen. Faktisch befanden sie sich aber in einem Krieg. Und ohne diese Klarstellung hätten wir die Soldaten nicht mit lebensrettenden Materialien ausstatten können. Es bedurfte auch einer völkerrechtlichen Klarstellung. Wir hätten eine zusätzliche Gefährdungslage geschaffen. Deswegen würde ich das heute wieder so machen.

Gysi
Wir haben dich damals nicht für den Begriff kritisiert, weil wir auch gesagt haben, dass das ein Krieg ist. Wir waren bloß dagegen, ihn zu führen.

Guttenberg
Ja, das stimmt schon. Wobei ich auch nicht immer nur intellektuell tiefgründigen Angriffen ausgesetzt war.

Gysi
Das ist wahr.

Guttenberg
So ist das politische Geschäft, darüber darf man sich auch nicht beschweren.
Bei Boris Pistorius steckt heute vielleicht ein etwas ähnlicher Gedanke dahinter. In Europa findet unbestreitbar ein Krieg statt. Die Ukraine ist ein Teil Europas. Womöglich hat er sich gesagt: Wenn wir lediglich von der Verteidigungsfähigkeit sprechen, machen wir damit nicht deutlich, dass, wenn wir angegriffen werden, wir uns tatsächlich in einem Krieg befinden – und wir würden unter unseren Möglichkeiten agieren. Warum? Weil wir das Gefühl haben, es reicht das Notwendigste. Aber das Notwendigste reicht nicht. Wir haben eine wirklich erbärmlich ausgestattete Bundeswehr, eine Entwicklung über Jahre und Jahrzehnte, bis hin zu der sogenannten Zeitenwende. Diese Zeitenwende hat allerdings auch erst mal nur dazu geführt, dass mit 100 Milliarden Euro Flickschusterei betrieben wird.

Mein Eindruck war, dass Pistorius mit dem Begriff »kriegstüchtig« aufrütteln und klarmachen wollte: Selbst im Verteidigungsfall würden wir uns in einem richtigen Krieg befinden, ein grauenvoller Zustand, den man unter allen Umständen vermeiden sollte. Aber wir müssen für dieses Szenario gerüstet sein. Das konnte ich nach meinem ersten Zucken nachvollziehen.

Die Mentalität ist in unserem Land jedoch ganz anders. Wir haben im Zweifel immer versucht, uns aus allem herauszuhalten und den Nato-Verpflichtungen so nachzukommen, dass wir den anderen die Drecksarbeit überlassen. Dieser schlanke Fuß ist in Zukunft so nicht mehr möglich. Ich bin in einem Punkt bei dir: Deutschlands darf keine Angriffskriege führen. Das ist das Letzte, was passieren darf. Aber wir verfügen über genug Sicherungs- und Absicherungsmechanismen –, insbesondere dadurch, dass wir eine Parlamentsarmee haben –, die so etwas verhindern.

Gysi
Ich will mal meine historischen Gedanken erläutern. Ich bestreite nicht, dass meine Perspektive mit meiner Biografie zu tun hat, man kann das auch gegenteilig sehen und sagen, Selbstverteidigung muss immer unterstützt werden. Meine Perspektive, die ich in unseren Gesprächen schon einmal thematisiert habe, ist: Von Deutschland ging der schlimmste Krieg der Menschheitsgeschichte, der Zweite Weltkrieg, aus. Er kostete 50 Millionen Menschen das Leben. Ich rede noch nicht vom Holocaust, nicht von der Ermordung von Kommunistinnen und Kommunisten und Sozialdemokratinnen und Sozialdemokraten, übrigens auch bürgerlichen Widerstandskämpfern, auch kirchlichen Leuten usw. Diese Opfer kommen alle noch dazu. 50 Millionen, nur im Krieg! Und deshalb war ich immer der Meinung, wir dürfen nie wieder an Kriegen verdienen. Deshalb stört es mich, dass wir der fünftgrößte Waffenexporteur der Welt sind und an Kriegen wie im Jemen, in Syrien oder in Libyen mitverdienen. Ich halte es überhaupt für ein Problem, dass die Rüstungsindustrie privat ist, dass an Kriegen so viel verdient wird. Aber über dieses Thema können wir uns ein anderes Mal streiten. Jedenfalls fände ich es richtig, wenn Deutschland gar keine Rüstungsgüter exportierte. Und stattdessen sehe ich eine ganz andere Entwick-

lung. Ich sehe mit Sorge, wie man versucht, uns Deutsche aus der Geschichte herauszuholen. Dass wir jetzt ein ganz normales Land sein sollen wie Frankreich, Großbritannien und andere. Und bei internationalen Einsätzen, in Fragen der Rüstung und bei Rüstungsexporten so werden sollen, wie es diese anderen Länder schon sind. Aus historischen Gründen hatte ich mir die Lösung überlegt, dass wir in Krisengebieten das, was die anderen militärisch leisten, an humanitärer Hilfe leisten, auch mit entsprechenden Risiken und Kosten. Aber wahrscheinlich ist es dafür zu spät. Die Entwicklung ist eine völlig andere.

Guttenberg
Die Umstände auf dieser Welt lassen dieses Wunschbild nicht zu. Ich wünsche mir auch eine Welt, in der man auf Rüstungsexporte verzichten könnte. Und eine verteidigungsfähig ausgestattete Bundeswehr kann sich nicht allein auf die eigene Rüstungsindustrie verlassen – wir sind selbst auf Importe angewiesen. Was ich zugestehe: Das Thema der Waffenexporte ist natürlich hochsensibel. Das war in meiner Zeit als Minister so, und jede Bundesregierung muss sich damit befassen: An wen verkauft man was? Ist der Export von Waffen etwas, das das Potenzial in sich trägt, dass schwelende Konflikte befeuert werden, dass sie am Ende noch mehr Menschenleben kosten? Es ist jedes Mal eine außerordentlich schwierige Abwägungsfrage. Da geschehen auch Fehler – und das nicht zu knapp. Die Rüstungsindustrie ist wahrscheinlich das zynischste Geschäft, das es auf dieser Welt gibt.

Gysi
Saudi-Arabien kriegt von uns auch Waffen. Nicht nur Demokratien bekommen sie, sondern auch solche Länder.

Guttenberg
Das stimmt. Auf der anderen Seite kann man natürlich argumentieren, dass wir ein Interesse an sicheren Handelswegen haben, und diejenigen, die momentan den Handelsweg durch den Sueskanal und das Rote Meer am meisten stören, sind die Rebellen im Jemen. Diese Rebellen wollen wir allerdings nicht selbst bekämpfen, weil wir uns nicht einmischen wollen, sind aber ganz froh, dass sie von anderen bekämpft werden.

Das hat wieder mit der Frage zu tun: Sind wir in der Lage, unsere Interessen zu schützen? Ich sage immer: Am besten geschieht das defensiv. Schwierig wird es dann, wenn wir über die neuen Formen der Kriegsführung sprechen. Wir werden künftig mehr und mehr Hackerangriffe erleben, die militärischer Natur sind. Da stellt sich die Frage: Ist das etwas, wo wir nur defensiv agieren dürfen? Oder muss man auch mal selbst den Server eines potenziellen Angreifers lahmlegen, was wiederum eine offensive Handlung wäre? Das sind ganz schmale Gratwanderungen. All das wird von dem Begriff, den Pistorius benutzt hat, angesprochen.

Gysi
Es wird ja gesagt, dass die Briten die Spionage erfunden hätten. Ich habe keine Ahnung, ob das stimmt. Meines Erachtens gab es das schon in der Antike. Auf jeden Fall: In dem Moment, wo du Spionage einsetzt, musst du wissen, dass du selbst Spione auf den Hals gehetzt kriegst. Und da haben wir seit Jahrhunderten die fantastische Doppelmoral, dass die Spione, die wir irgendwohin entsenden, von uns Auszeichnungen bekommen, und die, die andere zu uns senden, strafrechtlich verurteilt werden. Das ist in jedem Land so, das ist gar nichts Besonderes – irgendwie kriegt man diese Spaltung im Bewusstsein hin, dass man sagt, wenn wir das machen, ist das in Ordnung. Aber wenn das andere gegen uns machen, ist es ein schweres Verbrechen. Schon in der DDR habe ich mich immer darüber gewundert. Die eigenen Leute waren immer »Aufklärer«, und die Leute der anderen waren »Spione«. Man versuchte schon begrifflich zu unterscheiden, was aber logischerweise nicht richtig funktionierte.

Mir geht es um Folgendes: Wenn wir Cyberangriffe erleiden und daraus den Schluss ziehen, dass wir auch Cyberangriffe starten dürfen, verfallen wir wieder derselben Logik. Aus dieser Logik wird die Menschheit wahrscheinlich nicht herauskommen, das ist mir klar.

Ich habe eine Frage an dich. Du bist ja dafür, dass die Bundeswehr wesentlich besser ausgestattet wird. Eine Begründung lautet aktuell immer, dass wir auch vorbereitet sein müssten, falls Russland uns angriffe. Nun ist mir aber erklärt worden, seitens der Botschafter von Finnland und Schweden, dass beide Länder Mitglieder der Nato werden wollen, weil sie dann von Putin nicht mehr angegriffen werden können, denn wenn er sie angriffe, löste das den Bündnisfall aus. Das heißt, die Streitkräfte der USA, Deutschlands, Frankreichs, Großbritanniens müssten alle mit eingreifen. Das bedeutete den Dritten Weltkrieg – und da bliebe auch von Russland so gut wie nichts übrig. Deshalb fühlen sich diese Länder innerhalb der Nato sicher. Wir Deutsche sind also doch sicher, wir sind ja schon länger als Finnland und Schweden in der Nato. Aber weshalb löst das bei uns kein Sicherheitsgefühl aus, einigermaßen vor einem Angriff Russlands geschützt zu sein – wenn wir andererseits akzeptieren, dass es bei Finnland und Schweden zu diesem Schutz führt?

Guttenberg
Finnland und Schweden sind mit dem Beitritt zur Nato besser geschützt, als sie das als einzelne Länder gegenüber einer nuklearen Großmacht wie Russland waren. Gleichzeitig ist es aber ja so, dass auch die Nato ständig reformbedürftig ist und auch die Nato einsatzfähig bleiben muss. Und wir haben uns bei der Nato über einen langen Zeitraum ganz wesentlich auf die Strukturen der USA verlassen, die bei Weitem das größte militärische Arsenal und die größte militärische Schlagkraft weltweit haben. Wir haben immer gesagt: Wenn der Bündnisfall Artikel 5 eintreten sollte, können wir uns schon auf die USA verlassen. Das gilt in dieser Ausschließlichkeit so nicht mehr.

Gysi
So darfst du die Ausrüstung der Bundeswehr ja auch begründen – also, dass wir uns nicht allein auf die USA verlassen dürfen, dass wir unseren Beitrag zu leisten haben. Aber wieso begründen wir das mit einem möglichen russischen Angriff? Das klingt ja völlig anders.

Guttenberg
Ein möglicher russischer Angriff ist ein Szenario von potenziell vielen, die stattfinden könnten. Das wird einfach aus der Aktualität herausgegriffen. Ist ein solcher Angriff Russlands gänzlich auszuschließen? Ich bin sehr vorsichtig, Dinge auszuschließen. Was in der Ukraine stattgefunden hat, haben hochmögende Auguren davor für absolut unmöglich gehalten. In dem Moment, in dem die Nato beginnt, unterein-

ander zu diskutieren, ob man sich tatsächlich noch wie bisher unterstützt, spielt man Putin in die Hände – oder jedem anderen, der gern die Geschichte revidieren möchte. Deutschland allein wäre genauso wenig handlungsfähig, wie das Schweden oder Finnland gewesen wären. Aber die Nato als solche ist in keinem blendenden Zustand, und sie muss sich damit auseinandersetzen, wie man das ändert.

Die Forderungen der Übermacht Amerika werden größer, weil die USA einfach nicht mehr bereit sind, für die Europäer immer die Kohlen aus dem Feuer zu holen, sie wollen sich mehr auf China und auf den Pazifik konzentrieren. Diese Rufe werden auch lauter, gerade in einer Zeit, da an unseren Grenzen in Europa nicht nur mit den Säbeln gerasselt wird, sondern die Säbel gezogen sind. Deswegen kann ich diese Haltung schon nachvollziehen.

Gysi
Da unterscheiden wir uns. In einem Punkt muss ich dir recht geben: Wenn ein Land militärisch überlegen ist, dann denken sich unterlegene Länder, wenn sie angegriffen werden, besonders üble Sachen aus, die sie machen, weil sie den Krieg sowieso nicht gewinnen können. Ob dies besser würde, wenn sie fähiger wären, einen Krieg zu führen, weiß ich nicht.

Ich zum Beispiel bin der Meinung, wir müssten so schnell wie möglich im Nahen Osten nicht mehr nur eine Feuerpause erreichen – die Zivilbevölkerung in Gaza ist ungeheuer gefährdet –, sondern einen Waffenstillstand. Die Hamas ist genügend geschwächt. Die Vorgänge vom 7. Oktober kann man nur scharf verurteilen. Das waren Meuchelmorde, das ist völlig indiskutabel. Die Geiselnahmen müssen ebenso verurteilt werden. Aber jetzt muss es auch um den Schutz der Zivilbevölkerung gehen. Auch in Afghanistan wurde vom Westen viel zu wenig an gesellschaftliche, kulturelle, bildungspolitische Entwicklungen gedacht, sondern fast nur in der militärischen Logik. Und das ist schiefgegangen.

Guttenberg
Wieder zurück zu unserer Ausgangsfrage: Was heißt diese Gemengelage für uns, und wie viel Rüstung können und müssten wir leisten?

Und ist es richtig, so viel Geld auszugeben, um die Verteidigungs- oder Kriegsfähigkeit, egal, wie man dies bezeichnen will, wiederherzustellen? Ich glaube, es ist nötig. Ich bin allerdings auch der Ansicht, dass der »Doppelwumms«, wie es der Bundeskanzler bezeichnet hat, der mit der Zeitenwende verbunden war, nicht annähernd ausreichen wird. Es wird jetzt ja auch wieder über die Wiedereinführung der Wehrpflicht räsoniert. Das ist ein Thema, über das ich einiges erzählen kann, weil ich damals in meiner Amtszeit als Verteidigungsminister die Wehrpflicht ausgesetzt habe. Die Wehrpflicht war damals vollkommen heruntergewirtschaftet. Und seinerzeit hat nahezu keiner mit einer Situation gerechnet, wie sie heute eingetreten ist. Trotzdem habe ich die Wehrpflicht nicht abgeschafft, sondern ausgesetzt.

Eine Wiedereinführung wäre nun extrem teuer, darüber redet kaum einer, insbesondere die nicht, die sie jetzt lauthals fordern. Und wenn man sie wieder einführte, muss man sie so gestalten, dass sie auch sinnvoll ist. Bevor ich damals das Amt antrat, war in den Koalitionsvertrag geschrieben worden, die Wehrpflicht solle auf sechs Monate verkürzt werden. Dann kann man genauso gut einen Häkelkurs anbieten. Wenn, müsste man das Ganze wieder auf wahrscheinlich ein Jahr anheben. Wenn, müsste man, um verfassungsfest zu sein, wahrscheinlich junge Männer und Frauen gleichermaßen ansprechen. Wie stehst du zu dieser Debatte?

Gysi

Die erste Frage ist, wenn man sie wieder einführt, ist, ob wir überhaupt in der Lage wären, alle jungen Männer und Frauen zur Bundeswehr einzuziehen. Oder ob wieder Willkür stattfände, die einen ja, die anderen nicht. In Schweden haben sie die Wehrpflicht wieder eingeführt, aber es wird immer nur ein Teil eingezogen. Ich habe nicht verstanden, ob sie die nehmen, die »Ja« sagen, oder wonach sie auswählen. Aber das wirst du wissen.

Ich bin natürlich dagegen, dass wir wieder die Wehrpflicht einführen. Aus vielen Gründen bin ich dagegen. Warum? Wir sollten einen Menschen nicht zwingen, eine ganz bestimmte Zeit etwas ganz Bestimmtes zu tun. Er kann das nicht selbst entscheiden, wir als Parlament entscheiden das. Dafür brauche ich sehr, sehr gute Gründe. Ich habe die

Wehrpflicht in der DDR kennengelernt. Ich selbst war keinen Tag bei der Armee. Das zu erreichen, war äußerst schwierig. Und schon deshalb bin ich ein Gegner der Wehrpflicht. Es sei denn, es herrscht wirklich ein Kriegszustand, oder wir sind kurz davor.
Was mich aber interessiert, ist: Du hast ja eine ganz andere Beziehung zur Armee als ich. Würdest du denn den Weg, den du in der Bundeswehr gegangen bist, heute genauso wieder gehen?

Guttenberg
Ja, das würde ich. Mir hat damals die Wehrpflicht sehr gutgetan. Ich war bei den Gebirgsjägern und hatte wirklich eine exzellente Ausbildung. Dort war ein Querschnitt aus der Bevölkerung, zumindest in dem Truppenteil, in dem ich war. Gleichzeitig war die Ausbildung trotzdem eine, obwohl das schon nach dem Fall der Mauer war, die noch ganz auf den Kalten Krieg ausgerichtet war. In dem Sinne nicht mehr zeitgemäß.

Gysi
Lass mich kurz einwerfen: Es gab auch in meiner Fraktion Leute, die für die Wehrpflicht waren, und zwar eben mit der Begründung, dass dann der Durchschnitt der Bevölkerung in der Armee dient. Wenn man sich nur auf Leute stützt, die freiwillig zur Armee gehen, ergibt sich ein Ausschnitt, der nicht unbedingt günstig sein muss für eine Armee. Es gab diese Gegenargumentation.

Guttenberg
Die gab es auch bei uns, als wir die Debatte damals geführt haben. Und die gibt es natürlich auch heute wieder. Wenn man keine Wehrpflicht haben will, muss man die Streitkräfte so attraktiv gestalten, etwa mit Ausbildungsmöglichkeiten, dass man wieder einen Querschnitt erreicht. Das ist bislang leider versäumt worden.
Ein Punkt ist mir noch wichtig. Du hast vorhin gesagt, unter welchen Umständen du bereit wärst, über eine Wehrpflicht nachzudenken. Aber wenn der unmittelbare Kriegsfall eintreten würde, der Angriff als solcher also – wenn wir erst dann beginnen, Menschen auszubilden, ist es zu spät. Wir haben mittlerweile eine Sicherheitslage, in der es nicht

ausgeschlossen erscheint, dass kriegerische Handlungen auf Nato-Gebiet übergreifen oder sogar uns direkt betreffen könnten. Man darf dein Argument nicht kleinreden, dass man jemanden zu etwas zwingt. Das schwedische Modell kann möglicherweise einen Mittelweg darstellen, wobei das auch Schwächen hat. Dort werden erst einmal alle jungen Menschen gemustert, Männer und Frauen. Im nächsten Schritt wird zunächst auf Freiwilligkeit gebaut, um den Bedarf zu erfüllen. Und wenn das nicht gelingt, was wohl offensichtlich bislang nicht der Fall war, würden geeignete Menschen gezielt noch mal angesprochen – und erst dann, wenn die Ansprache nicht hilft, würde man einziehen. Verfassungsrechtlich wäre das bei uns aber alles andere als trivial. Und trotzdem ist es richtig, über solche Modelle und Alternativen nachzudenken, weil man sich immer wieder die Frage stellen muss: Was können wir uns leisten?

Eine Wiedereinführung der klassischen alten Wehrpflicht oder einer allgemeinen Dienstpflicht würde pro Jahr Milliarden und Abermilliarden zusätzlich verschlingen, auf Kosten der anderen Haushalte. Sicher, in einem Verteidigungs- und Sicherheitsfall wäre das vorrangig. Aber wenn gleichzeitig die Rentendebatte geführt wird und Löcher in der Rentenkasse gähnen, wenn gleichzeitig die Pflegedebatte geführt wird und dort die Mittel fehlen, da kann man sich schnell ausmalen, was passiert. Daher sollten sich diejenigen ehrlich machen, die vollmundig fordern, insbesondere aus der Opposition heraus, die Wehrpflicht müsse sofort wieder eingeführt werden. Was das bedeutete! Auch die Infrastruktur, die damit zusammenhängt!

Gysi
Mit welchem Dienstgrad hast du die Bundeswehr verlassen?

Guttenberg
Stuffz. – Stabsunteroffizier der Reserve. Weil ich Freude hatte an den Unteroffiziersdienstgraden, weil die Gebirgsjäger eine zusätzliche sechsmonatige Ausbildung anboten und weil ich diesen Truppenteil extrem attraktiv fand. Es war sehr untypisch, dass ein Abiturient dort hingegangen ist, insbesondere noch mit so einem komischen langen Namen. Die Zeit dort hat mir aber sehr gutgetan, da war für Eitelkeiten kein Platz.

Gysi
Das glaube ich.

Guttenberg
Was würdest du denn heute, wenn du 18 wärst, tun: Würdest du zur Bundeswehr gehen?

Gysi
Ich glaube, nicht. Ich bin damals nicht zur NVA gegangen, aus verschiedensten Gründen. Bei der Bundeswehr hätte das wieder andere Gründe. Im Unterschied zu dir bin ich auch bei diesem Thema Zweckoptimist, ich bin der Überzeugung, dass wir nicht militärisch angegriffen werden. Denn wenn das je passierte, hätten wir den Dritten Weltkrieg. Wenn der atomar ausbricht, bleibt von uns sowieso nichts übrig.

Guttenberg
Dass die atomare Aufrüstung leider nicht gestoppt werden konnte, ist Ausdruck eines kompletten globalen Scheiterns.

Gysi
In dem Atomwaffen-Sperrabkommen ist ja festgestalten, dass Schritt für Schritt die Atommächte ihre Atomwaffen abbauen müssen. Dieser Verpflichtung aus dem Vertrag sind sie leider nie nachgekommen. Ich bin dafür, dass wir atomwaffenfrei werden.

Guttenberg
Das teile ich mit dir vollkommen.

Gysi
Zum Schluss will ich noch etwas erzählen aus meinem Leben. In der DDR wollten sie damals erst, dass ich drei Jahre diene, dann zwei, dann die üblichen anderthalb Jahre, dann sechs Monate und zum Schluss nur noch sechs Wochen zur »Offiziersheranbildung«. Das gab es auch. Dann hätte ich als Unterleutnant die NVA verlassen und wäre im Kriegsfall als Soldat eingestiegen – nach sechs Wochen Ausbildung! Frei von jeder Kenntnis, hätte ich dann Unteroffizieren Befehle geben

können, wirklich, von Tuten und Blasen hätte ich keine Ahnung gehabt, aber mit dem Lametta eines Unterleutnants. Ich glaube, die wollten das nur, damit ich den Fahneneid leiste.

Aber da ich alleinerziehend war, ist es ihnen nicht gelungen, mich zu ziehen. Ich weiß nur noch, dass der Herr vom Wehrkreiskommando mich hinausgeschmissen hat. Das einzige Mal in meinem Leben, dass ich erlebte, wie einer den Finger ausstreckte und brüllte: »Raus!« Ich bin auch gegangen und war gar nicht so unzufrieden mit dem Rausschmiss.

Ich möchte, dass wir verteidigungstüchtig bleiben. Ich habe verstanden, wie du es interpretierst. Ich glaube, dass wir eigentlich zur Abrüstung zurückkehren müssen, dass wir wieder den Interessenausgleich brauchen und die strikte Wahrung des Völkerrechts durch alle Seiten. Das liegt nicht daran, dass ich Jurist bin, sondern an meiner Überzeugung: Wenn wir keine strikte Wahrung des Völkerrechts haben, dann können wir die Sicherheit kleiner Staaten überhaupt nicht mehr garantieren. Denn diese kleinen Staaten brauchen das Völkerrecht – nicht die großen Staaten.

Guttenberg

Die Menschen brauchen es. Um die geht es am Ende. Bei diesem Wunsch bin ich sehr bei dir, aber die Realität ist ebendie, dass alle Initiativen dazu mit Füßen getreten werden.

# »Nichts ist ein Dauerzustand – auch diese Erkenntnis kann etwas sehr Tröstliches sein.«

Über die Hoffnung

Guttenberg
Wir werden heute über ein Thema sprechen, das wichtiger denn je ist, in einer Zeit, die uns und vielen anderen manchmal hoffnungslos erscheinen mag: über Hoffnung.
Aber bevor wir das tun, lieber Gregor: Was hast du Verrücktes erlebt vergangene Woche?

Gysi
Ich war in einer kleineren Stadt, da fand eine rechte Montagsdemo statt, und wir mussten etwas ausweichen. Also ging ich mit dem Moderator unserer Veranstaltung eine Nebenstraße entlang, da standen lauter Polizeiautos zum Schutz der Demonstration. Und plötzlich stieg aus einem Polizeiwagen ein Polizist aus, hatte ein Buch von mir in der Hand, das er gerade las – und bat mich um ein Autogramm. Das Buch heißt: »Was Politiker nicht sagen« und die Unterzeile: »Weil es um Mehrheiten und nicht um Wahrheiten geht«. Ich nehme mal an, darauf war er ein bisschen neugierig. Das macht Hoffnung.
Sag mal, hoffen Kinder mehr als Erwachsene? Oder hoffen sie nur anders als Erwachsene? Ich denke darüber nach und finde keine Antwort.

Guttenberg

Ich bin mir nicht sicher, ob Kinder wirklich mehr hoffen. Kinder sind in meinen Augen oftmals realistischer als mancher Erwachsene. Mehr von den Eindrücken der Gegenwart geprägt. Die Hoffnung entsteht ja dann, wenn gewisse Erwartungen formuliert werden, die enttäuscht werden können. Da ist die Zahl enttäuschter Erwartungen bei Erwachsenen wahrscheinlich um ein Vielfaches höher – bei Kindern schlägt das Verhältnis vielleicht noch mehr zugunsten der Hoffnung aus. Das wäre meine dürftige Erklärung auf diese sehr gute Frage. Ich selbst wurde lange sehr von Hoffnungen getragen, sammelte dann aber viele sehr enttäuschte Erwartungen ein. Im Zuge dessen bin ich viel gegenwärtiger geworden und lasse mich weniger von Hoffnungen verführen, weil denen einfach oft der Realitätsbezug fehlt. Eine Hoffnung ist ja zunächst einmal etwas, das eigentlich eine Illusion ist. Man hofft auf etwas, das irgendwann eintreten soll. Meistens gestaltet sich das dann aber ganz anders.

Bist du ein hoffnungsvoller Mensch oder eher realitätsbezogen?

Gysi

Ich bin wohl deshalb ein hoffnungsvoller Mensch, weil ich ein Zweckoptimist bin. Eine bestimmte Zeit in meinem Leben, in der mich die Mehrheit der Bevölkerung strikt ablehnte, zwischen 1990 und 1994, hätte ich gar nicht ausgehalten, wenn ich nicht Zweckoptimist gewesen wäre. Aber so bin ich immer davon ausgegangen: Ich werde es schaffen, dass eine Mehrheit mich akzeptiert. Nicht wählt, das ist etwas völlig anderes, sondern: akzeptiert. Das war ja zunächst überhaupt nicht der Fall. Damals habe ich festgestellt, dass es Sinn macht, zweckoptimistisch zu sein. Ich erzähle ein konkretes Beispiel. 1990 galt für meine Partei noch nicht die Fünfprozenthürde, sondern wir hatten getrennte Zählgebiete, einmal die frühere DDR und einmal die frühere Bundesrepublik. Auch in Berlin wurde das geteilt. Daher zogen wir in den Bundestag. Bei der nächsten Wahl 1994, sagte ich voraus, schaffen wir den Einzug nur über die Drei-Direktmandate-Regelung. Dabei hatten wir 1990 nur ein Direktmandat gehabt. Später hat mein Parteigenosse André Brie in einem Buch geschrieben: »Außer dem ewigen Zweckoptimisten Gregor Gysi glaubte kein Mensch bei uns daran, dass wir die Direktmandate erreichen.« Ja, das stimmte. Aber wenn ich nicht der Zweckoptimist gewesen wäre, hätte ich gar nicht mit Leidenschaft kämpfen können. Wenn ich glaube, etwas sowieso nicht zu schaffen, fehlt mir jede Lust, mich zu engagieren.

Mich würde interessieren: Bist du eher ein Optimist, oder bist du eher ein Pessimist? Ein Pessimist hat immer weniger Hoffnung als ein Optimist.

Guttenberg

Pessimismus ist mir fremd. Das liegt auch daran, das habe ich schon erzählt, dass ich mit einem Vater aufgewachsen bin, der ein Apokalyptiker war, ein zutiefst pessimistischer Mensch, was gleichzeitig bei ihm viele künstlerische Kräfte freigesetzt hat. Seine Haltung hat mich genau ins Gegenteil getrieben. Ich bin wahrscheinlich näher bei dir mit dem Zweckoptimismus. Allerdings mit der Einschränkung, die ich vorhin genannt habe, dass ich einfach mehr – das klingt jetzt ein bisschen wie esoterischer Hokuspokus – im Jetzt lebe. Der Augenblick und die Gegenwart haben ja weder etwas Positives noch Negatives, aber sie sind mit einer ganz großen Gestaltungskraft verbunden.

Es gibt nichts Zerstörerischeres als die ständigen Nörgler und Miesepeter, von denen haben wir in unserem Land nun wirklich genug. Ich frage mich, ob das ein konstituierendes Merkmal unserer Gesellschaft ist. Man kann sicher dagegen argumentieren und sagen, es braucht auch die Pessimisten, um sich an ihnen zu messen, das hat einen Einfluss darauf, dass man voranschreitet und realistisch bleibt. Denn wenn man nur von Optimisten umgeben ist, ist man im Zweifel von lauter Träumern umgeben.

Wenn ich dich so reden höre, bist du sehr nahe an Ernst Bloch. Der sagte, dass gesellschaftliche Kämpfe immer wieder durch Hoffnungen vorangetragen werden. Da ist was dran. Du bist in einem Umfeld aufgewachsen, Gregor, über das, von außen gesehen, viele gesagt haben: Die Menschen in der DDR haben keine Aussicht mehr, die Welt noch mal als Freie zu sehen. War das etwas, das Hoffnungslosigkeit genährt hat? Oder würdest du sagen, dass ein Großteil der Menschen hoffnungsvoll war?

Gysi
Das war sicherlich genauso unterschiedlich wie heute. Wir Politikerinnen und Politiker hoffen immer und gehen davon aus, dass die Menschen in erster Linie das sehen, was sie haben. Das ist aber ein schwerer Irrtum. In erster Linie denken sie über das nach, was ihnen fehlt. Ich habe damals in der DDR gesagt, die Leute wachen morgens nicht auf und sagen: »Wunderbar! Ich habe eine günstige, sichere Wohnung, ich habe subventionierte Lebensmittelpreise, keiner wird mir die Arbeit kündigen.« All das war selbstverständlich. Die haben sich morgens nach dem Aufstehen geärgert, dass a) sie wieder arbeiten müssen, b) sie die Klappe halten sollen, c) sie nicht reisen können. Der Mensch ist so. Später habe ich mal einem CDU-Abgeordneten im Bundestag gesagt, die Leute wachen heute auch nicht auf und sagen: »Wunderbar! Ich kann an Wahlen teilnehmen, ich habe eine frei konvertierbare Währung, und wenn ich das Geld habe, kann ich auch reisen, wohin ich will.« So wachen sie nicht auf. Nein, sie wachen auf und sagen: »Habe ich die Wohnung noch im nächsten Jahr oder nicht? Bin ich meinen Job los oder nicht?« Wir neigen dazu, eher das Negative zu sehen. Selbst Optimisten neigen dazu.

Guttenberg
Zugespitzt könnte man sagen: Ein Parteiprogramm ist nichts anderes als eine Hoffnungsbibel, oder? Das gilt bestimmt für jede Partei, in einem Programm stehen in Hochglanz gegossene Hoffnungen, der Großteil davon erweist sich als Illusionen. Denn durch die Koalitionsbildung werden sie nicht wahr, und wenn man es gar nicht erst in die Regierung schafft, werden sie erst recht nicht wahr. Oft heißt es, die Menschen vertragen die Wahrheit. Auch wenn die Wahrheit bitter ist, wenn sie mit einer harten Zustandsbeschreibung verbunden ist, wenn sie mit Einschnitten verbunden ist? Keine Partei packt die nötigen Einschnitte, solange sie nicht die Gegenklientel betreffen, in ihr Wahlprogramm hinein. Ihr Linken schreibt die Einschnitte für die Reichen hinein, und bei uns in der CSU hieß es früher immer, bei Sozialleistungen müssen Einschnitte gemacht werden. Und die Hoffnungen werden bei jenen genährt, über die man denkt, die habe man sowieso schon auf seiner Seite. Ich frage mich: Gibt es da einen Ausweg?

Gysi

Wenn die Menschen lernen würden, eher Realitäten als Hoffnungen zu wählen, das wäre schon ein Fortschritt. Auf der anderen Seite: Wer Hoffnungen aufgibt, wer sie gar nicht mehr hat, der wird depressiv, der kann sogar krank werden. Das ist keine Lösung. In den Jahren, in denen es für mich besonders schwer war, war meine Hoffnung besonders wichtig. Und ich habe immer geglaubt, dass ich es Schritt für Schritt schaffen werde, dass eine Mehrheit mich akzeptiert. Da habe ich auch gemerkt, wie wichtig Hoffnung ist. Und wenn du die nicht hast, wenn du nicht glaubst, dass du das schaffen kannst, ja dann ziehst du dich zurück und wirst wahrscheinlich für deine Mitmenschen ziemlich unerträglich.

Guttenberg

Wahrscheinlich ist es unlösbar, oder? Eigentlich ein Teufelskreis: Wenn man sagt, man verbindet Politik nicht mit Hoffnung, schafft man eine depressive Gesellschaft, die für Zyniker zugänglich wird, die die Hoffnungslosigkeit aufgreifen. Wenn man auf der anderen Seite Hoffnung macht und viele davon enttäuscht, weil sie sich einfach nicht alle erfüllen lassen, dann fischen dieselben Zyniker bei den Enttäuschten. Der Erfolg der AfD gründet, nicht zu knapp, auf diesem Mechanismus, genauso der Erfolg von Trump in den USA. Orbán spielt auch auf dieser Klaviatur, obwohl er in Ungarn in der Regierung ist. Ich glaube, das Dilemma ist kaum aufzulösen.

Eine andere Frage, die ich mir stelle: Sind Hoffnung und Furcht ein unzertrennliches Paar? Manche sagen, es gibt keine Furcht ohne Hoffnung und keine Hoffnung ohne Furcht. Ist Hoffnung immer in irgendeiner Form auch an Angst gebunden, etwas zu verlieren?

Gysi

Zumindest an Zweifel ist sie gebunden. Das kann auch Angst sein, das kann Furcht sein, wenn du dir sagst: Ich schaffe das ja doch nicht. Das sind immer die schwierigsten Momente, in denen du gute Freundinnen und Freunde oder auch Partnerinnen und Partner brauchst, die dich aufbauen. Da bin ich geprägt durch meinen Anwaltsberuf, gerade in der DDR. Ganz egal, ob es um Strafrecht oder um Zivilrecht geht,

Arbeitsrecht, Familienrecht oder Verwaltungsrecht. Nachbarschaftsstreitigkeiten! Ein kleiner Anlass führt manchmal zu gewaltigen Problemen zwischen Menschen. Da versuche ich immer, Hoffnung zu geben, dass diese Menschen sich wieder aufbauen. Wenn sie das nicht schaffen, dann kann ihr Leben furchtbar verlaufen.

Guttenberg
Wie hoffnungsbildend sind denn in unserer Gesellschaft die Medien? Ich schaue relativ wenig Fernsehen, auch aus dem Grund heraus, weil dort eine große Neigung besteht zu skandalisieren, ein düsteres Weltbild zu zeichnen. Auch im Netz ist ja zu sehen, dass man versucht, die schnellen Klickraten eher über die negative Berichterstattung zu erreichen. Ich suche mir meine Inseln in den Tageszeitungen. Das sind dann aber oft nur Kleinstrubriken. Die Zeit lässt Menschen Dinge beschreiben, die ihnen Hoffnung machen. Aber die Redaktion schreibt das noch nicht mal selbst, sondern sie lassen es die Leser beschreiben. Finde ich auch bezeichnend. Aber das ist eine schöne Rubrik.

Gysi
Im Tagesspiegel gibt es auch so eine kleine Rubrik: »Good News«, gute Nachrichten. Aber im Kern leben die Medien von schlechten Nachrichten. Ich frage mich, wie man das geändert bekommt, damit zum Beispiel auch nicht so ein einseitiges Bild von anderen Ländern, von anderen Völkern entsteht. Den Iran müssen sich die Menschen hierzulande ganz furchtbar vorstellen. Das mag ja auch, was die politischen Strukturen betrifft, stimmen. Aber es wird auch ein Leben im Iran geben, das möglicherweise ganz anders aussieht. Bei diesem Gedanken frage ich mich immer: Überfordern wir nicht vielleicht die Medien? Sie können das vielleicht ganz einfach nicht leisten. Sie sind auf die kurze, knappe Nachricht angewiesen, und das ist meistens eine negative.

Guttenberg
Das ist für die Medien eine Überlebensstrategie geworden. Oder zumindest eine, von der sie glauben, dass es eine Überlebensstrategie ist. Es ist ja auch interessant zu beobachten: Man spricht gern vom sogenannten Hoffnungsträger, ob in der Politik, in der Wirtschaft oder in

anderen Feldern. Aber in dem Moment, in dem jemand als Hoffnungsträger ausgerufen wird – und das haben mir viele Journalistinnen und Journalisten bestätigt –, ist der Reflex schon da, das Aber zu suchen. Es geht nicht darum, den Weg eines Hoffnungsträger zu begleiten, vielleicht sogar zur Erfüllung einer Hoffnung, sondern gleich zu Beginn wird gesagt: »Okay, wir füllen den Giftschrank, und wenn es passt, können wir den aufmachen.« Und dann wird aus dem Hoffnungsträger genau das Gegenteil. Diese Wendung verkauft sich natürlich auch gut, ich kann den Reflex nachvollziehen. Ob er zur Stabilisierung einer Gesellschaft beiträgt, ist eine ganz andere Frage. Ich sage das nicht anklagend, aber es ist offensichtlich heute ein Überlebensmodus in den Medien geworden, sich so zu verhalten. Das macht uns allerdings nicht umgänglicher.

Gysi
Da fällt mir eine bezeichnende Anekdote ein. Der Ministerpräsident von Sachsen, Kurt Biedenkopf, galt ja immer als König von Sachsen und wurde so auch in allen Zeitungen bezeichnet.

Guttenberg
Der konnte auch mit Selbstbewusstsein relativ, ich sage mal, unverkrampft umgehen.

Gysi
Das stimmt. Der Punkt war, dass er irgendwann glaubte, wirklich König zu sein. Und er hat seinen Finanzminister entlassen, weil der gegen seinen Willen kandidieren wollte, um Fraktionsvorsitzender der CDU im Landtag zu werden. Das ist aber überhaupt kein Grund, einen Finanzminister zu entlassen, er hatte ja als Minister aus seiner Sicht nichts falsch gemacht. Um das zu tun, musst du wirklich glauben, du bist der König. Und plötzlich kippten all jene Medien, die ihn bis dahin wie einen König behandelt hatten, um. Die hatten schon vorher lauter Material gesammelt, das hatten sie alles nicht genutzt, aber nun nutzten sie es. Da tat mir Biedenkopf schon wieder ein bisschen leid. Weil er plötzlich vor Herausforderungen stand, mit denen er nie gerechnet hatte.

Du bist also auch selbst schuld, wenn du wirklich glaubst, du bist der Hoffnungsträger, wenn du wirklich glaubst, du bist ein König, wenn du an das überzogene mediale Bild von dir selbst glaubst – dadurch begehst du deine Fehler.

Guttenberg
Lass uns noch einen kurzen Streifzug machen und auf aktuelle Entwicklungen in der Welt blicken. Hast du Hoffnung auf eine Beilegung des Konfliktes Israel–Gaza und eine Nichtausweitung dieses Konfliktes?

Gysi
Dort stehen wir vor einer Gabelentscheidung. Entweder bekommen wir einen entsetzlichen Flächenbrand. Als Israel Generäle der Streitkräfte des Iran in der iranischen Botschaft in Syrien getötet hat, standen wir schon kurz davor. Wenn Israel versuchen wird, jedes Hamasbüro in anderen Ländern zu sprengen, wird alles nur noch schlimmer. Das Ansehen Israels sinkt, weil sie sagen, die Hamas verstecke sich hinter der Zivilbevölkerung. Das wäre übrigens ein Kriegsverbrechen, wenn das stimmt ...

Guttenberg
Das stimmt.

Gysi
Ich gehe auch davon aus, dass das stimmt. Und daher töten die Israelis auch Zivilbevölkerung, um die Hamas zu treffen. Das ist aber genauso ein Kriegsverbrechen – und du darfst nie ein Kriegsverbrechen mit einem anderen Kriegsverbrechen bekämpfen. Oder aber es kommt jetzt zu einer Lösung des Nahostkonflikts. Und weißt du, was mich an dieser Hoffnung am meisten stört? Wenn ich an die entsetzlichen Meuchelmorde vom 7. Oktober denke ... warum muss erst so etwas passieren, dass plötzlich vielleicht doch die Möglichkeit der Lösung des Nahostkonflikts in das Leben der Menschen tritt? Warum muss erst ein Hochwasser auftreten, bevor man Hochwasserschutz in Rheinland-Pfalz und in Nordrhein-Westfalen bezahlt? Wieso muss es erst

einen Ansturm von Flüchtlingen wie im Sommer 2015 geben, dass wir anfangen, uns um die Flüchtlingslager in Jordanien, im Libanon und anderswo zu kümmern? Warum ist Politik nicht vorbeugend, sondern es muss immer erst etwas passieren, um dann doch endlich irgendeine Lösung zu suchen. Das stört mich ungemein, aber es ist meine Erfahrung, dass es so ist.

Guttenberg
Dass es so ist und leider wohl auch so bleibt. Und solange wir vergleichsweise kurze Wahlrhythmen haben und Politiker auch nicht davor gefeit sind, erst mal sich selbst und das eigene Fortkommen für wichtiger zu halten als die Lösung eines Konflikts oder Problems, muss man sich darüber nicht wundern. Es braucht wohl manchmal erst eine Katastrophe, um überhaupt einen Ansatz für Hoffnung zu entdecken. Ich bin relativ hoffnungsvoll bei anderen Themen, die mich zwar extrem besorgen, bei denen ich aber glaube, dass schon ein Aufwacheffekt eingetreten ist. Man denke beispielsweise daran, wie viele sagen, wir werden den ganzen Klimawandel nicht in den Griff bekommen. Aber ich sehe, dass die Anstrengungen zunehmen, und mir macht die nächste Generation Hoffnung. Nicht immer die Mittel, die sie wählt. Aber zumindest dieser unbedingte Wille, sich nicht die Welt von unserer Generation zerstören zu lassen. Manche sagen, sie seien hoffnungslos, was die Entwicklung von künstlicher Intelligenz anbelangt – der Mensch wird am Ende des Tages ausradiert werden, die künstliche Intelligenz wird die Macht auf dieser Erde übernehmen. Auch hier bin ich nicht hoffnungslos. Ich sehe viele kluge Köpfe, die sich damit befassen und die begreifen, dass der Mensch tatsächlich ein maßgeblicher Faktor bleiben muss. Es hilft in solchen Fragen, wenn man einen klaren Kopf behält und sich klarmacht, dass es weiterhin Optionen gibt.

Gysi
Das Groteske ist, dass während des Kalten Krieges die Welt stabiler war als heute. Besonders schön schien sie damals für viele Menschen nicht zu sein, aber stabiler. Und im Augenblick macht unsere Regierung einen überforderten Eindruck, zu Recht sehen die Bürgerinnen und Bürger das so. Daher sinken die Hoffnungen, weil man gar nicht

glaubt, dass diese Regierung eine Lösung findet. Mir fällt im Augenblick allerdings auch keine Regierung ein, bei der man sagen könnte, sie wäre nicht überfordert. Und trotzdem sehe ich das wie du. Mir haben in meinem Leben Hoffnungen immer geholfen. Sie haben mein Leben erleichtert, und sie haben sich nicht immer, aber häufig auch erfüllt. Und insofern rate ich allen Menschen dazu, ihre Hoffnung nicht aufzugeben und nicht pessimistisch zu werden. Dann wird das Leben nicht nur für ihre Umgebung unerträglich, sondern auch für sie selbst.

Guttenberg
Nichts ist ein Dauerzustand – auch diese Erkenntnis kann etwas sehr Tröstliches sein. Damit bin ich wieder bei der Gegenwärtigkeit. Gegenwärtigkeit oder die Gegenwart als solche ist von Ängsten und Hoffnungen entkoppelt. Diese Erkenntnis hat mir geholfen. Beispielsweise habe ich begonnen, wogegen ich mich zuvor sehr lange gewehrt habe, nämlich zu meditieren. Man kann auch einfach Ruhe in sich selbst finden – und plötzlich schütteln sich manche Dinge von allein zurecht.